今津孝次郎
加藤 潤
編著

人生100年時代に「学び直し」を問う

Reconsidering Recurrent Education for an Age of the 100-year Life in Japan

東信堂

まえがき

今津孝次郎

　近年、「人生 100 年（時代）」ということばをよく見聞きする。たしかに、厚生労働省のデータでは「平均寿命」は 9 年連続して延びており、2020 年には女性 87.7 歳、男性 81.6 歳といずれも 80 歳を超える。100 歳以上の人々も 2022 年には全国で 90,526 人と初めて 9 万人を超えており（うち女性が 88.5％）、そうした実態を眺めると「人生 100 年」の表現もあながち大げさではない。「長寿の実現が喜ばしい、豊かになった証拠であり、医療の進歩も素晴らしい」といったプラスのイメージを感じさせる文言である。とはいえ、表向きのプラス・イメージとは別に、人生 100 年と言われる時代と社会の仕組みに立ち入ってみると、この文言が裏側で示す内容は極めて大きい社会変動と生活の激変を内包していて、深刻な諸問題を抱えたマイナスのイメージも帯びていることに着目したい。裏側で示す内容とは次のような事実である。

　第 1 に人口構成の大幅な変化である。国際的な構成区分で整理しながら、総務省「国勢調査」から若干のデータを紹介すると、「年少人口」（0 〜 14 歳）が減少しつつある（1990 年に総人口の 19.1％だったのが、2020 年には 12.1％に）、「生産人口」（15 〜 64 歳）も減少しつつある（同時期に 72.1％から 64.3％へ）、逆に「高齢人口」（65 歳以上）は増加しつつある（同時期に 8.8％から 23.6％へ）。なかでも高齢者の割合が 3 倍近く増えているのが特徴的である。総人口に占める高齢者率による国連の分類では、7％以上が「高齢化社会」、14％以上が「高齢社会」、21％以上が「超高齢社会」であるから、日本はすでに「超高齢社会」に位置づく。しかも日本は世界で最も早く「超高齢社会」に到達したこと、高齢者の「一人暮らし」が増加していることなど、高齢者の様々な生活実態はすでに広く知

られている通りである。

　第2にそうした人口構成の変化に対処する国の政策が強く要請される。「高齢人口」増に対する医療や介護、年金などの社会福祉政策。そして「生産人口」減をカバーする定年延長や、希望すれば70歳まで就労を継続する新たな高年齢者雇用などの政策。さらに「年少人口」減に対する各種の少子化対策、である。

　第3に国の政策と並行して、個人の人生設計の再編成も求められる。この第3点こそ本書のテーマに連なるので後で詳しく説明するが、その前に単に「量的」に捉える「平均寿命」でなくて、「質的」に捉えるべきとされる「健康寿命」について触れておかねばならない。

　「健康寿命」とは一般に「健康状態で生活することが期待できる平均期間」として理解されるが、「健康」の定義が狭い意味から広い意味にまで及ぶから、細かな説明を加えておきたい。狭義では「病気による制限が無く日常生活が可能」となるが、広義では世界保健機構（WHO）憲章（1948年）の定義になる。

　　「健康とは、病気でもないとか、弱っていないということではなく、肉体的にも、精神的にも、そして社会的にも、すべてが満たされた状態（physical, mental, and social well-being）にあることをいいます。」（日本WHO協会訳）

　この憲章文で重要なのは、肉体的だけでなく精神的にも社会的にも「ウェルビーイング」な状態にあること、と広く深く規定されている点である。「ウェルビーイング」は、安寧・幸福・福祉などと訳されるが、個人が社会とのつながりのなかで身体的・精神的に良き状態に置かれていることを表す。日本の超高齢社会では、老老介護や孤立死といった困難な諸問題を抱える現実に目を向けるなら、単なる「平均寿命」ではなく、「ウェルビーイング」を核とする「健康寿命」の用語を掲げるのが適切であることは明らかであろう。そして「平均寿命」よりも「健康寿命」の延長に価値を置くこと、本書が基本的に念頭に置く長期的目標もそこにある。

　とはいえ、質的な「健康寿命」を量的に計算する作業は難しく、世界各国で使われる指標も一致しているわけではない。日本では主に「健康上の問題による日常生活への影響がない期間」という身体的側面を中心とする算出法

で計算される。厚生労働省内に設置された「健康寿命のありかたに関する有識者会議」報告書（2019 年 3 月）によれば、2016 年時点では、女性 74.79 年、男性 72.14 年であり、同時点で平均寿命が女性 87.14 年、男性 80.98 年と比べると、健康寿命が 10 歳前後下回っている。この両寿命の落差に、種々の高齢者問題が見え隠れしていると言ってよい。

　さて、個人の人生設計の再編成について眺めよう。何よりも従来から当然とされてきた「教育→就労→老後」という単純な三つの人生段階モデル区分はもはや通用しない。定年を 65 歳とすると老後が約 20 年間もあって、その長期間をいかに過ごすかという新たな課題に人々は直面している。あるいは、長い老後を念頭におけば、従来とは異なる人生設計を若い頃から描き直す必要がある。さらに老後の約 20 年の生活費をいかに捻出するか、限られた年金だけで可能かという深刻な家計問題が控えている。

　さらに人生で最も長い期間である就労段階も大きな変動に見舞われている。日本の伝統的な企業文化であり、雇用の安定や人生設計の確かな見通しを提供していた終身雇用制はすでに大きく揺らいでいる。ビッグデータやロボットが牽引するといった第四次産業革命に代表されるような産業構造の変動に伴って、労働市場が大きく流動化している。職種や職場の変更を選択し、ないし選択せざるをえない局面も生じやすい。そして、グローバル化と高度情報化の下で、あらたな知識・技術・思考法・マネジメント法などを習得していかないと、あるいは新たな職業資格を獲得しないと仕事がおぼつかないという現実に投げ出されているのが現代職業人である。

　そこで、就労段階に新たな教育段階が入り込まざるをえなくなる。単純な人生 3 段階モデルから「教育→就労→教育→就労→老後」といった、いわば 5 段階モデルへの転換である。5 段階のうち 2 段階目の「就労」以後の人生後半の新たな段階では、実際は就労と教育が同時並行するケースや、教育と老後が並行するケースなどさまざまなバリエーションがありえる。こうして新たに介入する「教育」が「学び直し」と呼ばれる。一定の教育を終えたあと就労し、その後に受け直す教育だからである。インターネット上でも「学び直し」の記事が増えているが、社会人がおこなう、あるいは定年後におこなうとい

うケースがほとんどで、「学び直し」の支援を政府や自治体、各企業がおこなうというように、社会全体で積極的に「学び直し」に取り組む機運が高まっている。この機運を本格的に推進するきっかけになったのは、政府が人づくり国家戦略の基本方針策定を目的に設置した「人生 100 年時代構想会議」(2017 年) だろう。

このように人生 100 年時代に伴って「学び直し」ということばもまたよく見聞きするようになった。ただ、このことばが実際に意味する内容は多様である。学校に在籍しながら学業不振や不登校に陥っている子どもたちの「学び直し」、あるいは義務教育未修了者の夜間中学校での「学び直し」としても使われる。他方、学校教育をいったん終えた社会人が、次の上級学校に入学したり、あるいは繰り返し同じ学校段階に入り直して新たな学びを始める「学び直し」という広い用法も増えている。

この社会人の「学び直し」については、1970 年代の日本で、用語だけは広がった「リカレント教育」に近いとも言える。ただし、最初に OECD 諸国で提起された「リカレント教育」とは、人々の教育機会を均等化するという社会平等性の担保に主目的を置き、人生上で学校 (教育) と職業 (就労) の時期を循環 (リカレント recurrent) させる意味であった。それに対して、今日の「学び直し」はもっぱら産業構造の変動への適応や経済財政の立て直しを目的としており、両者は別の意味合いだと捉えられる。

「人生 100 年時代」に即応する「学び直し」は学術用語で言えば「成人学習 adult learning」の一環に他ならないが、学校で馴染んだ「学習」ではなく、「学び」という誰が見ても価値的で一般的なことばで、いわば肯定的にオブラートに包むようなことばの仕掛けが図られているのかもしれない。それだけに「学び直し」を「リカレント教育」とただ言い換えられるような乱雑な用法が入り込む余地が生じることにもなる。

以上のような幅広い文脈のなかで、「教科の学び直し」から始まり、「職業スキルアップ」「キャリア促進」「早期退職後」「定年退職後」「子育て後」「第二の人生」などを目的とした「学び直し」に話題が盛り上がっているのである。そこで、ことばの意味や用法の相違を時代と政治さらに社会関係の観点から

解き明かす「教育言説」として捉え直す必要がある。そして、私たちが最終的に焦点を合わせるのは、「社会人の学び」であり、変動する社会のなかで人々がいかに成長発達するか、という人間主体の立場から、より柔軟で幅広い本来の学習・教育としての「学び直し」の全体像を問い直すことである。

　このように「学び直し」を広く捉えると、夜間中学校・高校・専門学校・短大・大学・大学院といった学校での「学び直し」がすぐに頭に浮かぶけれども、「学び直し」はなにも学校教育形態を取るとは限らない。オンラインでの動画視聴による知識・技術習得や、種々のワークショップへの自由な参加、ボランティア活動での出会いや経験を通じた新たな発見、同好仲間との諸活動、公共図書館での読書や資料調べなど、「学び直し」の諸形態は実に多様である。そこで、前者の学校教育形態を「定型的フォーマル formal」とするなら、それとは異なる後者のような形態を「不定型的ノンフォーマル non-formal」と呼んで重視したのが、世界の成人教育研究の基本的用語法であった。

　「不定型的」とは発展途上地域で、学校も教室、教科書もなく、正規の教師もいないような環境の下で、ユネスコが中心となって取り組んだような成人識字教育の分野で実践的に開拓されてきた手法に由来する。小屋のなかに村人が集まり、生活に直結した教材を工夫して、識字能力のある人材が自発的に指導するというスタイルである。従って、馴染み深い「定型的」学びだけでなく、「不定型的」な学びの形態も含めて、日本社会で暮らすさまざまな人々の異なる人生段階での「学び直し」について、幅広く深く柔軟に見つめる基本的視野に立ちたい。

　この基本的視野によれば、「学校教育スクーリング schooling」と「教育 education」という二つの概念を区別することになる。前者は狭く、後者は前者を含む広い概念だからである。日本では同じ「教育」という用語から成るので、両者は同じものというイメージを抱きやすいが、「定型的」「不定型的」とも重なるものとして理解すれば、両者は異なる次元である。そこで、異なる世代の人々が多様な「学び」を志向する個人的動因と社会的諸条件の絡み合いはどのようなものなのか、定型的な「学校教育」形態についてはどうか、不定型的を含む広範な「教育」ではどうか、が探究すべきテーマとして浮か

び上がる。

　さて、教育社会学を専攻して東海地域の異なる大学で教える（教えてきた）私たち6人が共に関心を寄せて東海リカレント教育研究会を立ち上げたのは2013年であった。最初の関心対象は大学での社会人の学びである。25歳以上の大学生（国際的な「成人学生」の基準）の割合が、日本はOECD諸国で最低ランクに位置づくのはなぜか、という疑問が念頭にあった。社会人は大学での「学び直し」を考えていないのか、考えていないとすればそれはどうしてか、もしわずかでも考えているとすれば、なぜ実際に入学しようとしないのか、などに関して人々の意識を知りたいという課題意識を抱き、関連文献の検討会を重ねた。ちょうど18歳人口が急激に減少する局面を間近にして、大学経営が大きな岐路に立たされる「2018年問題」に向けて、大学生の獲得が密かに問われ始めた時期であった。

　大学再入学を最も身近に考えているはずの学校教師を対象に、2015年に小規模の質問紙調査を実施した。並行してそんなに身近に考えてはいないであろう一般市民の意識についても、補足的な調査をした。その結果、私たちの予想を大きく超えて、いずれの調査からも多くの人々から「学びたい」というニーズが示されたのである。教師の約6割が「大学・大学院に入って学びたい」と答え、市民の4割以上が「大学で学びたい、学び直したい」と答えた。ところが、それだけ強いニーズを抱いていながら、実際には多くの場合に学びの行動には至っていない現実が明らかになった。そこで当然ながら、何がニーズの実現を押し止めているのか、の分析に移ることになる。

　そして、私たちは関心対象を大学での学びに限らず、「学び直し」そのものの現実をさらにより広く深く理解するために、地方の中小企業の社員を対象にした、大規模な質問紙調査を2019年に実施した。企業側が調査項目に関心を寄せて回答を社員に働きかけてくれたおかげなのか、回収率は8割近くに及び、同種の社会調査としては他に例をみない多くのデータが得られた。年齢・性別だけでなく、職種や正規・非正規の雇用形態、さらに学歴によって「学び直し」の意識や行動がどう違うのかをめぐって、生活実態や余暇行動、日ごろの興味関心事項、自己啓発などについても尋ねることによって、周辺

的な視点からも学びと学び直しの実相に接近しようとした。その結果、単に「学びニーズ」と一言で括ることはできず、「学習意欲」そのものにいくつかのタイプがあることや、「学習意欲」の在りようが学歴によって異なることなど、予期せぬ新たな知見を得ることができた。

　以上のように得られた実証的データによって、「学び直し」のことばがスローガンとして気軽に叫ばれていながら、実際には人々が「学び直し」とどのように向き合っているのか、これまでその意識や行動がほとんど分かってはいなかったことに改めて気づかされた。本書を取りまとめたのも、新たな知見とその考察を広く提供することによって、日本人の「学び直し」とそれが要請される日本社会の政治や経済そして教育の諸特徴について、読者とともに考えていきたいと願ったからである。

　激しく変動する時代に置かれた現代人が新たな暮らしの現実に向き合い、それぞれが「生活の質」を確保しつつ「居場所」を見つけて、「生きがい」ある生活を願うとすれば、「学び直し」はその願望に合致するキーワードであるという新たな認識を共有できるはずである。さらにまた、転職や第二の人生といったライフコースの描き方に関して、日本文化のなかに潜んでいると考えられる何らかの特徴についても、共に関心を向けられるのではないかと考えたのである。まさに「ウェルビーイング」を核とする「健康寿命」と軌を一にしている。

　「激しく変動する時代」を示す最近の出来事として、2020年代に入ってから新型コロナウィルスによるパンデミックが社会の高度情報化に拍車をかけたことに注目したい。代表的な具体的現象として、感染拡大防止のために取られた学校のオンライン授業と、企業でのテレワークが挙げられる。これらの生活変化の意味を整理すると、ⓐ情報メディア機器の整備とそれらを適正に使いこなす技術習得が急がれた。ⓑ新たな知識の吸収や思考、価値判断の方法が多様化した。こうした諸変化は「学び直し」の主体にも大きな変化をもたらし、ⓒ学校の青少年に限らず、種々の生活の場で、あらゆる年齢の人々が参画する可能性が高まった。「学び直し」は国の政策用語として reskilling が使われるが、それはⓐ次元に相当する。それに対してⓑ次元は relearning、

ⓒ次元は recurrent education と表現できよう。本書はこれら三つの次元を総合的に検討するのが目的である。

　コロナ禍による高度情報化の進展は、「学び直し」の対象・方法にも大きな変革をもたらした。従来から学校での「定型的」な学びスタイルを変換させ、対面に代わるオンラインあるいは両者をミックスさせたハイブリッドの登場であり、情報量は飛躍的に増大し、学習者の都合に合わせられる手法であるとの認識を新たにした。そして成人学習での「不定型的」な学びを情報メディアで整備して学びの対象を拡大し、体系化する方法を開発した。さらに学びの年齢制限を解き、広く中高年にも及ぶ「学び直し」を容易にした。「学び」の環境条件の変化によって、「学ぶ」主体に即した、それこそ人生 100 年時代に相応しい「生活の質」の実現可能性が新たに芽生えたと言ってよい。

　本書は、「序章」で 1970 年代の教育機会均等化理念である「リカレント教育」から、2010 年代以降の政策的な「学び直し」に至るまでの思想的変節を教育言説論的に解明したあと、大きくⅢ部に分けられる。各部の内容は部の扉に示した概要をご覧いただきたい。

　なお、本書は次の二つの科学研究費助成金による研究成果に基づいている。平成 26 ～ 29 年度「基盤研究（Ｃ）社会人を対象にした教員養成プログラムの開発」26381155（研究代表者・今津孝次郎）、及び平成 31 ～令和 4 年度「基盤研究（Ｃ）リカレント教育の抑制要因に関する文化的・制度的分析」19k02572（研究代表者・加藤潤）。この助成金によって、さまざまな職業の社会人に対する小規模なものから大規模に至る質問紙調査およびインタビュー調査を実施することができた。快く調査に応じていただいた多くの社会人の方々に感謝したい。
　また、第Ⅱ部で検討する地方中小企業社員対象の大規模調査については、中部大学倫理委員会の承認を得て実施し、第Ⅲ部で検討する個人史調査については、東海学園大学倫理委員会の承認を得て行った。

目次／人生 100 年時代に「学び直し」を問う

xiv

人生 100 年時代に「学び直し」を問う

序　章　「学び直し」言説の誕生と変節
──平等化言説から市場化言説への転換──

加藤　潤

1. 学び直し言説を問い直す

　本章の目的は、現在、教育政策のみならず、社会全体に関わる政策言説として流布している「学び直し」という概念の濫觴とその変容過程を明らかにすることである。それというのも、現在、流布している「学び直し (re-learning)」または、「リカレント教育 (recurrent education)」という用語は、どのような人々 (階層) にとってメリットがあり、それが、結果として社会階層構造をどのように変化させるのかという結果 (出口) の議論がないまま、教育機会 (入口) を提供することに終始していると考えられるからである。

　じつは、歴史的に「学び直し」言説の誕生から俯瞰してみると、当初、それは明らかに平等化社会の実現という結果 (end goal) をあらかじめ射程に入れていたことが分かる。そこで、本章では、どのようにしてこの言説が誕生し、その後の政策の中で変節していったのかを分析することで、いわば、「学び直し」の原点に立ち返ってみることを目指している。

2. 「学び直し」言説の誕生

　我が国の政策では、時に「学び直し」という言葉が使われ、また、時には「リカレント教育」という用語が使われ、二つの概念定義は曖昧なまま、同一視されていると言ってもよいだろう。近年の用語例を見てみると、たとえば『日本経済新聞』2021年6月9日 (朝刊) 記事 (「学校・雇用一体で改革を」) の中で

4

資料として提出された意識調査の質問項目では、「リカレント教育（学び直し）の必要性についてどう思われますか？」と訊ねている。いずれも、二つの用語はその定義もなく同意語として扱われている。

　だが、現在のように「学び直し」という言葉が名詞形で人口に膾炙する以前、頻繁に使われていたのは、リカレント教育または生涯教育（学習）（life-long education（learning））という用語であった。そこでまず、「学び直し」という言説の原初形態ともいえる「リカレント教育」という用語が、いつ頃、いかなる社会状況のなかで誕生したのかに着目してみたい。

　それを探るために、まず、リカレント教育という用語を初めて使った、1973年、OECD 教育研究革新センター（CERI）から提起された「リカレント教育―生涯学習に向けての戦略―」（Recurrent Education: A Strategy For Lifelong Learning）を再読してみたい。というのは、リカレント教育という概念に込められた理念が、現在、政策言説として使われている「学び直し」「リカレント教育」言説とは、その価値構造、社会的位置づけがかなり異なる点を明らかにしておきたいからである。

　前述の73年の OECD 報告（以下、OECD, 1973）を通読すると、二つの社会目標実現がリカレント教育に課せられていることがわかる。ひとつは、社会平等の実現である。すなわち、戦後の急激な中等教育進学率上昇の中で、世代内（intra-generation）の教育格差と世代間（inter-generation）の教育格差を縮小するために、教育機会の多様化が必要だったのである。つまり、学校教育の機会を逸した戦後同世代の貧困層への教育機会の提供と、戦争を挟んで、中等教育さえ受けられれなかった親の世代への教育機会の再提供、この二つの目標をリカレント教育が担っていたのである。言い換えれば、どちらの教育機会も、敗者復活としての「補償教育」（compensatory education）だといえるだろう（OECD, 1973, p. 26）。

　こうした理念の背景には、戦前から欧米で続く、民衆の教育機会提供としての生涯教育理念、基本的受教権理念があったことは言うまでもない（Faure et al., 1972; ラングラン, 1971; フォール委員会, 1975; 山崎, 2014）。たとえば、ユネスコの生涯学習論を理論的に主導したポール・ラングラン（Lengrand, P.）は社会

活動家でもあり、かつて戦前のフランス国内で対独レジスタンス運動を経験していた。それが、彼の民衆のための教育機会提供という社会的立ち位置を形成したことは、すでに多くの研究者の間で共有される解釈と言えるだろう（前平, 2003, pp.33-34）。

さらに、提言の中で注目すべきは、世代間、世代内格差を解消するためのリカレント教育機会の提供が、逆に格差拡大につながる可能性を指摘している点である。その原因は「強力な社会心理的障害」(strong socio-psychological barriers) であるという (OECD, 1973, p.65)。つまり、貧困層の教育アスピレーションは相対的に低く、たとえリカレント教育機会を提供しても、そこへのアクセスまでに至らない可能性があるというのである。そうなれば、むしろ、富裕層の教育機会を利することになり、結果的に教育格差を拡大する懸念があるというのだ。したがって、リカレント教育の中身は、労働市場と関連した低所得層に魅力的な内容でなければならず、それを、行政側から手元まで届けなければならない (outreach activities, op.cit., p.65) という。この点については後段でも繰り返し言及されている。報告書第2章は、社会格差是正政策の一環としてのリカレント教育を扱っているが、その結論部分でも、教育政策とそれ以外の社会政策を連動させなければ、富裕層が先んじて教育機会を利用し、結果的にリカレント教育は社会格差拡大システムとして作用する恐れがあることに警鐘を鳴らしている (op.cit., p.73)。これを見ても、リカレント教育概念がアファーマティブ・アクション (affirmative action) にも似た、社会平等化のための積極的政策と位置付けられていることが理解できるだろう。

さて、もう一つの目標は、マンパワー養成としてのリカレント教育だった。戦後、新しいテクノロジーを必要とする産業セクターが拡大し、質的にも量的にも急激に変化する労働市場に新たな人材を供給する必要があったのである。ところが、旧来の教育制度、教育方法と新たなスキルを持った人材養成との間には大きな不一致 (irrelevancy) が存在しており、それを解消することが提言されていたのだ (OECD, 1973, p.42)。つまり、従来、学校が一般教育 (general education) を担い、企業が職業教育 (vocational education) を担当してきた役割分担は、人材養成としては非効率だというのである。この提言の素地となった

のは、スウェーデンの社会民主党による教育政策だといわれている。具体的
にいえば、スウェーデンでは、学校卒業後の労働者を新たな産業セクターに
移転させるためのスキルアップを促進するため、正規教育だけでなく労働現
場等、多様な学習の場をつくることで、リカレント教育制度を拡大した経
験をもっていたのである (瀧端, 1994)。ただ、この報告書でのマンパワー論は、
経済学的な収益率計算ではじき出される教育の効果を提言しているのではな
く、「個」としての学習者が新しい労働市場に適応し、より良い収入を得る
という福祉的な目標が底流にある。つまり、近代教育の形態と内容が実際の
職業社会と乖離した結果、空洞化し、それが、教育と労働市場の不一致を生
んでいるという、いわば脱学校論とも似た批判が流れているのである。

　現時点から振り返ってみれば、リカレント教育概念には、歴史的、社会的
価値状況が色濃く反映されていることが分かる。OECD (1973) には明言され
ていないが、ここには教育機会の均等化という「平等主義型リカレント教育
概念」と産業と教育との連動性を高めるという「市場原理型リカレント教育
概念」が同居しているとは明らかだろう。言説の宿命として、一つの言葉の
塊がその時々の政治、経済、社会状況の中で次々に利用、廃棄、再利用され
ていくのは、避けることができないだろう。そこで、そのことを明らかにす
るために、我が国における教育言説を概観することで、「リカレント教育」
から「学び直し」への変節を確認していくことにする。

3. 本来のリカレント教育言説の退潮と新たな「学び直し言説」の萌芽

　OECD (1973) が出されたのと同じ時期、我が国では 1971 年 4 月に社会教育
審議会答申が、そして同年 6 月には中央教育審議会からいわゆる「46 答申」
が出され、歩調を合わせたように、学校教育のみに偏っていた教育機会を、
社会全体、さらに個人の生涯へと拡大させていくことが提言されている。そ
の後も、生涯教育さらに生涯学習と、用語の変化はあれ、これらの言葉が頻々
として教育審議会答申に現れるようになった。ただ、そこでは、教育機会の
提供は補償教育のためのみでなく、むしろ、多様な学習主体である個人が人

生のいつの時点でも教育機会と教育内容を選択的に享受できる「学習社会」
（leaning society）の実現を目指すためのものでもあった（Hutchins, 1968; 中教審答申, 1981）。とりわけ、我が国の教育改革においては、1981 年の中央教育審議会（以下、中教審）答申に見られるように、生涯教育という概念は、従来の単線型教育システム、そこから生まれる「学歴社会」に対置する概念として提出されたのだった（松岡, 2003, p.24）。この思潮の流れが行き着いたのが、1984 年～87 年の臨時教育審議会（以下、臨教審）といえるだろう。臨教審答申は、生涯教育言説のターニングポイントとなったともいえる。通算足掛け 4 年にわたり、4 回提出された答申に通底する教育改革方針は、変化する国際社会、情報社会に対応する多様な人材を養成するための新たな教育であり、そのための標語となったのが、「個性化」、「学歴偏重是正」といった言葉だった。つまり、構築から一世紀以上を経て硬直化した近代教育制度を抜本的に改革し、個人が自己責任において多様な教育を選択し、自らの可能性を追求するための生涯教育の実現を目指したのである（千葉, 2005）。臨教審答申をつぶさに分析した渡部（2006）は、当時の委員が教育の市場化をイデオロギー的に目指していたかどうかは断定できないとしながらも、その後（平成 5 年以降）の教育行政は「明らかに新自由主義の方向へ進んでいる。臨時教育審議会の提言には、その萌芽たるべきものを垣間見ることができる」という（p.44）。臨教審提言の社会状況をグローバルな文脈でみれば、イギリスのサッチャリズム政策が鉄道、電信等のパブリックセクターを次々に民営化（privatization）していった時代と軌を一にしている。続く 1990 年代初頭、サッチャー政権の後を継いだメジャー政権で、公立学校の地方教育局（LEAs）からの選択的離脱（opting out）が認められ、GM 校（grant maintained school）という政府直轄校が生まれていることからすれば、教育への市場原理導入が進んだとみなすのは必然的といえるだろう。同じように、我が国のリカレント教育言説、さらに生涯教育言説が、臨教審提言の中でその平等主義的価値が褪色していき、市場原理型言説へと塗り替えられていった可能性は十分ある。

　臨教審の最終提言が出された翌年、1988 年には文部省の社会教育局が改組され、「生涯教育局」が誕生している。続く 90 年、中教審は「生涯学習の

基盤整備について」の答申を出した。これは、臨教審答申を地方行政へと橋渡しするための具体的方策提示だった。提言は政策として実行され、その後、2002年までに各都道府県に「生涯学習推進センター」が設立されている。同じように、90年代前半は、臨教審答申を起爆剤とした、様々な生涯教育施策が打ち出されている。先に紹介した文部省の生涯教育局と高等教育局はそれぞれ、「リカレント教育推進事業」と「リフレッシュ教育推進協議会」を発足させた (清國, 2003, pp.76-78)。これらの事業で展開されたのは、現代社会の変化の中で急速に陳腐化する知識、技術をリニューアルするための学習コースだった。つまり、すでに、OECD (1973) が提起した平等主義型リカレント教育概念は、この時期には希薄になり、産業に感応的な社会づくりという技術機能主義的な施策が推進されたといって過言ではないだろう。同時期、92年生涯学習審議会最初の答申で使われている「リカレント教育」の中身も、公開講座拡大、生涯学習教育センターの設置といった、高等教育機会の社会開放にすぎなかった。ここには、社会格差是正のための補償教育の意味は見られない。すなわち、70年代、強い価値骨格をもった言説だった「リカレント教育」は、無機的な用語として随所に登場するだけになったのだ。

いってみれば、それまで使われていた、リカレント教育、生涯教育、生涯学習という様々な言説は、その時々の政策課題、たとえば、個性の実現、学歴社会の脱却、画一的教育の打開、国際経済競争への対応といった政策マニフェストを補強する「キャッチ」(用語) として、様々な教育答申の中で使われるようになったともいえる。90年代後半になっても、「ゆとり」(中教審答申, 1996)、「生きる力」(中教審答申, 1997)、「総合的な『知』」(中教審答申, 2008) 等、様々な教育改革の方策として、生涯学習、リカレント教育という用語が使われてきた。

ある意味では、社会政策のパラダイム自体が変化したともいえる。つまり、戦後からOECD (1973) のリカレント教育提案までに流れていた理念である、補償教育、教育機会平等化、受教権理念などが次第に退潮し、臨教審を転機とした潮流である、個性、自己選択、弾力化、グローバル時代対応といった、いわば経済・社会状況感応型の教育役割が重視されていく。さらにいえ

ば、教育の結果平等までを目指す教育ゴール（社会像ともいえる）から、それ
ぞれの個性や能力に応じた教育機会の多様性を提供することを目標とする
レッセ・フェール型の教育システム像へと変容したと解釈できるのではない
だろうか。

　こうして、OECD (1973) によるリカレント教育提案は、教育学における教
育改革概念の一つとして紹介されることはあっても、文教政策の中では、む
しろ生涯学習という言葉に隠れて、明確な政策言説とはならなかった。とこ
ろが、その後の教育政策の流れの中で、長く埋もれていた「リカレント教育」
なる用語が、一躍政策論の俎上に載せられた。それが、第二次安倍内閣によ
る「学び直し」推進政策においてだった。ただ、この時、二つの言葉の意味
と機能は大きく変容していった。それは、どんな系譜をたどったのか、節を
改めてその点を見てみたい。

4.　政策言説としての「学び直し」言説の膨張

　先に述べたように、リカレント教育概念の背景には、社会システム全体の
平等化という社会目標が内在していた。だが、それは、臨教審答申を転機に、
（個人）学習者の自己選択を保障する多様な市場型社会像へと変化していった。
本書で扱う「学び直し」言説が誕生したのは、そうした教育パラダイムの転
換の後だった。

　そもそも、「学び直す」という動詞が「学び直し」と名詞化されたのはいつ
のことだろう。過去の政策提言を紐解いてみると、2008 年（平成 20 年）の中
教審答申で、「生涯にわたって主体的に多様な選択を行いながら人生を設計
していくことができるよう、いつでも、『学び直し』や新たな学びへの挑戦、
さらにはそれらにより得られた学習成果を生かすことが可能な環境整備を行
うことが重要である」とされている（中教審答申, 2008）。この時点ですでに名
詞形となっている「学び直し」は、たしかに個人の選択にゆだねられた学習
社会の構築を目指しているように読み取れる。しかしながら、同時に、かつ
て OECD (1973) に見られたような、社会的教育格差助長を避ける配慮もわず

かにみられる。すなわち、「学習者が必ずしも積極的に学習しようとしない場合」への配慮として、「市場メカニズム」任せるだけでなく、行政による啓発が必要だと提言しているのだ（中教審答申, 2008）。これは、OECD (1973) で懸念された、リカレント教育が教育格差の拡大につながる懸念があり、それを避けるためにアウトリーチ型の教育機会提供が必要だと提言しているのと同じである。ただ、2008 年時点では、「学び直し」言説が成立しているというより、むしろ、生涯学習政策理念の説明として「学び直し」という名詞形の用語が政策を強調していると考えるのが妥当だろう。

　その後、閑却されていたかのようだった、「リカレント教育」さらには、名詞形になった「学び直し」なる用語が、再びクローズアップされたのが、安倍政権（第 4 次安倍内閣：2017 ～ 20 年）を挙げての「学び直し」促進政策においてだった。この背景には、一つの教育言説に、他の様々な言説、政治イデオロギー、さらには経済的利害までが寄生するように世論の波を形成していった事実がある。その点をわかりやすくするために、いくつかの側面から、あたらしい「学び直し」言説の背景をみてみよう。

　まず、そのひとつは、経済財政諮問会議から出される、いわゆる「骨太の方針」（正式名称「経済財政運営と改革の基本方針」）である。もともと、同会議は 2001 年、橋本行政改革の所産として、第二次森内閣から継続しているが、その設置理由は、経済財政政策を、従来の大蔵省（財務省）主導から内閣の集中管理下に置くこと、すなわち、官邸主導によって、強力に財政政策、構造改革等を推し進めることだった。

　同会議の議事録を遡ってみると、「学び直し」に類似した政策の萌芽はすでに 2006 年第 27 回会議(11 月)に出されている。議長安倍総理の下、労働ビックバンという標語が出され、その中に、「再チャレンジ支援事業」が盛り込まれている。それを受けて、当時、経済産業大臣の甘利明氏の発言には、「一度社会に出た者が人生の様々な段階、ライフステージで専門的な教育を受けられるように、大学や専門職大学院等における学び直しの機会を増やすべき」とある。一見、10 年後の学び直し言説に酷似しているが、当時の「再チャレンジ支援事業」の目的は、ニート、フリーター、就職氷河期世代の雇用対策だっ

たことは、議論の流れから明らかである。つまり、新卒一括採用を壊し、フレキシブルな労働市場を作ることで、就労対策にしようとしたのであり、その流れの中で再チャレンジ、再訓練という言葉が使われていたのである。あえていえば、この時の学び直しは、まだ社会平等化言説の流れの支流にかろうじて留まっていたのかもしれない。その後、しばらくの間、「学び直し」が同会議で焦点を当てられることはなくなった。

　ところが、ちょうど10年後、もう一度、「学び直し」が登場してくる。それが2017年の「骨太の方針」（正式名称「経済財政運営と改革の基本方針2017」）である。とはいえ、この時点では、「骨太の方針」第2章(2)②でわずか11行が割かれているだけだった。その重点は、生産効率性の高いセクターへの人材移転と新規活用のための再教育に置かれ、提言にも抽象的な表現が多い。この項の中に「社会人の学び直しなどを支援する」という表現が見られるが、これは、政策言説というより、依然として一般用法としての日本語表現とみなすべきだろう。ところが、翌年になると一変する。2018年「骨太の方針」では、第2章第1節のタイトルに「人づくり革命」なる言葉が登場し、その(1)④で突如「リカレント教育」という言葉が登場し、その政策説明に約2頁を費やしている。ここでの主眼は、大学での産学連携を促進することによって、第四次産業人材の質量を向上させることだった。具体的に、教育訓練給付拡充や実務家教員養成研修、長期教育訓練休暇助成、技術者のリカレント教育コース設置（大学）等々が提言されている。

　この時期、唐突との印象を免れないほどリカレント教育がクローズアップされたのには、どのような背景要因があったのだろうか。それを探るためにもう一度、2016年から2019年までの経済財政諮問会議の議事録を紐解いてみた。すると、2017年第13回経済財政諮問会議で、「教育言説と経済言説との合体」を意図する発言があったことが明らかになった。この回の同会議には当時の文部科学大臣（林芳正氏）が臨時議員として出席し、次のように発言している。

　　「人生100年時代、Society 5.0の実現、こういうことを考えるとわが
　　国は大変大きな転換期に在るものと認識している」。さらに続く発言で、

「Society 5.0 の実現に向け、初等中等、高等、研究者、社会人の学び直し
という場面で ICT を使いこなす力や他者と協働し、感性や創造性を発
揮しつつ、新しい付加価値を創る力のある人材を育てていくことが大変
重要であり、こういうことに体系的に取り組んでいかなければならな
い。」と述べている。

　政府内で頻々として使われるようになる Society5.0 とは、狩猟社会 (society
1.0)、農耕社会 (society 2.0)、工業社会 (society 3.0)、情報社会 (society 4.0) に続く、
サイバースペース (インターネット) で人間とモノが高度なシステムによって
常時つながっている (IoT) 社会を意味している。

　この林氏の発言が 2018 年の「骨太の方針」に大きく反映していることは言
うまでもない。同発言が臨時議員の文部科学大臣から発せられたことは、教
育言説と経済財政言説が、ここに合体していく契機になったと言えるのでは
ないだろうか。

　もうひとつ、「骨太の方針」と並行して、政府は 2017 年 4 月、「2020 年以
降の経済財政構想小委員会」を立ち上げた。同委員会は発足わずか半年で格
上げされ、同年 9 月「人生 100 年時代戦略本部」となり、その中間報告 (2019 年)
では、人生 100 年時代を「エイジフリー社会」と名付け、学び、仕事、老後
の 3 サイクルをマルチステージ化 (複線化) する社会を目指すと標榜した。加
えて、同会議と重複する形で、2017 年 9 月には安倍首相を議長とする「人生
100 年時代構想会議」(以下、構想会議) が発足する。両会議の目的は、長寿化
社会における持続的医療福祉財政運営に向けての社会改革といってよいだろ
う。この「構想会議」から提出された四つの政策骨格の一つが、「何歳になっ
ても学び直しができるリカレント教育」であった。ここに初めて、二つの用
語が同時に、しかも、定義なしにほぼ同語反復的に現れている。一連の流れ
から言えるのは、この時期、「学び直し」言説に財政政策言説が寄生しなが
ら急速に膨張しているということである。「構想会議」は翌 2018 年には幼児
教育無償化、学び直しの支援などを含む、「人づくり革命基本構想」を発表
しているが、ここでも、「学び直しの支援」が掲げられた。つまり、それは
教育言説であると同時に、定年延長、年金受給年齢引き上げ、女性労働力の

活用など、経済財政改革の政策言説として使われていると考えられる。また、2018年の「骨太の方針」では、学び直し（リカレント教育）が具体的政策として提言され、実現している。それが、「専門実践教育訓練給付」（7割助成）の拡大と「一般教育訓練給付」（2割助成）の4割助成への拡大である。それらのリカレント教育プログラムの対象領域は、IT、バイオ、ロボット分野といった先端技術部門である。つまり、学び直し言説は、OECD（1973）でも言及された補償教育とは異なるもう一つの役割、新たな産業セクターへのマンパワー政策と位置付けられてると考えられる。そのマンパワー政策とは、極めて高度な先端技術産業育成を目指している。それというのも、背景には先に述べた政府内用語「Society 5.0」が存在しているからである。ここに至ると、学び直しは完全に経済構造改革と生産性向上のための高度人材のリスキリングに特化しつつあると考えられる。

　こうして、急速に膨張を続ける「学び直し」言説は、経済財政政策に共鳴し、それと連動するように、文教政策においても歩調を一にする。総理直属の諮問機関「教育再生実行会議」がそれである。同会議は、いじめ対策を当初の目的として、2013年1月の安倍内閣の閣議決定で発足が決定されたが、翌月から矢継ぎ早に、様々な文教領域に対して提言を出している。一連の提言を遡ってみると、大きな転向点が見えてくる。

　まず、同会議、第3次提言（2013年5月）「これからの大学教育の在り方について」では、「大学等における社会人の学び直し機能を強化する」ことが提言されているが、政策的な具体性はなかった。同会議で学び直しを全面に出して扱ったのは、2015年、第6次提言（「学び続ける」社会、全員参加社会、地方創生を実現する教育の在り方について）だろう。同提言でも先の「構想会議」と同じレトリックが登場する。第6次提言の冒頭で懸念されているように、将来的に労働人口低下への対策、イノベーション対応のための労働者のスキルアップ、新しい職業創生への対応等が盛り込まれているが、この時点ではまだ「学び直し」、「不登校、中退、ニート等の若者支援」（第6次提言、第2章）のための再チャレンジ支援や「貧困家庭層への教育機会提供」（同前）が提言されており、平等社会構築への教育機会提供という理念は、希釈されたとはい

え、確かに存在していた。その後、しばらく「自己肯定感を高めるための教育実現」（2017 年、第 10 次提言）といった抽象的な提言が行われた後、2019 年の第 11 次提言で、唐突に Society 5.0 という用語が登場するのである。ところが、先に紹介した「骨太の方針」の 2019 年版を見てみると、その傾向は明らかである。同提言では、「技術の進展に応じた教育革新」（第 1 章）を基調として、プログラミング、データサイエンス等の新分野の人材養成を目指している。そのため学校、企業、社会全体が機能的に連携すべきだという前提が読み取れる。第 11 次提言で注目すべきは、ここでほとんどすべての提言項目に使われている Society 5.0 という用語である。すでに「骨太の方針」の変容について説明したが、あたかも、二つの会議は申し合わせたように、Society 5.0 を多用するようになり、経済財政政策と教育政策が同時レールの上に乗ったかのような印象を受ける。第 11 次提言での主眼は高等学校改革にあったが、そこでも、高等学校を取り巻く状況を、「Society 5.0 の到来など、大きな社会変化が予測されています」と警鐘を鳴らしている。この提言では、「学び直し」はむしろ後退し、研修、企業との連携といった表現になっているが、それは教育政策全体が「Society 5.0」という市場社会目標のために道具的に位置づけられたということではないだろうか。いってみれば、2017 〜 19 年という短期間に、経済財政政策言説と教育言説は合体していったのではないかと思われる。それが意図的かどうかは措いても、学び直し言説もその渦の中に吸い込まれていったのである。

　そのことを象徴する変化が起きている。それは、「学び直し」言説が突然、アカデミックな理論武装をほどこしたことである。先に紹介した「経済財政構想小委員会」では、グラットン（2016）の『ライフ・シフト』が議論で取り上げられた。同書の前提は、人生 100 年時代を生きる個人が、知的、人的資本を蓄え、より長く働くことで豊かな人生を実現できるという論法である。経済財政諮問会議でも招待講演をおこなったが、そこで日本の赤字国債発行を肯定した経済学者のスティグリッツ（2017）も、ほぼ同様の主張をしている。グラットンの楽観的未来像の底流には危機感が流れていた。つまり、どの国でも長寿化した退職後の長い人生を豊かに暮らすだけの福祉財源は不足

し、むしろ個人は経済的にひっ迫するという懸念である。そこで、彼女が考えるのは、人生をマルチステージ化し、教育→仕事→引退という図式ではなく、仕事と教育の往復を重ね、知識、スキル、人脈といった文化的資本を蓄え、長く、または何度も働くことによって豊かな老後を送るという楽観的図式を提唱するのだ。それを実現するには、学び直しは人生の各ステージで必ず、日常的な営みとして必要になってくるというのだ。

　この言説は、政策担当者には魅力的である。それというのも、ここには、豊かに生きたいという個人の人生選択と人材養成・財政削減という政策とがみごとに調和しているかのように見えるからである。言い換えれば、学び直し言説は、ほぼ、政策言説の道具的下位言説として利用されるようになったのだ。概念的にいえば、山田 (2013) も指摘しているように、一連の答申等から見て、経済社会の構造変化に対する機能主義的な教育政策という流れは文教政策の中で支配的になったといえるだろう。さらに、文教政策では個人が教育の選択主体として自律的に存在しているわけではなく、背景には年金受給年齢引き上げ、定年延長を促進しようとする、経済・社会保障政策の目的が明白に見える。こうして、「学び直し」言説は、その厳密な定義やリカレント教育概念の歴史的経緯を捨象して、巨大な言説複合体に成長していったといえる。

　翻って、近年の文科省政策に目をむけてみると、実際に「学び直し」言説からはすでにいくつかの具体的施策が生まれている。これまで触れた会議、委員会からの諮問、提言を受けて生まれた促進政策としては、たとえば「一般・専門実践訓練教育給付」(2014 年〜)、「職業実践力育成プログラム (BP)」(2017 年〜) があり、さらにいえば、高等教育政策では産学連携と実務経験教員の拡大が予算配分の前提になりつつある。だが、実際に個別の内容を見てみると、いずれも、教養型 (リベラルアーツ型) のプログラムは少なく、資格取得や専門職型 (プロフェッショナル (ボケーショナルともいえる) 型) のプログラムが大半である。

　最後に再確認しておけば、現在すでに、「学び直し」とは、スキルアップ (skill up)、リスキリング (re-skilling)、しかも Society 5.0 といった新たな社会経済実

現を担う高学歴者人材の高度化という定義に定着しつつあるといっても過言ではないだろう。

5. 「学び直し」言説の原点に立ち返る必要性とは

　ひとつの言説の宿命とは、それが単なる言語集合ではなく、その背後に、制度、権力との力学関係を背負うことである。権力構造のポリティクスの中で、言説は新たな現実イメージを作り上げ、権力ネットワークをより強固にしていくツールとして時々の権力主体に利用されるのである。

　教育言説としての「リカレント教育」その後の「学び直し」という言葉の集合も同じ道筋をたどり、新しい意味を付与され、他の政策を正当化する手段へと変節していったのではないだろうか。

　振り返ってみれば、戦前の受教権理念、補償教育理念の流れから生まれたリカレント教育という概念は、その後、生涯教育、さらに、学校教育から脱した生涯学習へと、概念も文教政策もある程度連動した形で進展していった。ところが、本章で見たように、臨教審答申を分岐点として、当初の社会平等化目標を希薄にしながら、国際化社会、情報化社会、新たなテクノロジーといった状況変化に対応する教育政策を裏付ける言説として膨張してきた。最終的には、2017 年から 2019 年の、わずか 3 年間で、教育言説としての「リカレント教育」「学び直し」は、経済財政政策を補強する政策言説へと変貌していくのである（**図 0-1**）。

　このことは、言説の宿命を見れば、当然の現象かもしれない。すなわち、教育言説と経済財政言説のどちらが従属的な立場にあるかを決めるのは、政府内の言説発信主体のどこがヘゲモニーを握っているかにかかっているということである。言い換えれば、省庁内のパワー・ポリティクス構造の中で、初期のリカレント教育言説が持っていた理念は、換骨奪胎されたともいえるだろう。それは、教育政策が時代を問わず、つねに経済政策の関数として利用されてきたという事実が繰り返されたともいえる。

　一連の過程で、膨張し続けた学び直し言説は、政策やメディアを通じて

教育言説		経済財政言説
ハッチンズ (leaning society)	1968 年	
社会教育審議会答申 (生涯教育)	1971 年	
ユネスコ (learning to be)	1972 年	
OECD (recurrent education)	1973 年	
社会教育審議会答申 (生涯学習)	1981 年	
臨教審答申 (学習機会の生涯提供)	1984-87 年	
生涯学習審議会発足	1990 年	
生涯学習審議会答申 (リカレント教育推進)	1992 年	
	2001 年	骨太の方針 (財政政策と構造改革の官邸主導推進)
	2005 年	骨太の方針 (再チャレンジ支援事業)
中教審答申 (新しい時代を拓く生涯教育振興)	2008 年	
教育再生実行会議 (学び続ける社会推進)	2015 年	

教育言説と経済財政言説の合流・膨張過程 (2017-19 年)

人生 100 年時代構想会議 (学び直しができる社会)	2017 年	骨太の方針 (人材への投資を通じた生産性向上)
	2018 年	骨太の方針 (少子高齢化の克服)
教育再生実行会議 (技術の進展に応じた教育の革新)	2019 年	骨太の方針 (Society 5.0 への挑戦)

図 0-1　教育言説の変節と経済財政言説との合流過程

人口に膾炙するとともに、その定義と境界がいっそう曖昧になりつつある。ジャーナリズムが使う「学び直し (リカレント教育)」という用語は、いまや、完全に社会人のリスキル教育、または、新たな専門知識のブラッシュアップという意味に解釈されている。たとえば、『日経新聞』2019 年 8 月 21 日では、「社会人の学び直し深化」と題した特集記事を組み、地方大学における様々な社会人向け講座を紹介している。その冒頭で説明されているのは、「全国の大学でリカレント教育 (社会人の学び直し) を後押しする動きが広がっている」というものである。いうまでもなく、ここでのリカレント教育内容とは、社会

人がスキルアップ、転職、専門職資格取得のために学び直すことであり、そこに地方の高等教育機関が生き残りを賭けているのである。さらに、直近のメディアの表現を見ると、「リスキリング（学び直し）」と書かれている（『日経新聞』2021年11月17日（朝刊）、「非正規10万人転職支援」）。ここでは、コロナ禍で増えた失業者対策として学び直し政策を拡大するという政府方針が報道されている。一見、社会平等型政策にも思えるが、その目的は、「成長分野への人材シフト」である。ここにもまた、経済政策に恣意的に利用される教育言説の脆弱な状況が表れていると言えるだろう。

　これまで、本章で、学び直し言説の誕生と変節についてことさら詳細に議論したのは、歴史的にみると、現在の「学び直し政策」には、二つの視点が欠落していることを指摘したいからでもある。それは、以下のようなものである。

1) 社会人の学び直し政策を裏付けるために使われる、「学び直したい」というニーズは、政府の意識調査対象の多くが大卒に限られている。つまり、暗黙の前提として、都市高学歴層が想定されており、学び直しニーズというのは、専門資格、専門的知識スキルのことである。その点でいえば、学び直し意欲には地域・社会階層性に偏りがある可能性が高い。

2) 学び直しニーズという時、学び直したい中身、動機はどのようなものなのかといった、いわば、学び直し意識の実態構造が明確に定義されていない。さらには、学び直し意欲が、学歴別、男女別、職種別といった属性によって構造を持っているのかが、これまでほとんど明らかにされていない。

　いわば、学び直しの地域格差、階層格差ともいえる、政策視点の欠損部分に目を向けないことには、政策によって提供されてきた学び直しプログラム、そしてそれに対する制度的インセンティブは、かつてOECDが懸念したように、階層的に偏ったリカレント教育（socially biased recurrent education）を生み出す懸念を払しょくできない（OECD, 1973, p.41）。ひいては、教育システムのみならず社会全体が、現状よりさらに強固な不平等拡大に向かうおそれさえある。

政府が「学び直し」政策の目標値としてしばしば示す、高等教育における25歳以上の成人比率を、どれだけ高めようとしても、大学が提供するリカレント教育プログラム内容や補助給付制度と、需要者である成人の教育アスピレーションまたは学び直しニーズの中身に大きな階層差があるとすれば、それらは、特定階層への優遇措置になるだろう。別の言い方をすれば、「学び直しについての文化」(学び直しハビトゥス)が学歴、職業階層によって規定されているという仮説が検証されれば、「教育を持つ者がさらに教育を持つ (education more education)」という、教育のマタイ効果の先鋭化につながることは避けられない。

　我々は今、半世紀前に OECD (1973) が鳴らしたのは、リカレント教育システムが社会不平等と競争 (social inequality and social selection) を拡大するだろうという警鐘 (p.68) だったことを、いま一度想起すべきではないだろうか。これらの課題については、次章以降で計量的分析、質的分析など多様なアプローチで解き明かしていきたい。

参考文献

千葉聡子 (2005)「学校教育における生涯学習理念理解の問題性―「生涯学習体系への移行」は学校に何をもたらしているのか」『文教大学教育学部紀要』39, pp.9-19。

Faure, E. et al. (1972) *Leaning to Be*, UNESCO.

グラットン, L. (2016)『ライフ・シフト』池村千秋訳, 東洋経済新報社。

Hutchins, R. M. (1968) *The Learning Society*, Frederick A. Praeger.

清國祐二 (2003)「日本における生涯学習政策の展開―国レベルを中心に」鈴木眞理・松岡廣路編著『生涯学習と社会教育』学文社。

ラングラン, P. (1971)『生涯教育入門』波多野完治訳, 全日本社会教育連合会。

前平泰志 (2003)「生涯学習論の国際的展開―開発と基本ニーズ」鈴木眞理・松岡廣路編著『生涯学習と社会教育』学文社。

松岡廣路 (2003)「生涯学習論の生成と展開」鈴木眞理・松岡廣路編著『生涯学習と社会教育』学文社。

OECD・CERI (1973) *Recurrent Education:A Strategy for Lifelong Learning*, OECD.

スティグリッツ, J. E., グリーンウォルド, B.C. (2017)『スティグリッツのラーニング・ソサイエティ―生産性を上昇させる社会』藪下史郎監訳, 岩本千春訳, 東洋経済新報社。

瀧端真理子 (1994)「スウェーデンにおけるリカレント教育提唱の背景と目的」『教育・

社会・文化研究紀要』1, pp.67-81。

山田礼子 (2013)「高等教育における生涯学習推進の方向性」『日本生涯教育年報』34, pp.21-40。

山崎ゆき子 (2014)「ユネスコにおける生涯学習概念の再検討—フランスの教育改革を視野に入れて」『神奈川県立国際言語文化アカデミア紀要』3, pp.1-15。

ユネスコ教育開発委員会編 (1975)『未来の学習』国立教育研究所内フォール委員会報告書検討委員会訳，第一法規出版。

渡部蓊 (2006)『臨時教育審議会—その提言と教育改革の展開』学術出版会。

諮問機関答申、報告、提言等は各ホームページ

中教審答申については文部科学省：https://www.mext.go.jp/b_menu/shingi/chukyo/chukyo0/toushin/index.html. 2021.8.30. 最終閲覧。

教育再生実行会議提言については首相官邸：http://www.kantei.go.jp/jp/singi/kyouikusaisei/teigen.html. 2021.8.30. 最終閲覧。

経済財政運営諮問会提言については内閣府：https://www5.cao.go.jp/keizai-shimon/index.html. 2021.8.30. 最終閲覧。

2020 年以降の経済財政運営検討小委員会報告については自民党：https://www.jimin.jp/news/policy/131960.html. 2021.8.30. 最終閲覧。

教育再生実行会議提言については首相官邸：http://www.kantei.go.jp/jp/singi/kyouikusaisei/ 各年度：2021.8.30. 最終閲覧。

臨時教育審議会第 4次答申については国立青少年研究機構：https://www.niye.go.jp/.../items/1538/File/yojitooshin.pdf. 2021.8.30. 最終閲覧。

人生 100 年時代戦略本部とりまとめについては自民党政務調査会：https://www.jimin.jp/news/policy/139588.html. 2021.8.30. 最終閲覧。

付記

本章は、加藤潤 (2022)「『学び直し』言説の誕生と変容—平等化言説から市場化言説への転換」(『愛知大学教職課程研究年報』第 11 号所収) を基に加筆したものである。

第 I 部　「学び直し」の基本的視点
——教職をめぐる日・英の制度的・文化的比較から——

概　要

　子どもたちの「学び直し」でなく、成人の「学び直し」を端的に問い直すことができるのは、スクーリング（学校教育）にもっとも親和的な職業である教職の事例である。「学び続ける教師」という文言が日常的となった今日、「教える」職業が「学ぶ」ことを強調する仕組みはいかなる性格を持つのか、どのように「学び直し」に接近すればよいのかについて検討する。日本での教師対象のアンケート調査結果を基に、まずは基本的な視点を明らかにする。そして他方では、日本とは対照的な教職選択の制度を持つイギリスの事例を現地のフィールドワークによって得られた知見から紹介する。そこに浮かび上がるのは、「学び直し」が転職の制度と文化の特徴と表裏一体になっていることである。

　第 1 章では、日本の現職教師を対象にしたアンケート調査結果から、さまざまに「学び直し」たいニーズを多くの教師が抱いていることが明らかにされた。そのニーズには、学び自体を目的視している側面と、学ぶことで教職に具体的に役立たせたいという手段視する側面とがある。また、ニーズを実際に実現するためには、経費や時間的余裕や周囲の理解といった諸条件が整っているかどうかが重要であることも明らかになった。さらに、教員免許状更新制度の発展的解消により、更新講習のリニューアルが大きな課題となるので、現職研修の新たなプログラムについても補説する。

　第 2 章では、戦後からイギリスで主流の教員養成制度となってきた PGCE に注目し、大学を卒業して何らかの職業を経た後に教職に就こうとする人たちが PGCE コースで「学び直し」をする実態を明らかにする。それは、日本のように教育系大学で教員免許を取得して教員採用に合格して教職を生涯継続するといった、主流の教職経歴とは異なる。何よりも「学び直し」が転職そして「人生の創り直し」と結びついている。イギリスでは一生のうちに数回転職するのが一般的であり、それが人生と職業をめぐる文化ともなっている。こうした異文化を考慮に入れるなら、「学び直し」は「人生の創り直し」の観点から捉え直す必要がある。

第1章　日本の教師の「学び直し」
──資質・能力向上を目指す現職研修のあり方──

今津孝次郎

1.　教師にとっての「学び直し」

(1)「向学校的」な態度を保持する教職者

　「学び直し」ということばを耳にして直ぐに頭に浮かぶのは、学校教育の場である。つまり、授業の場に代表される「定型的」教育の形態であり、何らかの理由により学校で学べなかった場合、あるいは不十分な理解に止まっていた内容を再び学び直すか、あるいは上級学校で新たな内容を学び始めるか、それらを指すものとして「学び直し」が捉えられるのが一般的である。

　そして「定型的」教育を仕事として担う教師は、おそらく多様な職業のなかで、一番「学び直し」を仕事に平行して日常的な営みにしているはずである。学習指導要領は10年ごとに変わるし、「総合的学習」や「アクティブ・ラーニング」、「主体的・対話的で深い学び」といった次々に登場する学力育成の新たな基本方針を理解していかねばならない一方では、家庭や地域の変化のなかで生徒指導上の諸課題に毎日のように向き合わねばならない。そうした状況下で、教師は常に新たな知識や技能、態度の組み立て直しという諸課題に直面し、「学び直し」を要請される。もちろん、その要請を正面から受け止め、自分自身の課題として行動に現すかどうかは、個々の教師により程度の差があるだろう。どのような教師がどれだけ強く意識し、どのような「学び直し」行動をしていくのかという実態を把握するのが本章の前半の課題となる。

　すでに「学び続ける教職員」という用語が中央教育審議会答申 (2012) で謳われているし、その文言も「教育公務員は、その職責を遂行するために、絶え

ず研究と修養に努めなければならない」という「教育公務員特例法」(1949年)第21条の規程から導き出される。この「研究と修養」すなわち「研修」について、「教育公務員には、研修を受ける機会が与えられなければならない」と同法第22条の規程に続く。つまり、「教える」職業である学校教員が「学ぶ」ことを課題にするという捉え方は、教員に関する法規として戦後から今日まで連綿として続いていると言ってよい[1]。

さて、学校で過ごす生徒が学校に対してどのような態度を示すかを記述する概念として「生徒文化」が教育社会学を中心によく使われる。学校と教師に肯定的に適応する態度もあれば、否定的に反抗する態度もあり、生徒文化は分化しているという捉え方である(耳塚, 1980)。前者は「向学校的」と呼ばれ、後者は「反学校的」とされる。ちなみに、近年増加している「不登校」はそのいずれでもなく「非学校的」とでも言えばよいだろうか。実に多様な「不登校」を一口で捉えるのは無理があるとしても、「定型的」形態に適応できず、そうではない自由で柔軟な形態なら学びの「居場所」を見つけられるという事例が多いようである。

そうした生徒文化のなかで、教職を希望する若者や実際に教職に就く者は、仮に一時「反学校的」な態度を取ったことがあるにしても、最終的には「向学校的」な態度を保持していることは明らかであろう。勉学に励んで好成績を上げ、大学進学を果たして教職課程の単位を取得し(大卒後に通信教育を受講するケースも含めて)教員免許状を取得し、教採試験に合格して教職に就く。この一連の過程は、「学ぶ」態度を体得し、「学び」に価値を認めて、その価値を実現する行動を継続していることを如実に物語っている。では、実際に現職の教師は、「学び」と「学び直し」に関していかなる意識と行動を示しているのか。小規模のアンケート調査から得られた実態を紹介したい。

(2) 現職教師の「学びニーズ」の強さ

2015年6月に、愛知県内4つの大学で行われた教員免許状更新講習の開始直前に、選択形式の簡単な質問紙を配付して予備調査を実施した[2]。回答時間は7～8分で、回収数は434。さらに2016年6月から9月にかけて同様

表1-1　大学等に入学して学びたい気持ち

	全体	男性	女性	30代	40代	50代
	n=451	n=130	n=316	n=139	n=143	n=159
ある	60.3%	63.8%	58.5%	62.6%	60.1%	57.2%
ない	39.7%	36.2%	41.5%	37.4%	39.9%	42.8%

の内容と方法でおこなった本調査では回収数は451。小学校から高校まで学校種は広がっているが、地域もサンプルも質問項目も限定的であり、日本の教師全体の幅広い意識を探るには至っていないので、一つの手がかりとしての調査データである。30代以上ではあるが、学校教員が対象だけに少なくとも短大卒以上の学歴を有することから、「学び直し」を「大学・大学院」(以下、「大学等」)への入学希望(以下、「学びニーズ」)を抱いているかどうかを中心に質問した[3]。予備・本調査いずれもほぼ似た結果であり、ここでは本調査結果を踏まえて検討したい。

　表1-1を見ると、60.3％が大学等に入学したい「学びニーズ」が「ある」と答えた。この気持ちについては、男女差や年齢差はそれほど大きくなく、性別、世代を問わず大学等に入学して学びたいという気持ちが一定に見られる。「向学校的」傾向が強いと考えられる教職者にとっては当然の結果と言える。他方、39.7％が「ない」と答えているのは、「学びニーズ」はあるのだが、それは多様な研修の形態であって、大学等への入学そのものではないという意味かもしれない。実際、いくつか存在する実現化のハードルについては、後に述べたい。

　勤務校種別の学びニーズについても見ておこう。大学等に入学して学びたい気持ちについては、小→中→高の順に高まる傾向が見られる。希望が「ある」という回答は小学校では約5割であるが、高校では約7割に高まる。教科専門だけに、関連する知識の専門性をさらに磨きたいという気持ちの現れかもしれない。

(3)「学び」の理由と内容

　では、「ある」と答えた272名に対して、大学等で学びたい理由について勤

務校種別に示したものが**表1-2**である。アカデミックな志向性について、小
／中高という差異が見られるものが多い。「アカデミックな環境に身を置き
たい」という項目では中学教員で高く49.1％、次いで高校教員の33.3％である。
「本や論文を読みじっくり思考したい」「研究論文を書きたい」「学会や研究会
で発表したい」という項目でも、小学校教員に比べ、中高教員で高い傾向が
見られる。「以前から学びたかったことを学びたい」という項目では勤務校
種による差は見られず、高い数値となっている。したがって、「以前から学
びたかったこと」の意味するものが小学校教員と中高教員で異なるというこ
とが考えられる。

　次に、いま持っている免許に加えて新たに別の教員免許を取得したいか尋
ねた。表では示さないが、小学校教員の42.9％が「ある」と答える一方、中学、
高校教員で順に減少する傾向が見られる。小学校教員では特別支援学校の教
員免許取得希望が多く、39.4％であった。次いで、中学校教員免許で24.2％だっ
た。中学校教員では、小学校教員免許の取得希望が高く52.2％である。特別
支援学校の教員免許取得希望が26.1％でそれに続く。高等学校教員では、高
等学校の教員免許取得希望が40.0％であり、同じ校種で他教科の取得希望が

表1-2　大学等で学びたい理由

	全体 n=272	小学校 n=68	中学校 n=55	高校 n=117
職業資格を取得したい。	32.7%	35.3%	30.9%	23.1%
10代後半から20代前半の若者と交流したい。	4.0%	4.4%	3.6%	4.3%
アカデミックな環境に身を置きたい。	31.6%	25.0%	49.1%	33.3%
大学教員と交流したい。	8.8%	5.9%	12.7%	11.1%
以前から学びたかったことを学びたい。	63.2%	64.7%	65.5%	68.4%
以前学んだことを学び直したい。	52.2%	51.5%	56.4%	49.6%
自分がこれまでしてきた経験を若い人に伝えたい。	2.9%	0.0%	0.0%	2.6%
若者たちの考えを吸収したい。	10.3%	11.8%	10.9%	7.7%
本や論文を読みじっくり思考したい。	29.8%	26.5%	40.0%	36.8%
研究論文を書きたい。	9.2%	1.5%	9.1%	14.5%
学会や研究会で発表したい。	4.4%	0.0%	3.6%	6.8%

見られるということである。こうして、免許取得は「学び直し」として重要な目的となる。さらに具体的に学びたい内容を尋ねた。

表1-3によれば「カウンセリングや心理学の理論」については、どの勤務校種でも高く、学びたい内容となっている。また、「教科内容の専門性」では、中学校60.0%、高校54.7%と先の「カウンセリングと心理学の理論」とほぼ同じ程度学びたい内容として答えている。小学校では、「教科内容の専門性」は中高に比べてやや低くなるが、41.2%と一定の値を示している。

「一般教養」については、小中／高でやや傾向が異なり、高校で33.3%と他校種より高い傾向が見られる。「スマートフォンやタブレット端末の教育利用法」については、どの校種でもそれほど高くない。情報化で活用がさまざまなところで謳われているが、これらは日々の研修でも行われることが多く、大学で学ぶ内容としては希望が多くないということなのだろう。小学校教員では「世界の教育事情」への希望が高く、51.5%であった。外国人児童の在籍

表1-3　大学等で学びたい内容

	全体 n=272	小学校 n=68	中学校 n=55	高校 n=117
教科教育法	18.0%	19.1%	27.3%	16.2%
教科内容の専門性	46.7%	41.2%	60.0%	54.7%
一般教養	21.7%	14.7%	16.4%	33.3%
教育思想	3.3%	1.5%	3.6%	4.3%
教育制度	5.5%	7.4%	0.0%	3.4%
教育に関する法律	4.4%	7.4%	1.8%	3.4%
カウンセリングや心理学の理論	55.9%	54.4%	58.2%	50.4%
進路指導やキャリア教育	19.1%	20.6%	23.6%	19.7%
教育方法	19.1%	26.5%	23.6%	16.2%
いじめ・不登校などの教育問題	33.1%	33.8%	38.2%	29.9%
特別支援教育	22.4%	23.5%	25.5%	25.6%
世界の教育事情	29.0%	51.5%	21.8%	13.7%
エクセル・ワードなどのオフィスソフトの活用	16.9%	7.4%	25.5%	21.4%
スマートフォンやタブレット端末の教育利用法	15.1%	14.7%	18.2%	12.8%

数が多い愛知県内小学校教員が答えているという背景が影響しているかもしれない。

(4) 上級の免許・学位の取得

　また、対象者全員に対して上級の免許や学位の取得について質問した。「大学等での学び」にとって、重要な理由と目的にもなるだろうから、専修免許、修士学位、博士学位について取得したいと思うかを尋ねた結果が**表1-4**である。全体として高い希望を示しているわけではない。ただし、高校教員で修士・博士の学位に対して他校種より高くなる傾向があること、「専修免許」「修士学位」については、既に取得済みであると答えるものが、中高で小学校よりやや高くなることを指摘できる。さらに博士学位をすでに取得している教師が中学校で1.1%、高校で2.4%という事実は見落としやすい意外な結果で、現実の方が進んでいると感じさせられる。「専修免許」については、高校教員の26.3%が既に取得済みであると答えており、予期した以上の実態である。

表1-4　専修免許・修士学位・博士学位取得希望

	全体 n=451	小学校 n=131	中学校 n=91	高校 n=172
専修免許取得希望				
思う	14.0%	8.7%	12.2%	18.1%
思わない	71.3%	85.0%	75.6%	55.6%
既に取得済みである	14.7%	6.3%	12.2%	26.3%
修士学位取得希望				
思う	13.2%	8.5%	7.8%	21.1%
思わない	73.1%	86.9%	74.4%	59.1%
既に取得済みである	13.7%	4.6%	17.8%	19.9%
博士学位取得希望				
思う	11.3%	6.2%	8.0%	17.8%
思わない	87.1%	93.1%	90.9%	79.9%
既に取得済みである	1.6%	0.8%	1.1%	2.4%

　以上のように「学びの理由と内容」に見られる勤務学校種別の相違性に注目すると、学校種別の特徴の傾向が整理できる。すぐに気づくのは、専修免許・修士・博士学位取得について、小→中→高と段階的に差異を示す場合である。日本の場合、教師の資質・能力の向上の評価は、諸外国での「上級学位取得」とは異なり、学校現場での「実践力の強化」で評価されてきたが、これからは諸外国にも似て、上級学位の取得に徐々に関心が向けられていく動向をうかがい知ることができる。

2.「表出的学びニーズ」と「道具的学びニーズ」

　さて、「学び」の多様な理由や内容を眺めると、「学びニーズ」は二つのタイプに大別できることに気づく。二つのタイプの一つはそれ自体が「目的」となるような、いわば教養的な学びであり、「表出的学び」と呼ぼう。もう一つは教職実践に必要な「手段」であるような学びであり、「道具的学び」と呼びたい。もちろん、両者には重なる面がある。たとえば、上級学位取得は「道具的」であるが、取得過程での「学び」そのものに充実感や満足感を味わえば、それは「表出的」でもある。それだけに、両者は明確に区別できるものではないから、**図**1-1 のようになる。
　そして、これら二つの学びニーズのタイプは表 1-3 の勤務学校別回答率の相違にも示されているように、学校種別に二つのタイプの出現の度合いが異なることに気づく。
　小・中の義務教育担当教師と高校担当教師とでは、前者の方が「教育方法」に代表されるように、実践に不可欠な知識と技能という「道具的学びニーズ」

表出的学びニーズ expressive		道具的学びニーズ instrumental

図1-1　二つの「学びニーズ」

がやや強く、後者の方が「一般教養」に代表されるような「表出的学びニーズ」がやや強いという傾向を伺うことができる。とはいえ、学校種を問わずに「カウンセリングや心理学の理論」といった生徒指導に役立つ内容を学びたいという「道具的学びニーズ」が共通して高いという側面もある。

　実践に直接役立つニーズに応えることが、大学教育の課題として重要であるのは言うまでもない。ただし、「道具的」な資質・能力を高めることだけに収斂するとしたら、それは大学での「学び」と言えるだろうか。つまり、「表出的な学びニーズ」に関しては、教員養成・研修政策の中でほとんど見落とされているのではないだろうか。とりわけ一連の教師教育改革では、「学び続ける」姿勢の涵養が求められているものの、義務教育段階の教員養成・研修のカギとされている教職大学院では、実習に多くの時間数を割き、修士論文が課されないなど、「学び続ける」べき内容がきわめて実践的なものに傾斜している。

　油布 (2017) は、大学においてもアクティブ・ラーニングや ICT といった新しい課題に適応するための具体的取り組みが教員養成課程では重視されており、現場の実践に理論を当てはめるだけのような、矮小化された「理論と実践の往還」になっていると指摘する。他方で、油布は豊かな社会を維持しつつ、人々が心豊かに生きていくための社会を実現するという視点から、「デモクラシーのための教育」という価値観が重要であると続けている。

　教師教育における大学の役割が、いわゆる「官製研修」と異なるとすれば、それは「表出的学びニーズ」に基づいて学問に親しみ、多様な価値や選択肢を取り込みつつ、自ら創意工夫することができる資質・能力を育成することであろう。言い換えれば、「道具的」なスキルをブラッシュアップする「ハードなリカレント学習」と、幅広い知識経験、体験を涵養する「ソフトなリカレント学習」とを、個人が自由に往還する文化的・制度的環境が十分に整うとき、我が国における本来のリカレント教育政策が実現したと言えるのではないだろうか。

3. 「学びニーズ」の「促進要因」と「抑制要因」

(1) 促進要因

　大学等へ入学したいという形での小・中・高校教師の「学びニーズ」は、最初に述べたように、平均して60.3％が「ある」と答えた。そこで「ある」と答えた272名に、その気持ちにもう少し立ち入って、どれだけ具体的に計画しているかを複数回答で尋ねた結果が**表1-5**である。

　「できるだけ早く大学等に入学したい」4.8％、「2、3年後大学等に入学したい」2.6％、「かなり先になるが大学等に入学したい」13.6％だった。つまり、大学入学を具体的に考えているものはそれほど多くないことが分かる。しかしその一方で、「科目等履修生・聴講生で学びたい」36.4％、「エクステンションで学びたい」36.0％であり、正規入学でない形での学びに一定のニーズが見られる。また、「入学したい気持ちはあるが具体的には分からない」は57.0％と多い。したがって、学びたいという気持ちがあっても、それを具体化して考えにくいという状況にあると読み取ることができる。

　そこで、大学等への「学びニーズ」と言っても、具体的にはa正規入学希望（以下、「大学入学ニーズ」）、b正規入学ではないが大学等で学びたい（以下、「参加的学びニーズ」）、c入学したい気持ちはあるが具体的には分からない（以下、「潜在的大学入学ニーズ」）の三つを区分してみたい。割合でいえば、cが高く、続いてb、そしてaは低い。ただ、意識程度に違いがあれ、少しでも大学で学

表1-5　大学等で学びたい気持ち

	全体	男性	女性	30代	40代	50代
	n=272	n=83	n=185	n=87	n=86	n=91
できるだけ早く大学等に入学したい。	4.8%	9.9%	2.8%	3.4%	4.7%	6.6%
2、3年後大学等に入学したい。	2.6%	3.7%	1.7%	4.6%	1.2%	1.1%
かなり先になるが大学等に入学したい。	13.6%	19.5%	11.2%	12.6%	12.8%	14.3%
科目等履修生・聴講生で学びたい。	36.4%	34.6%	38.1%	32.2%	36.0%	40.7%
エクステンションで学びたい。	36.0%	34.1%	37.6%	36.8%	31.4%	39.6%
通信制大学で学びたい。	8.5%	7.4%	9.5%	10.3%	9.3%	6.6%
入学したい気持ちはあるが具体的には分からない。	57.0%	50.6%	61.9%	62.1%	55.8%	53.8%

ぶ気持ちがあることは、先ほどの「学びの理由と目的」とも合わせると、「学びニーズ」を促進する要因として捉えることができる。

(2) 抑制要因

　その一方では、そうした「学びニーズ」を制限し減少させる要因もまた存在する。抑制要因には二つあると考えられる。一つは大学入学動機形成を抑制する「動機化抑制要因」であり、もう一つは大学等で学びたいという希望は示しながらも、具体的な入学ニーズを抑制する「具体化抑制要因」である。もちろん、促進要因と抑制要因は単独で働くというより、共時的に働き、促進要因と抑制要因のどちらが優位になるかで、大学入学希望のあり方が変化してくると考えられる。例えば、大学等で新たな資格を取得したいという希望は促進要因になり、大学入学にかかる金銭的負担は抑制要因になるが、そのどちらが優位となるかで、個人の大学入学希望の具体的程度は異なってくるだろう。

　まず「具体化抑制要因」について検討する。**表 1-6** は、大学等に入学を具体的に考える上で「不安に思う」ことについて尋ねた結果である。「学費」「生計」についての不安を訴えるものが多い。「職場の理解を得るのが難しい」という項目では、小／中高で差が見られ、中学校と高校では職場の理解も不安要素としてあげるものが多かった。「若者とのギャップがある」という項目では、高校教員が少なくなっており、大学生と年齢の近い高校生と日常的に接していることが背景にあると考えられるだろう。

　次に、「動機化抑制要因」について見てみたい。大学等に入学して学び直したいと思わない人に対して、その理由を尋ねたものが**表 1-7** である。「仕事や家事で忙しく時間的余裕がない」と答えたものは、小中／高で差が見られる。小学校、中学校教員で 90％以上がそう思っているのに対し、高校教員でも数値は高いが 65.5％と小中教員に比べてかなり下がる。表では示さないが、この項目について、性別・年齢別でクロスしてみると、男性74.5％、女性 84.6％、そして 30 代 82.7％、40 代 89.5％、50 代 75.0％となっており、女性で高く、50 代で低い。高校教員のデータは女性が他の校種より

表1-6　大学等に入学を具体的に考える上で不安に思うこと

	全体	小学校	中学校	高校
	n=272	n=68	n=55	n=117
若者とのギャップがある。	20.2%	26.5%	20.0%	16.2%
学費の工面が難しい。	44.9%	52.9%	45.5%	41.0%
在学中生計を立てていくことに不安がある。	47.1%	44.1%	49.1%	48.7%
家族の理解を得るのが難しい。	20.6%	17.6%	20.0%	19.7%
職場の理解を得るのが難しい。	44.5%	35.3%	52.7%	53.0%
介護をしなければならない。	8.1%	5.9%	9.1%	9.4%
育児をしなければならない。	27.3%	26.5%	25.9%	21.4%
学んだことが仕事に生かせるかわからない。	16.5%	13.2%	12.7%	17.1%

表1-7　大学等に入学して学び直したいと思わない理由

	全体	小学校	中学校	高校
	n=179	n=63	n=36	n=55
単位や学位取得に向けて勉強したいと思わない。	33.0%	28.6%	36.1%	40.0%
学費の工面が難しい。	36.3%	42.9%	22.2%	29.1%
在学中生計を立てていくことに不安がある。	28.5%	33.3%	33.3%	32.7%
仕事や家事などで忙しく時間的余裕がない。	81.6%	90.5%	91.7%	65.5%
若者の多い大学の環境が合わない。	8.4%	4.8%	5.6%	10.9%
家族の理解や協力を得るのが難しい。	16.2%	19.0%	5.6%	14.5%
介護をしなければならない。	15.6%	14.3%	19.4%	14.5%
育児をしなければならない。	31.3%	31.7%	19.4%	21.8%

少なく、50代が多い影響が見られると考えられる。ただ、男性の74.5%、50代の75.0%に比べても高校教員の65.5%は少なくなっていることから、勤務校種（高校）の影響がやはりあるとみてよいだろう。「単位や学位取得に向けて勉強したいと思わない」という項目では、小→中→高の順に高くなる傾向が見られる。これは、表1-4で検討した専修免許、修士学位、博士学位の「既に取得済みである」と答えたものが、小→中→高の順に高くなっており、その相関と見ることもできる。

　以上のように、大学入学ニーズを示すものにとっては「生計」「学費」が、大学入学ニーズを示さないものにとっては「多忙感」が、それぞれ学びの主

な抑制要因として挙げられる。そうした抑制要因によって、せっかく「学び
ニーズ」がありながらも、実際にはニーズを実現できないという実際の構造
になっている。それらの現実的な抑制要因のために、「学びニーズ」自体も
結果として平均60.3％に止まっているのかもしれない。そうした実際の構造
をいかに改善していくかということが、今後の大学(院)教育に問われている。

4.　一般市民の「学びニーズ」との比較

　手がかりとしての小規模調査データではあるが、教師の「学びニーズ」
60.3％という数値は、他の一般市民と比べてどの程度高いと言えるのだろう
か。「向学校的」な態度が強いはずの教職者と比べて、「向学校的」な態度を
それほど持っていない人たちも含まれるはずの一般市民の場合は、教師より
も「学びニーズ」が低いのでは、と予想されるからである。そこで、教職者
との比較の意味で、ごく身近な一般市民を対象にした補助的な小規模調査を
2015～6年に実施した。調査内容は教員調査とほぼ同様の項目で、回答時
間は10分以内である。サンプル数も少ないので、厳密な比較にはならないが、
互いの傾向の差異を指摘することはできよう。

　対象は名古屋市と近隣諸地域で、幼稚園に子どもを通わせている保護者や
生涯学習センターの参加者、NPO支援者など合計273名である。男性121名、
女性151名でほぼ半数ずつ、年代別では20～30代が50.2％、40代が29.3％、
50代以上が19.4％と、若年・中堅層が多い。この調査はフィールドワーカー
がおこなう「雪玉式サンプリング」(佐藤, 2006)に近い方法である。

(1) 大学の「学びニーズ」と大学入学「促進要因」

　表1-8は、大学で学びたい、あるいは学び直したいと思う気持ちがあるか
どうか尋ねた結果である。43.6％が「ある」と答えている。先ほどの教師と比
べると予想通りに低いが、半数近くが「ある」と答えた結果を見ると、逆に
一般市民にも学びのニーズがかなりあるのではと認識を新たにする。特に、
女性が51.0％と過半数で、男性33.9％を超えており、女性の方に学びたい気

持ちが強そうである。教員の場合は、男性 63.8％、女性 58.5％と男性がやや
高い点に留意したい。

　一般市民の「ある」と答えた人に対して、大学入学希望の程度を尋ねた質
問項目についての結果が**表 1-9** である。「できるだけ早く大学に入学したい」
「2、3 年後大学に入学したい」「かなり先になるが入学したい」という項目に
ついて、それぞれ 0.8％、0.8％、11.8％で、具体的に大学に入りたいと思う気
持ちを持っている人は少ないが、「科目等履修生・聴講生で学びたい」とい
う項目では 23.5％、「エクステンションで学びたい」という項目が 11.8％となっ
ており、数値は高くないもののニーズは確認できる。これらに対して、「入
学したい気持ちはあるが具体的には分からない」と答えたものは 64.7％と多
い。特に男性より女性に多く、男性の 51.2％に対して女性では 72.7％となっ
ている。「定型的」形態の学びが習慣化している教師と比べて、一般市民の
方が大学での学びをいかに具体化していくかの方策が分からないという回答
が多くなっている。

　次に、大学で学びたい理由についてまとめたものが**表 1-10** である。「以前

表 1-8　大学で学びたいと思ったり、学び直したいと思う気持ち

	全体 n=273	男性 n=121	女性 n=151	20-30 代 n=137	40 代 n=80	50 代以上 n=53
ある	43.6％	33.9％	51.0％	35.8％	52.5％	50.9％
ない	56.4％	66.1％	49.0％	64.2％	47.5％	49.1％

表 1-9　大学で学びたいという気持ち

	全体 n=119	男性 n=41	女性 n=77	20-30 代 n=49	40 代 n=42	50 代以上 n=27
できるだけ早く大学に入学したい。	0.8％	2.4％	0.0％	0.0％	0.0％	3.7％
2、3 年後大学に入学したい。	0.8％	0.0％	1.3％	2.0％	0.0％	0.0％
かなり先になるが入学したい。	11.8％	19.5％	6.5％	10.2％	19.0％	0.0％
科目等履修生・聴講生で学びたい。	23.5％	29.3％	20.8％	14.3％	16.7％	51.9％
エクステンションで学びたい。	11.8％	7.3％	14.3％	14.3％	4.8％	18.5％
通信制大学で学びたい。	11.8％	9.8％	11.7％	16.3％	9.5％	3.7％
入学したい気持ちはあるが具体的には分からない。	64.7％	51.2％	72.7％	67.3％	76.2％	44.4％

表 1-10　大学で学びたい理由

	全体 n=119	男性 n=41	女性 n=77	20-30 代 n=49	40 代 n=42	50 代以上 n=27
職業資格を取得したい。	42.9%	26.8%	50.6%	55.1%	47.6%	11.1%
10 代後半から 20 代前半の若者と交流したい。	1.7%	2.4%	1.3%	0.0%	2.4%	3.7%
アカデミックな環境に身を置きたい。	11.8%	12.2%	11.7%	8.2%	14.3%	14.8%
大学教員と交流したい。	2.5%	2.4%	2.6%	2.0%	2.4%	3.7%
以前から学びたかったことを学びたい。	64.7%	65.9%	64.9%	59.2%	69.0%	70.4%
以前学んだことを学び直したい。	41.2%	34.1%	44.2%	38.8%	40.5%	44.4%
自分がこれまでしてきた経験を若い人に伝えたい。	1.7%	2.4%	0.0%	0.0%	2.4%	0.0%
若者たちの考えを吸収したい。	5.9%	12.2%	2.6%	2.0%	4.8%	14.8%
本や論文を読み、じっくり思考したい。	22.7%	29.3%	19.5%	22.4%	19.0%	29.6%
研究論文を書きたい。	0.8%	0.0%	1.3%	2.0%	0.0%	0.0%
学会や研究会で発表したい。	1.7%	2.4%	1.3%	2.0%	2.4%	0.0%

から学びたかったことを学びたい」がもっとも多くて 64.7% であった。「職業資格を取得したい」は 42.9%、「以前学んだことを学び直したい」は 41.2%であった。実数が少ないため性別・年代別比較は難しいが、女性の若い世代で「職業資格を取得したい」と考えている人が多いという傾向が見られる。「職業資格を取得」は「道具的学びニーズ」であり、「以前から学びたかったことを学びたい」や「以前学んだことを学び直したい」は、どちらかと言えば「表出的学びニーズ」として捉えることができる。数値からすれば、「表出的学びニーズ」がかなり大きな部分を占めていて、これは教師の意識とも共通している。

　一般市民と教師が違っているのは、「アカデミックな環境に身を置きたい」が前者で少なく、後者で多いくらいで、他の諸理由の回答傾向が似通っていることは興味深い。

　しかも、最も選ばれた理由は両者ともに「以前から学びたかったことを学びたい」であり、学びたい希望があるということだけでなく、学ぶ内容も以前から思っている事柄である。「学び直し」という場合、単に時間が経過してから再び学ぶというよりも、学ぶ内容が以前から問題関心として想定され

ている場合が多いのだと感じられる。だとすると、そうした問題関心を抱いていること自体が大学入学の「促進要因」として働いていくのにちがいない。

(2) 大学入学「抑制要因」

　他方、大学入学を具体的に考える上で不安に思うことについての回答を整理したのが**表1-11**である。「学費の工面が難しい」57.1%、「在学中、生計を立てていくことに不安がある」42.9%で、「学費」や「生計」など金銭的な不安を感じる人は多い。ただ、「生計」への不安は50代以上で11.1%と他の世代より低くなっている。また金銭面と並んで「育児をしなければならない」46.2%が目立っており、この項目は特に女性で若い世代の割合が高い。

　よって、一般市民の大学入学の学びニーズに立ちはだかる「具体化抑制要因」としては、「学費」や「生計」といった経費的な問題と「育児」が考えられる。教師と比べると、「学費」や「在学中の生計費」の不安率は似通っているが、「職場の理解を得るのが難しい」が教師で高く、「育児」が一般市民で高くなっている。

　次に、学びニーズの「動機化抑制要因」について検討しよう。「大学で学びたいと思ったり、学び直したいという気持ち」が「ない」と答えた154名（全体273名の56.4%）に対して、「大学に入学して学び直したいと思わない理由」について尋ねた結果が**表1-12**である。「仕事や家事などで忙しく時間的余裕

表1-11　大学入学を具体的に考える上で不安に思うこと

	全体 n=119	男性 n=41	女性 n=77	20-30代 n=49	40代 n=42	50代以上 n=27
若者とのギャップがある。	20.2%	17.1%	22.1%	12.2%	35.7%	11.1%
学費の工面が難しい。	57.1%	46.3%	62.3%	65.3%	57.1%	40.7%
在学中、生計を立てていくことに不安がある。	42.9%	41.5%	44.2%	57.1%	47.6%	11.1%
家族の理解を得るのが難しい。	26.1%	26.8%	26.0%	28.6%	31.0%	14.8%
職場の理解を得るのが難しい。	26.1%	31.7%	23.4%	32.7%	33.3%	3.7%
介護をしなければならない。	4.2%	7.3%	1.3%	2.0%	0.0%	11.1%
育児をしなければならない。	46.2%	17.1%	61.0%	69.4%	47.6%	0.0%
学んだことが仕事に生かせるかわからない。	19.3%	19.5%	19.5%	18.4%	21.4%	18.5%

表1-12　大学に入学して学び直したいと思わない理由

	全体 n=154	男性 n=80	女性 n=74	20-30代 n=88	40代 n=38	50代以上 n=26
単位や学位取得に向けて勉強したいと思わない。	44.2%	53.8%	33.8%	47.7%	28.9%	57.7%
学費の工面が難しい。	42.2%	31.3%	54.1%	50.0%	36.8%	19.2%
在学中、生計を立てていくことに不安がある。	27.9%	30.0%	25.7%	36.4%	23.7%	7.7%
仕事や家事などで忙しく時間的余裕がない。	66.9%	58.8%	75.7%	79.5%	57.9%	38.5%
若者の多い大学の環境が合わない。	11.7%	6.3%	17.6%	13.6%	7.9%	11.5%
家族の理解や協力を得るのが難しい。	11.7%	11.3%	12.2%	14.8%	5.3%	11.5%
介護をしなければならない。	3.2%	5.0%	1.4%	1.1%	0.0%	15.4%
育児をしなければならない。	37.0%	18.8%	56.8%	53.4%	21.1%	3.8%

がない」と多忙感を挙げたものが教師の場合と同じように最も多く、66.9%であった。若い世代ほど忙しさを感じている傾向も見られる。また、女性の20代から30代で「育児をしなければならない」と答えたものが多かった。さらに、「単位や学位取得に向けて勉強したいと思わない」と答えたものが44.2%である。この理由は、「抑制要因」以前のものと言え、その理由を抱くまでに、種々の「抑制要因」の影響を受けた結果としての素朴な気持ちが働いているかもしれない。以上のように、一般市民の入学「抑制要因」としては、経済的問題と多忙感、育児、とまとめられる。教師の場合とは経済的問題と多忙感で共通している。

(3) 社会人にとっての大学入学「促進要因」と「抑制要因」

　以上のように、促進要因と抑制要因の全体を眺めると、各要因の強さの程度と、さらに互いがどのように関連しているのかという点に思い至る。たとえばいくつかの例を挙げよう。①と②は促進要因の検討であり、③と④は抑制要因の検討である。
　①「職業資格を取得したい」という動機について。これは教師にも一般市民にもわりと多く抱かれており、この動機は大学入学ニーズにつながりやすい。ただし、資格内容にもよるが、職業資格を取得して実際に新たな職に就いたり、転職しようとすれば生活上のリスクを伴うから、どこ

まで現実化するかは別問題であり、促進要因として強いか、と言えば保留がつく。

②「以前から学びたかったことを学びたい」「以前学んだことを学び直したい」という動機は教師も一般市民も多くが感じている。ただし、そうした動機内容は未だ漠然としているから、その動機ですぐさま大学入学行動が実現するか、といえばそうとも言えない。そこには促進要因の弱さと、現実化の種々の困難性という抑制要因の強さが作用するのではないだろうか。

③「仕事や家事などで忙しく時間的余裕がない」について。時間的余裕の無さは教師にとっても一般市民にとっても最大の抑制要因と捉えることができる。社会人の生活的時間の都合に配慮できるような大学教育の改善は不可能ではないはずである。一つは開講時期の工夫であり、土日・夜間の開講や夏休み・冬休み期間中の開講など。もう一つは開講方法としてオンラインや通信制を活用すれば通学時間を縮小するとともに、自宅で自由に学習できる、など。日本の大学は大多数の青年の通学生の生活リズムに合わせて成り立っており、社会人の生活の都合を考慮していないから、このような抑制要因に繋がる特徴が浮き上がるのである。

④「育児をしなければならない」について。これは一般市民にかなり見られた抑制要因として捉えることができる。ただし、大学入学に対して学費や生計費といった不安を解消するのは簡単ではないにしても、育児については大学が改善する余地があるだろう。大学内に保育所や託児所を整備する、子どもが学校に行っている時間に授業を多く組むなどの工夫はできるかもしれない。それによって抑制要因を弱めることは可能になるだろう。

(4) 社会人の受け入れ環境整備

　以上のように教職者と比較データとしての一般市民も併せて検討してくると、社会人を受け入れる大学の環境整備こそ重要な課題となる。社会人が学びやすい条件について質問した結果が**表 1-13** である。長期休暇と比べ、土

表1-13　大学で学びやすい条件

	全体 n=119	男性 n=41	女性 n=77	20-30代 n=49	40代 n=42	50代以上 n=27
夜間コースがある。	37.0%	31.7%	39.0%	44.9%	35.7%	22.2%
土日開講がある。	48.7%	41.5%	53.2%	49.0%	50.0%	48.1%
長期休暇に開講がある。	21.8%	14.6%	26.0%	26.5%	21.4%	14.8%
入学金の軽減措置がある。	59.7%	51.2%	63.6%	61.2%	66.7%	44.4%
授業料の軽減措置がある。	63.9%	51.2%	70.1%	69.4%	66.7%	48.1%
奨学金制度がある。	26.9%	24.4%	28.6%	34.7%	21.4%	22.2%
託児所がある。	34.5%	4.9%	50.6%	51.0%	38.1%	0.0%
就職斡旋してくれる。	21.0%	7.3%	27.3%	22.4%	23.8%	11.1%
各種の説明会がある。	21.8%	12.2%	27.3%	22.4%	21.4%	22.2%
社会人入学経験者の話を訊く機会がある。	23.5%	24.4%	23.4%	22.4%	19.0%	33.3%

日開講のニーズが高くて48.7%であった。夜間コースをあげたものは、若い世代の方が多く、年齢が進むにつれ少なくなる傾向が見られる。入学金や授業料の軽減措置を入学しやすい条件としてあげるものは、それぞれ59.7%、63.9%であった。託児所は、女性で若い世代に希望が高く、20代から30代の女性では51.0%となっている。これらは抑制要因を軽減させて、促進要因を強化させる方策になりうるだろう。

　実は、大学に「社会人入学」制度があることの認知度についても簡単に質問した。表では示さないが、教師の場合は「知っている」が小・中・高校全体で54.4%、「言葉を聞いたことはある」が全体で32.2%で、「知らない」は全体でわずか13.3%であった。一般市民の場合は全体で、「知っている」39.2%、「言葉を聞いたことがある」27.8%、「知らない」33.0%であった。教師が一般市民よりも認知度が高いのは当然だとしても、市民も40%近くが知っており、聞いたことがあるのも30%近い。しかも、一般市民は40%以上が大学で学んだり学び直したいというニーズを持っている現実は正面から重く受け止めるべきで、社会人を受け入れる大学教育の環境整備が強く要請されている。

5．教師の「学び直し」を制度化した「教員免許状更新制」を問う

　以上の 1 〜 4 節では、教師が大学等への入学をめぐる「学びニーズ」がど
のような状況にあるか、一般市民とも比較しながら小規模アンケート調査結
果を基にして論じてきた。要約すると、予想以上に「学びニーズ」は強いと
言えるが、その実現に立ち塞がる抑制要因が大きな問題であることが明らか
になった。そこで、本節では、教師（そして市民）の「個人の観点」から、学習
機会を提供する「制度の観点」に移り替えて、検討の対象を大学等への入学
に限らず、教師の「現職研修」の諸形態に注目し、その仕組みと諸特徴さら
にその実態に潜む諸問題を明らかにしたい。

　言うまでもなく「現職研修」とは、一定の職に就いている人が仕事に必要
な知識や技能を修得するための研修であり、職業訓練の場で一般によく使
われる OJT と Off-JT を総合するような意味合いである。本章の冒頭で触れ
たように、教師の場合は「研修」が法的にも定められている。「教育公務員は、
その職責を遂行するために、絶えず研究と修養に努めなければならない」と
いう「教育公務員特例法」（1949 年）第 21 条の規程がそれである。この法的規
定があるためだとしても、これだけ多様で広範囲に及ぶ「現職研修」制度は、
世界の教師教育のなかでも極めて整備された「学び直し」の機会を提供して
いると言ってよい。世界の教師の研修は、もっぱら大学院での上級学位取得
が担っているからである。

　日本の現職研修には、初任者研修・10 年経験者研修・指導改善研修のよ
うな法定研修以外にも、各地の教育委員会・教育センター等による公的な各
種研修や教職大学院への派遣といった公的研修などがある。ただ、法定ない
し公的研修のなかには教師にとって不可欠と感じられる内容だけでなく、果
たして教師のニーズに沿っているか、学校現場の課題を真に解決するものな
のか、という疑いの目が向けられる場合もあり、上意下達でお仕着せと受け
止められがちな研修もあって、これまで「官製研修」などと揶揄されてきた。
戦後すぐの民主的価値が重視された時代に定められた法規定をめぐって叫ば
れた、「『研修』は教師の『権利』であって『義務』ではない」という論調のゆえ

に生じた疑いでもあろう。つまり、「官製研修」という文言は、研修が「内発的」動機に拠らずに「外発的」な契機で実施されると、それは教師にどれだけ効果的なものになるか、という問題提起であった。第1〜4節で終始「現職教師の学びニーズ」に注目してきたのも、「内発的」動機に拘るからである。

　そこで改めて浮かび上がるのが非公的な自主的学習である。教師が長年にわたって各地で取り組んできた各教科に関する自主的研究会等の集団的学習で、日本の教員文化の特徴を示す自発的な現職研修と言え、授業研究を核にして先輩教師が後輩教師を教師集団が育てる機能も果たしてきた。このような非公的な協働システムが日本の子どもたちの学力の高さを保証しているという海外研究者の見解もある[4]。それだけに、今後の現職研修プログラムとして注目したいのは「内発的」な自主的学習の形態である。

　さて、法定による現職研修形態のなかで見落とせないのが、2009年度から始まり、2022年度限りで中止されることになった「教員免許状更新制度」(以下、「免許更新制」または「更新制」)である。教職経験10年ごとに大学で行われる更新講習を集中で5日間、計約30時間受講して試験に合格すれば教員免許状が更新されるという、世界的に極めて珍しい制度である。教員免許10年の期限設定は、教員免許そのものの価値を低め、教員養成制度を貶め、専門職の地位を低める危惧がある。にもかかわらずこの制度が導入されたのには、次に述べるような社会的・政治的な背景があった。その背景を探ると、免許更新制が14年間で破綻に至った三つの要因が浮かび上がる。ここであえてそれらを列挙する理由は、教師の「学び直し」にとっていかなる現職研修プログラムが重要であるかに反省を迫られるからである。

(1) 免許更新制の目的の曖昧さ

　この制度をめぐって政府・国会での議論が盛んになったのは、1980年代に全国の中学校で校内暴力が広がるなど「荒れる学校・荒れる子ども」が深刻な社会問題となったことが背景にある。当時は産業の高度化と消費社会化、情報社会化、高学歴化など日本社会の構造が大きく変化し、学校はその歪みを受けて、学力保障や生徒指導上の学校経営秩序が全国的に大きく揺らいで

いたのである。

　当時の中曽根内閣は「臨時教育審議会」(「臨教審」1984 年から約 3 年間) を設置、小学校から大学まで学校教育全体の在り方を審議したが、そのなかで教員の実態も焦点となった。「よく分からない授業、体罰、保護者とのトラブルを繰り返す、など」の教員の問題行動が次々と指摘され、「不適格教員」の排除が強く主張された。その後 1990 年代を通じて、「荒れる学校・荒れる子ども」の責任は教師にあるとする世論の教員バッシングを背景に、「不適格教員」の排除が国会で論議されていった。そして当時の森首相が主導する教育改革国民会議 (2000 年 12 月) で教員免許状更新制案が初めて登場した。中教審でその可能性が審議されたが結局は見送られ、その代わりに「10 年経験者研修」が 2003 年度から導入されることになった。その後もなお更新制の実現が政治的に自己目的化していき、第一次安倍内閣が多くの反対意見を押し切って、他の教育 2 法とともに教育職員免許法 (教免法) 改定を「強行採決」した (2007 年 6 月)。そして 2009 年 4 月から免許更新制がスタートした。

　その後、同年 9 月に民主党政権に代わったときに「廃止する」との新政権の主張が挙げられたが、短期政権で終わったために「廃止」には至らなった。このように 1990 年代に入って以降、約 20 年もの間、免許更新制は教員の管理統制の色彩を帯びながら政治問題化していった。この間の政治過程については、今津 (2009) に詳しい。

　ただ、教員免許では「適格性」は要件とされていないので、「不適格教員」を排除するというのは法制上無理があり、最終的に免許更新制は 10 年ごとに大学で知識・技能の「刷新」(リニューアル) をすることが目的とされた。それが教員免許状更新講習 (以下、「更新講習」) である。そして、免職・懲戒対象の「不適格教員」は別にして「指導力不足教員」については更新講習とは違う「指導改善研修」(教育公務員特例法改定) として法制化された[5]。以上のように、揺れ動いた制度設計の過程で留意すべきことが二つある。

①更新制の目的は、当初の「不適格教員」排除から、教員全体の知識・技能の「刷新」へと急に転換されたので、制度目的自体に曖昧性と混乱があった。ただし、世論の教員を見るまなざしを見落としてはならないだ

ろう。今もなおそのまなざしは厳しいからである。毎週のように、教員の種々の不祥事や学校事故、いじめ自死、厳し過ぎる校則などがメディアで報道されるなかで、学校が子どもの健やかな成長発達を保障する場となるように、教員がどれだけ専門性を発揮しているか、が問われている。望まれる教員研修では、単に知識・技能の「刷新」をおこなうことに止まらない重要な意味合いが含まれるからである。

②約20年も国会で議論した挙句に、制度化されたら僅か14年で破綻とは、教員問題を政治的に動かそうとしたからであろう。教員は学校教育の質を左右する重要な指導者としての役割を果たす点に十全の配慮を払うべきである。つまり、時代の変化を加味しながらも、あくまで専門性をいかに培っていくか、次世代の育成と直結する重要な課題であり、政治性を持ち込んだら教員の資質・能力向上政策は失敗するにちがいない。

(2) 更新講習の基本設計に関する不備

　1980年代以降の教員批判の国会論議と世論の圧力を受けて、2000年代に入ってから、全国各地の教育委員会では独自に現職研修の体系化に取り組み始めていた。法定10年経験者研修以外に、各地域で独自に5年・15年・20年といった区切りでの経験者研修をプログラム化し、その実施に踏み切っていた。こうした各地の教育委員会による独自の現職研修と更新講習はいかなる関係にあるか、文科省は自治体の取り組みについてはあまり念頭になかったようである。たちまち、受講の教員に10年経験者研修（校外または校内で計20日間程度）と更新講習が重なるケースが出てきた。

　事前に予想できたはずなのに、実際に問題が生じてから急いで10年経験者研修の日程縮小で対応するというありさまとなった。更新講習の制度設計時や運営開始時に、国と教育委員会・学校との十分な調整がなされないまま見切り発車し、学ぶ主体である教師の意思や都合がおろそかにされてしまった典型例である。

　各教育委員会が教育センター等を通じて展開していた現職研修と更新講習の関係は、大学にとっても無縁ではない。それは特に講習の内容と関わる。

講習に当たる大学教員のほとんどすべてが教育委員会による現職研修の中身を知らないまま、大学人の立場から、現職教員にとってよかれと判断する内容を講義する。とはいえ、対象は幼稚園から小・中・高校・特別支援学校まで、30代・40代・50代に及ぶ実に多種多様な教員であり、講義の焦点をどこに置くか、大規模講義と小規模演習のような形での教育方法をいかに組み立てるか、それは実際には極めて難しい課題である。

　さらに、更新講習の内容に関する批判として今までよく言われてきたのは「大学の講習は難しく専門的・理論的で学校現場では役立たないから無益だ」であった。たしかに、講習のなかには授業者が自分の専門研究の細かな内容だけ一方的に伝えて終わりという実例があったかもしれない。しかし、ここで問うのは「学校現場で役立つ」とは一体どういうことか、曖昧で不明確な言い方である。「役立つ」というのが大学で仕入れた知識・技能を持ち帰えればすぐに学校で使えるという意味ならば、それは教育センター等での通常の現職研修に委ねられる。大学での学びはそれとは次元が違うはずである。

　大学での講習に求めるものとして受講生が終了後のアンケートで発しているさまざまな声が参考になる。「学校現場では気づかないような新たな視点、違う考え方、見落とされた知識や正しい概念の深い意味、そして問題解決法そのものよりも、それを新たに生み出すことのできる基本的アイディアなどを獲得できると大学で学ぶ意義がある」といった趣旨の声に注目したい。つまり、学校現場の「個別・具体」を超える広く深い「一般・抽象」の次元から眺め直す視座を提供し、いわばメタ認知の力を修得することによって、教師の日頃の実践が一段上の高みから捉え直されて、次の実践を新たに産み出すという大学での講習課題が更新講習を通じて浮き彫りにされたと感じられる。こうして、更新講習は期せずして教職の実践（学校）と学術研究（大学）とのダイナミックな関係を問い直す契機になったと言える。

　さらに、更新講習受講の経費についての不備も指摘しておこう。更新講習は計約30時間で、1時間1,000円で合計約3万円の受講料と決められたが、これは教師にとってかなりの金銭負担である。しかも、講習会場の大学近くに自宅がある場合は交通費がかからないのに対して、へき地や離島の場合、

遠くの大学へ通うのにはさらに交通・宿泊費が必要で、総経費は5〜6万円以上に及ぶことになり、実に不公平な経費負担となる。通信制の大学（試験だけは最寄りの学習センターで行われる）への受講申し込み者が多くなるのも当然の流れであった。

(3) 更新講習と働き方改革

　更新講習の目的が新たに「知識と技能の『刷新』」に代替されたとはいえ、10年に一度、5日間計約30時間の講習でその大きな目的を実現できるのか、という疑問は最初からささやかれていた。にもかかわらず、教免法改定が成立した以上、この講習を受け入れざるをえなかったのは、講習を修了しないと免許更新されないという教職者にとって根本的な条件が課せられていたからであり、いわば教員の首根っこが押さえられていたからである。

　そうすると、免許更新に迫られるから更新講習を受けざるをえないということになれば、その受講は強制的で「外発的」な性格を帯び、専門職が自ら進んでおこなう「内発的」なものではなくなってしまう。試験が課せられるということも更新講習の「外発性」の性格を強めてしまう。教職の資質能力を向上させるという目的を掲げながら、その内実は教師を「主体」として捉える姿勢が弱く、その結果として、教職の地位や専門的仕事内容の意識を引き下げるという逆の結果をもたらす。制度が行き詰まるのは自明の理だったというほかない。

　「主体」的に捉えられていないものだから、行き詰まりに拍車をかけたのが勤務時間との兼ね合いである。たびたび指摘されているように、日本の教員は世界の先進国の中で勤務時間がもっとも長い[6]。それだけに、更新講習が追加されることで業務はさらに滞り、子どもたちと触れ合うこともできないようでは、何のための更新講習か分からなくなる。特にこの数年間は、勤務時間の都合に合う講習会場の大学を選ぶのに右往左往するような現実さえ生まれていった。講習の内容は別にして、教員が講習に参加できるかどうかの瀬戸際に立たされるという初歩的な運営上の歪みである。他方では、教師の「働き方改革」が叫ばれているにもかかわらず、更新講習がさらに多忙化

をもたらす、という実態が出現した。そこで更新制は破綻せざるをえなくなった。

　とはいえ、免許更新制のすべてが「廃止」されると理解すれば、それは正しくない。教員免許の10年期限制と5日間集中計30時間の講習形態を無くすとしても、教員に課せられた新たな研修課題は、今日の学校教育をめぐる多くの問題状況に鑑みて、従来以上に要請されていることは教員自身も含めて社会全体が感じているからである。今後「教員が主体的に学び続けるための研修の充実」がいっそう求められるとすれば、今問われているのは大学である。教員養成課程を担う大学で今後いかなる現職研修プログラムを提供できるのか、という新たな課題が突きつけられている。

6. 教師の「学び直し」である現職研修プログラムの新たな構築

　免許更新制が破綻に至った三つの要因を取り除いて、新たな現職研修プログラムを構築するために、基本コンセプトの再検討と、それに基づく具体的形態を構想したい。

(1) 基本コンセプト

　1) 専門職にとっての「資質・能力」：免許更新制の狙いは知識・技能の「刷新」に置かれたが、それは広く言えば従来から唱えられている教員の資質能力の向上のためである。そこで拘りたいのは、行政文書の用語法の通例で「資質能力」と4文字で一括表現される点である。その用語表記では意味が漠然とし、教師の力量を明解に分析的に説明できないので、「資質・能力」と2語に分けて表記したい。というのも、「資質」は誠実さなど基本的な人柄を含む深層の固定的な側面を指し、「能力」とは研修で身に着ける知識・技能など表層的で流動的な側面を指すからである（今津, 2012）。1990年代から2000年代にかけて「不適格教員」や「指導力不足教員」が論議されたときは、教員の主に「資質」面が「能力」面と共に問題とされたが、免許更新制では結局のところ「能力」面に絞った「刷新」に行き着くという曲折を辿っている。

　しかし、これら両面は統一的に捉えるべきである。たとえば、子どもや保護者、同僚教員とのやり取りで基本的に必要な「対人関係能力」は「資質」と「能力」の双方に関係する。他者に向き合う基本姿勢と他者を理解する諸知識と諸技能がいずれも求められるからである。世界的に使われる用語「コンピテンス competence」または「コンピテンシー competencies」も、資質と能力の双方を総合し、専門職としての教師が知識と実践を総合する幅広い力量を意味する（ライチェン・サルガニク, 2006）。そうすると「専門職の育成」とは、この「コンピテンス」の修得を目指すことに他ならない。

　2) 教師にとっての自己統制学習：「外発的」な更新講習でなく、専門職として常に自発的で「内発的」な研修を企画するなら、教師があくまで「主体」であり、1990年代以降の世界の生涯学習論や成人学習論で主流となっている「自己統制学習 self-directed learning」の考え方が核となる（今津, 2017）。それは単に「自己教育力」とも表現されるが、学習主体が自ら「問題・課題設定」「情報収集」「解決」「評価」をおこなう（ことを目指す）態度を指す。そこで、指導者はあれこれ「直接指導」するのではなく、学習主体が遂行できるように「援助する」役割となる。今では「自己教育力」は子どもたちに要請される学力の重要な側面であるが、こうした「自己統制学習」を教師自身が体得していないと、子どもたちに「自己教育力」を育むこともできないだろう。

　先ほど述べたように、教師の現職研修のなかで、非公的な自主的学習に注目したのも、この「自己統制学習」がもっとも実現可能性が高い形態だと考えるからである。

　3) 大学の社会人受け入れ：新たな現職研修プログラムを具体化するうえで、大学のより根本的な経営方針として要請されるのが第4節で述べた「社会人の受け入れ環境整備」である。多様な年齢の社会人を含む種々様々な学生で満ちている先進諸国の大学キャンパスからすれば、日本の大学キャンパスのほとんどが20歳前後の若者で占められている光景は「異様」としか言いようがなく、しかも「異様」という自己認識すら持っていないことが大学改革を難しくしている。もちろん、「社会人入学」の制度はあって、特別入試も実際におこなわれてはいるが極めて限定的である。その理由として、大学とは

若者対象の場だという単なる慣習に囚われてしまっているからだろうか。それなら慣習を断ち切ればよい。あるいは年長者や多様な職業人をいかに指導するか分からないという不安感が大学教員側にあるのかもしれない。それは成人の「自己統制学習」を「援助する」という役割認知が出来ていないからだろう。また社会人受け入れならば、土日開講は必至で、それは教職員にとって負担という漠然とした抵抗感からだろうか。それは業務遂行上の技術的問題であり、大学教職員間の調整で可能である。通信制大学ではすでに実施している通りである。オンラインを部分的にでも活用すれば、いっそう容易になるだろう。

　第 1 節で述べたように、2015 年に愛知県内で実施した現職教員を対象にした小規模調査の結果を踏まえて、大学の社会人学生受け入れの問題と課題について、筆者は次のように指摘した。「教師には学びのニーズがあるのにそれを実現する具体的な計画が乏しいのは、社会人の側にニーズを抑制する条件が働き、大学の側にも社会人のニーズを的確に捉えて具体的な学習条件を整え、それを積極的に広報する姿勢が弱いことが理由と考えられる。両者が重なり合って社会人の大学入学を阻んでいる。大学が整えるべき条件としては、土日や長期休暇での開講と授業料軽減が教員の主な希望であり、今後とも時間的・経済的都合をどれだけ大学が考えているか、が問われている」（今津, 2016）。

　以上のような三つの基本方針に基づき、具体的な現職研修の形態を具体的に構想してみよう。もちろん、これは筆者が自由に考案したアイディアであり、実際には大学を始め、教育委員会や文科省との議論を必要とする内容である。

(2) 現職研修の新たな具体的形態の構想

　1) 大学教育の 1 年間コース：全国の大学で開かれた更新講習では専門分野の「研究」的な側面を少し帯びていたとしても、集中約 30 時間という制約と、参加した教員の多くが教職上の問題解決を願っていたという点で、全体としては「職業研修」といった性格が強かったと言える。

　しかし、そうした性格では、教育委員会が教育センター等を通じて日頃お
こなっている現職研修のレベルに近づくから、それとは違う大学ならではの
形態を目指す。

　各教員が抱える「問題関心の研究」も少しはおこなえるように時間をかけ
ながら、教職者として「資質・能力」の全体的向上を目指す。先に触れたよ
うに、学校現場の「個別・具体」を超える広く深い「一般・抽象」の次元から
眺め直す視座を提供し、いわばメタ認知の力を修得することで、教師の日頃
の実践が一段上の高みから捉え直されるような「学び直し」を目指す。言っ
てみれば修士レベルの一歩手前の、1年間の専攻科に相当するようなカリ
キュラムと指導体制を想定する。もし1年間の学びを通じてさらに研究した
いというニーズが高まれば、修士課程へ入学する次の段階に繋がる可能性が
ある。

　こうしたコンセプトだと、教育委員会が教育センター等を通じて日頃おこ
なっている現職研修のレベルとは違うものである。大学教育の受講形態とし
ては「科目等履修生」を活用し、半期を単位に1年間を通じたカリキュラム
を毎年開講していつでも受講できるようにする。土日開講が望ましく、オン
ライン授業も適宜活用する。受講料については大学独自の軽減措置、ないし
国や教育委員会などからの補助が出るように働きかける。

　2)「修了資格証明書」：1年間在籍し、一定の単位を修得すれば、「修了資
格証明書」（サーティフィケート certificate またはディプロマ diploma）を授与する。
これは免許更新講習で出されていたような、単なる「講習修了書」ではなくて、
教職専門性が向上したことを示す証明書である。「学び直し」に対するイン
センティブ付与は当然の取り組みである。たとえば「専門教師（○○大学）」の
ような称号を付与することができないだろうか。医師で言う「専門医」に相
当する。「専門医」制度は、「一般社団法人日本専門医機構」が実施する一定
の研修を受けて認定されれば各診療分野での「専門医」の称号が付与される。
「内科専門医」とか「小児科専門医」などのように、最寄りのクリニックの受
付で標札として掲げられている通りである。

　国際的には大学発行の「サーティフィケート」ないし「ディプロマ」は職業

的スキルを獲得した証拠書類として、キャリアアップにも使われるが、日本では単なる「講習修了書」はあっても「修了資格証明書」は未だ珍しい。それだけ社会人学生が少ないからだろう。

　3）スーパーバイザー：教職歴を経るにつれて、現職教員は種々の問題や課題に突き当たり、その解決をしたいというニーズを誰もがもっているから、それに応えていく役割を大学は担っている。実際、更新講習終了後のアンケートにも次のような率直な感想や要望がしばしば書かれる。「学校現場で多々問題を抱えています。学校の外部のいろいろな専門家の方、特に大学の先生から支援が欲しいのです」。では大学はどうやって「支援」ができるのか。考えられる一つの手立ては「スーパーバイザー」である。スーパーバイザーの役割とは、専門職経験の豊かな専門家がまだ専門性が豊富でない専門家の専門性の向上を促す養成教育や現職教育の方法であり、すでにカウンセリングやケースワークの実習訓練でのスーパービジョンとしては知られているが、心理職だけでなく教職についても、また他の専門職でも適用すべき手法である（今津, 2017）。

　ところが、職業を持つ社会人学生が少ない日本の大学では、スーパーバイザー的な役割について、日本の大学はこれまでほとんど関心を持たず、議論もしてこなかった。現職の教師があるがままの悩みを訴えたときに、大学のいわば「教職スーパーバイザー」役が適切な支援をおこなうことが、今ほど求められているときは無い。大学でのその支援は、教育委員会や教育センター等での指導や助言とは異質であるはずである。

7.　専門職としての教職をめぐる新動向

　さて、本章では、「向学校的」な態度を持つ者が勉学に励んで大学に入学し、教職課程の単位を修得した後に、教員採用試験に合格して教職に就いた教師が、なお教員研修さらには上級学位取得による「学び直し」を展開するという、ごく一般的なプロセスに沿って論じてきた。とはいえ、現実にはこうしたプロセスとは異なる場合がある。現職教師が上級学位を取得することで資質・

能力を高めるケースがある一方で、たとえば博士学位を取得した後、様々な経歴を経て中等学校の教師へ転身するといった場合がある。その事例について、ここで補足して紹介しておきたい。それこそ「人生100年時代」の教職履歴の新たな動向の一端だからである。

　近年では18歳人口の減少による大学教育市場の縮小化と大学経営困難化の影響もあり、大学教員のポストが数量的にも任期年数的にも限られているだけに、博士学位取得者がそのまま大学の研究職に安定的に就ける状態ではなくなっている。大学院重点化政策で大学院生数が拡大されながらも受け皿が未整備だった当初は、水月 (2010) が衝撃的に報告しているように「ホームレス博士」と呼ばれるような深刻なケースさえ出現した。

　またその一方では、個人の関心や職業的好みが大学研究者にだけ向かわずに、産業界やマスメディア、知財業界あるいは起業、NPOなどにも向けられるようになり、人生設計が紆余曲折を経て、博士学位取得者が企業を含めた様々な分野に乗り出す状況が少しずつ広がりつつある。日本の博士学位のイメージが産業社会も含めてようやく刷新を遂げつつあるとともに、個人にとってはアカデミアの伝統に囚われない「人生の創り直し」にもなっている。アカデミアから離れた諸事例を集めた最新の「手記」集が刊行されたので、それを見れば如実に伝わってくる (岩波書店編集部編, 2021)。

　「手記」集のなかに、興味深い事例が収められている (増田, 2021)。理学博士 (宇宙物理学) を取得した女性が、結婚・子育てをしながら、新たに制度化された URA (学術研究支援員) にはなったものの、研究者社会には合わないと感じるようになった。そこで、小さいときからの夢であった教師になるべく、地方都市の私学協会に講師登録したところ、慢性的な教員不足の時期とも重なり、引く手あまたとなった。学生時代に頑張って取得した教員免許のおかげで、数学と理科を私立高校で教えられることになった。天体や物理、さらに情報機器関連に強みを発揮する教師の登場である。

　本人にとっては「生活する上での時間と心の余裕は研究者時代の10倍は増えた感じ」ではあるが、学校現場を体験するなかで高校教育のあり方はこれでよいのか、と学校教育についての新たな学びを現場に即しながら始めて

いる。いわば、教師の一般的な「学び直し」の逆のケースだと言える。

　以上は博士学位取得者が中等教育学校教員となった事例であるが、様々な職歴を経た者が「社会人枠」で教職に就くケースも珍しくなくなりつつある。個人から見れば「人生の創り直し」になり、また学校現場から見れば従来のように画一的ではない「多様な教職経歴」が求められるとともに、教員の年齢構成の偏りも是正することができる。

　さて、日本の場合とは違って、さまざまな職業経歴を経てから、大学に入り直して教職課程を修了し、教師になるというのがごく一般的なプロセスになっているのが、次の第2章で取り上げるイギリスの事例である。

注

1　中央教育審議会答申「教職生活の全体を通じた教員の資質能力の総合的な向上方策について」平成24年8月、さらに同「これからの学校教育を担う教員の資質能力の向上について〜学び合い、高め合う教員育成のコミュニティの構築に向けて〜」平成27年12月。なお、「学び続ける教員」についての検討は、田川隆博（2016）を参照。また、「教師」は教える者を広く指し、「教員」は学校組織で勤務する役割を強調して用いている。

2　詳細な調査結果については、今津孝次郎ほか（2018）。

3　教職大学院は2008年のスタート時には国立15校私立4校の計19校であったが、その後少しずつ増えて、2020年時点では北海道から九州・沖縄地域まで、全国の国立大学47校、私立大学7校の計54大学に設置されており、院生総定員は2,000名を超える。それまで各地域の国立系教育大学院が教職大学院に改組されたケースが多い。実態調査を踏まえて、教職大学院の現職教員院生と学部新卒院生（ストレートマスター）を比較しながら、特徴と問題点を指摘した吉田（2014）、また教職専門性の観点から大学院教育を論じたものとして今津（2017）を参照。

4　スティーブン・スティグラー（1993）が1970年代後半から80年代にかけて、小学生の学力に関してアメリカと日本・中国などの東アジアを国際比較調査したところ、東アジアの子どもたちの方が学力が高かった。その背景に、学校での教師の行動形態の違いが浮かび上がった。アメリカでは孤立的に実践をするが、アジア各国では同僚教師が互いに議論しながら協働して実践するためにその質が高くなり、結果として子どもの学力の相違に表れるのではないかと解釈している。

5　「不適格教員」の実態については、文科省のウェブページで「公立学校教職員の

人事行政状況調査」のうち「懲戒処分等」に示される。毎年変動するが、全教職員の平均0.5％程度である。また「指導力不足教員」の「指導改善研修」の実態の概要については、今津（2012）が触れている。そして具体的な数値としては、文科省ウェブページの「指導力不足教員に対する措置等の状況」で実態が示される。「指導改善研修」の結果、「現場復帰」の一方では「依願退職」も見られる。

6　OECD国際教員指導環境調査（2013年）によれば、対象であるOECDを含む世界34ケ国・地域のなかで、1週間当たりの仕事時間は日本が53.9時間（平均38.3）で最も長い。肝心の「指導（授業）」「生徒に対する教育相談」は平均並みと言えるが、長時間の理由について、平均を大きく超える仕事内容を挙げると特に「学校運営業務への参画」「書類作成など一般的事務業務」「課外活動の指導」の三つになる。この実態からも、毎回指摘されているように教師の「専門性」を保証するための業務環境条件の改革が、教員政策側にとっても、学校経営上にとっても、教員自身の仕事文化にとっても緊急に問われている（国立教育政策研究所編, 2014）。

参考文献

中央教育審議会答申（2012）「教職生活の全体を通じた教員の資質能力の総合的な向上方策について」。

今津孝次郎（2009）『教員免許更新制を問う』岩波ブックレット, 第2章。

今津孝次郎（2012）『教師が育つ条件』岩波新書, 第2章。

今津孝次郎（2016）「大学の社会人学生獲得」『日本経済新聞』（11月7日付）。

今津孝次郎（2017）『新版　変動社会の教師教育』名古屋大学出版会, 終章。

今津孝次郎・加藤潤・白山真澄・田川隆博・長谷川哲也・林雅代（2018）「現職教員の潜在的学びニーズ―大学への『社会人入学』に関する質問紙調査を通じて」『東邦学誌』47（1）〔愛知東邦大学機関リポジトリ〕, pp.57-75。

岩波書店編集部編（2021）『アカデミアを離れてみたら―博士、道なき道をゆく』岩波書店。

国立教育政策研究所編（2014）『教員環境の国際比較―OECD国際教員指導環境調査（TALIS）2013年調査結果報告書』明石書店。

増田皓子（2021）「子どものころからの夢、教師への転職」岩波書店編集部編『アカデミアを離れてみたら―博士、道なき道をゆく』岩波書店, pp.92-98。

水月昭道（2010）『ホームレス博士―派遣村・ブラック企業化する大学院』光文社新書。

耳塚寛明（1980）「生徒文化の分化に関する研究」『教育社会学研究』35, pp.111-122。

ライチェン, D. S.・サルガニク, R. H. 編著（2006）『キー・コンピテンシー―国際標準の学力をめざして』立田慶裕監訳, 明石書店, 第3章。

佐藤郁哉（2006）『フィールドワーク　増補版―書を持って街へ出よう』新曜社, p.126。

スティーブンソン, H. W.・スティグラー, J. W.（1993）『小学生の学力をめぐる国際比

較研究—日本・米国・台湾の子どもと親と教師』北村晴朗・木村進監訳, 金子書房。

田川隆博 (2016)「『学び続ける教員』についての論点—中教審答申の検討から」『名古屋文理大学紀要』17, pp.55-58。

油布佐和子 (2017)「教員養成の再編—行政主導の改革のゆくえ」日本教師教育学会編『緊急出版—どうなる日本の教員養成』学文社, pp.46-69。

吉田文編著 (2014)『「再」取得学歴を問う—専門職大学院の教育と学習』東信堂, 第 6 章。

第 2 章　イギリスにおける教職への「学び直し」

──転職を促進する制度と文化──

加藤　潤

1. イギリス人の人生転換と教員養成制度

　イギリス南部デボン州の中心都市エクセター (Exeter) は、ローマ時代、外敵の侵略に備え城壁を巡らせた古都である。中世からは羊毛の輸出港として栄えた商業都市でもある。後背にはダートモア (Dartmoor) と呼ばれる広大な台地が開け、風光明媚な観光地としても有名である。隣町のトーキー (Torquay) は推理小説作家のアガサ・クリスティが生まれ、生涯愛した海辺の保養地である。イギリス人たちが英国のリビエラ (English Riviera) と呼ぶ温暖なデボンとコーンウォールの両州は、都会からの移住も多い。ただ、外国からの移民は少なく、基本的には伝統的な酪農地域である。いわば、イギリスの保守的な地方文化を維持している土地だと言える[1]。

　我々がこの地で「学び直し」についてのインタビュー調査を行ったのも、典型的なイギリス人はどのような人生を送り、そのライフコースの途上で「学び」はどのような意味を持っているのかを探りたかったからである。とはいえ、イギリス人のライフコースをなんの枠組みもなく聞き取ったとしても、そこから、学び直しと社会制度、文化の関係が浮かび上がってくるとは考えにくい。そこで、我々は一つの窓口から、イギリス人の人生転換 (life change) における「学び直し」の意味を探ることにした。その窓口とは、教員養成制度である。それというのも、現在、イギリスにおける教員養成のメインルートは、PGCE (post graduate certificate in education) と呼ばれる独特な一年制教職課程[2]であり、そこに入学する学生の半分以上が成人学生 (mature students) と呼

ばれる社会人入学生だからである。つまり、この教員養成制度がイギリス人の人生転換のインセンティブのひとつになっている可能性があると考えたのである。

　そもそも、学び直しには、動機と行動レベルに大きなギャップがある。つまり、学び直したいという気持ちを持っていても、経済的、家庭的、社会制度的に様々な障壁があり、実行に踏み出せないという実態があるのである。我々の先行研究でも、我が国の教員および一般企業社員の学び直し意識の中に、いくつかの「抑制要因」が存在し、実際に大学、大学院への学び直し経験率は極めて低いことが明らかになっている（今津ほか, 2017, 2018a, 2018b; 田川ほか, 2021）。

　本章では、学び直し、大きく見れば人生転換に対する個人の動機・行動とその受け皿となる教育制度との関係を明らかにしたい。そこには国民性といった文化差だけではなく、同時に教育制度の差が大きく影響すると仮定する。つまり、動機・国民性・教育制度が連動した時、学び直しが進捗すると考えるのである。

　さて、まずはイギリスで現在主流となっている PGCE による教員養成ルートが、戦後の教育史の中で、どのようにして発展し、どのような内容で行われているのかを少し詳しく見ておきたい。というのは、この制度が学び直しのインセンティブとして大きな影響をもっていると考えられるからである。

2.　一年制教職課程（PGCE）はどのようにして発達したか

　イギリスの戦後教員養成制度史には、大きく 3 つの養成機関が登場する。1) teacher training college（師範学校）、2) BEd（大学学部教職課程）、3) PGCE（学部後一年生教職課程）。その他にも、現場における教員養成資格取得制度（SCITT: School Centred Initial Teacher Training）が現在拡大しつつある[3]。

　これら、高等教育機関における教員養成が行われるようになる以前、イギリスでは伝統的に国家は養成にはかかわってこなかった。そこで教育に携わっていたのは、見習い教員（pupil teacher）やデイム・スクール（Dame school）

と呼ばれる民間教育機関の教師だった。かれらは専門職教育を受けない、単純労働者と変わらない資質しかもたなかった (Gardner, 1984, pp.107-108; Green, 1992, p.282)。その後発達した教会付設の teacher college でも、政府コントロールは及ばず、地方教育当局 (LEAs: Local Education Authorities) が教員資格を認定したに過ぎなかった。教会付設の teacher college は 60 年代までは独立した師範学校として 3 年制で教員養成を行っていた。当時、PGCE はパブリックスクールやグラマースクールの教科専門教員を養成するコースとしてのみ存在していた (Furlong, 1988, p.2)。その後、teacher college は大学教育学部 (school of education) に再編され、そこが後に PGCE の拠点となるのである[4]。

　1960 年代、戦後教育に二つの社会的変化が訪れた。ひとつは、児童生徒数の急増による教員不足である。もうひとつは、高等教育拡大への社会的圧力を受けて出されたロビンズ報告 (Robin's Report) の中身である。前者は大量の教員不足を生み、後者は、大学就学拡大のための予算の増加を生んだ。**表 2-1** および**図 2-1** を参照してもらいたい。表 2-1 からは、ロビンズ報告を契機に teacher training college の在籍者数が急増したことがわかる。ところが、PGCE に関してはこの期間、急速な拡大は見られないことが図 2-1 でわかる。

表 2-1　大学生総数に対する教員養成機関在籍学生比率

年度	比率	大学生総数	
1955	29.4	85000	
1960	32.7	108000	←ロビンズ報告 (63 年)
1965	42.0	169000	
1970	46.5	228000	
1975	33.3	261000	←ピーク
1978	15.3	288000	

注：比率は、training college 等、公的教員養成機関在籍者数を大学 (university) 在籍者数で割ったものである。学齢人口増加のピークである 70 年前後を境に教員志願者数の絶対数は低下するが、この頃から次第に大学での PGCE が増加していくのも事実である。

出典：Simon.B, 1991, p.597. より作成。

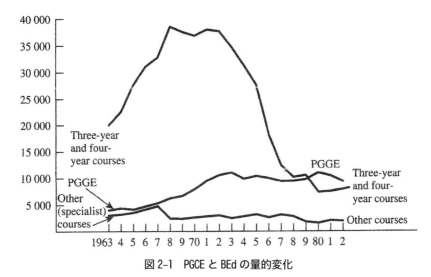

図 2-1　PGCE と BEd の量的変化

出典 : Furlong, 1988, p.3. より引用。

　すなわち、60 年代の教員需要急増をしのぐために、半高等教育ともいえる teacher college を急拡大させたものの、戦後のベビーブーマーが就学年齢を過ぎると、その役割を終え、1970 〜 80 年の 10 年間で一気に衰退していったものと思われる。この間の教員需要を見て、伝統大学で作っているコンソーシアムであるラッセル・グループ (Russel Group) では、大学に PGCE を取り込む計画が持ち上がったことがある。しかし、結果的には、教員資格は職業的でアカデミズムにはなじまないということで立ち消えになった (加藤, 2011, p.65)。

　PGCE が本格的に高等教育機関に位置付けられていくのは、80 年代、サッチャー政権の時代だった。サッチャリズム (サッチャー主義) の教育政策は、地方民主主義の牙城だった地方教育局 (LEAs) の力を弱め、中央集権的な教育管理を強めた。教員養成に関していえば、84 年に出された政令 (Circular 3/84) を転機として、それまで教員養成と教員資格を管轄していた LEAs は解体されていった。教員資格は 84 年以降、学部卒業生しか取得できなくなり、結果的に、大学における教員養成が拡大することになったのだ。ただ、これは、大学におけるアカデミズムに教員養成をゆだねるという意味ではない。政府

は PGCE のカリキュラムを管理し、実態としては、教員養成における学校
現場の役割を拡大させようとしたのである。この政策の背景には政府の教職
の専門性に対する低い認識がある。たとえば、サッチャー政権のブレインと
なったヒルゲート・グループ（Hillgate Group）は政策パンフレットで教職像に
ついてこう述べている。

　　「教師に必要なのは教科の知識を詰め込むことであり、教育は実践的
　　なスキルである。不要なのはむしろ教育理論であり、手仕事（craft）こそ
　　が最良の教員養成である。」（Hellawell, 1994, p.403）

　こうして、1990 年代後半からは、教員養成の主流が大学の教育学部（faculty）
または学科（department）に設置される PGCE になっていくのである。近年の
動向を紹介しておくと、**表 2-2** のように、2015 年〜 21 年には、教員養成課
程への入学は 1 万人ほど増加しているが、その大半を PGCE が担っている
ことが分かる。2021 年入学生で見ると、PGCE が 9 割となり、イギリスに
おける教員養成の主流だといえる。さらにいえば、PGCE 入学生の 5 割以上
が社会人入学生だということを考慮すると、PGCE が学び直しのインセン
ティブ制度になっており、教職への転職を促していることは容易に想像で
きる。

　PGCE 選択者はどのようにして教員資格を取得していくのだろうか。ここ
では、エクセター大学の PGCE を例にとって、学生がどのような一年を過
ごすのかを概観してみたい[5]。他の多くの大学でも、ほぼ同じコースワーク
が課せられている。

表 2-2　イギリスにおける近年の教職選択動向

	2015/16	2016/17	2017/18	2018/19	2019/20	2020/21	2021/22
学卒以上	27761	26749	27146	29215	28917	35467	31233
学卒	5500	5147	4763	5028	4882	6005	5836
総計	33261	31896	31909	34243	33799	41472	37063

注：表の数字は、その年度に教職課程（ITT: Initial Teacher Training）を選択した学生数を表している。学
　卒以上のほとんどは PGCE による教員養成履修者と考えてよい。

出典：イギリス政府統計資料、各年度より作成（https://explore-education-statistics.service.gov.uk/find-
　statistics/initial-teacher-training-census/2021-22）。

　PGCE では初等、中等、すべての教科の資格が取得できる。たとえば、中等教員養成コースを見ると、全体で 24 週間の教育実習が課せられる。それを 3 か月ずつ二回の実習 (school placement) に分けて行う。コースは 10 月に始まり、まず、12 月はじめまでは大学における研究者の講義と少人数セミナーが続く。内容は、ナショナルカリキュラム (学習指導要領) に合わせた教授法、評価基準、生徒理解、IT 活用法といった実践的なものである。翌年、1 月から実習が始まる (first placement)。実習期間中には 3 回の大学訪問教員 (UVT: university visiting tutor) による現場での指導がある。そこでは、授業参観、参観後の振り返り指導、現場指導教員 (実習全体指導員：mentor、および教科指導員：subject tutor) との面談、実習ポートフォリオ、授業記録のチェック、実習の成果と問題点に関する議論等が行われる。これが、4 〜 6 月の第二回実習 (second placement) で繰り返される。実習終了後、正規教員資格 (QTS: Qualified Teacher Status) を得るための QTS Skill Test をエクセター大学内で受験する。コース終了の 7 月末までには、5,000 ワード程度の実習最終報告論文 (final summative report) を提出する。

　修了後は実習校から就職の誘いがかかることが多い。また、大学の PGCE 提携校 (エクセター大の場合約 300 校) からの引き合いも多い。なぜなら、イギリスが慢性的な教員不足に苛まれているからである。地方学校は、ステイタスの高いエクセター大学と提携を結ぶことによって、新しい教員リクルートが容易になるメリットがあるのである。同時に、政府から配分される補助金と授業料の一部は実習校へと配分されることから、財政的なメリットも少なくない。エクセター大学 PGCE の場合、学生一人あたり年間 5,000 ポンド (2010 年調査時点で約 100 万円程度) を予算としているが、その 3 分の 1、1,550 ポンドが実習校の経費、メンターの研修費に充てられている。

　PGCE の定員枠は、毎年、政府査察機関 (Ofsted: Office of Standard in Education) による実地調査 (inspection) の結果からレイティングされ、配分される。さらに、全国的に教員不足に悩む教科の定員に対してはより多くの枠が設けられる。加えて、給付型奨学金も不足教員科目履修生に対しては手厚い。つまり、PGCE は、政府が計画的に教員養成を量的、質的コントロールがきる仕

組みになっているといえる。一方、学生側からみれば、PGCE 修了生はほぼ
90％の割合で就職が確保されることから、リスクの少ない職業獲得ルートで
あるともいえる。ある意味では、PGCE という一年制教職課程は、社会人が
学び直して教員キャリアを歩むためのインセンティブともいえる。何よりも
養成期間が短いことは社会人にとっては魅力であり、奨学金も利用できる。

　筆者は、2008 年 3 月、エクセター大学のパートナー校である公立中等学校
（King's School）で一週間にわたって実習生の聞き取り調査を行ったことがある。
8 名配属された中の 4 人に聞き取りを行ったが、全員が社会人だった。内訳は、
1) 男性 20 代後半、数学を専攻した後、ロンドンの金融機関でプログラミン
グの仕事に就き、1 千万円以上の年収があったが、昔から子どもを教えるの
が好きで、仕事を辞めて理科教師を目指してエクセターに妻と共に来た。2)
男性 20 代後半、元イギリス空軍のパイロット。地元で理科教師になりたく
て転職を決意した。3) 女性 50 代、ヨーロッパ各地を転々として、様々な職
業に就いた。フランス語、スペイン語が堪能なので、それを活かして外国語
（フランス語）の教師を目指している。4) 女性 40 代後半、子どもが大学に入学
したのを機に、かつて目指していた国語教師（英語教師）の夢を実現するため
PGCE に入った。他の 4 人のうち一人はカナダからの留学生であることから、
ここで実習生の社会人比率は 6 割を超えている。エクセター大学 PGCE の
コーディネーターを長く務めている元中等学校教師の Jocelyn Sumner による
と、エクセター大学では、年齢別の入学者比率とコホート統計を収集し始め
たところだが、毎年の社会人入学生は 5 割を超えているという。

　以上、PGCE 小史と中身を概観してみたが、この制度がイギリス人のキャ
リアチェンジのインセンティブになっている可能性は高い。教職という一つ
の職業ではあるが、人生のある段階で、転職を考えた時、または、長く温め
てきた夢を実現するために、そこに向かう具体的なルートが教育制度として
提示されていることは、行動を促す大きなドライブになっていると言っても
過言ではないだろう。

　この点をさらに明らかにするため、2019 年 8 月〜 9 月にかけて、イギリ
スの一般社会人、教員、教員養成担当者に、彼らのライフチェンジに対する

態度、価値観を聞き取ってみた。そこから、大げさに言えばイギリス人の人生観ともいうべき、行動様式が明らかになると期待したからである。

3. イギリス人のライフチェンジと教職選択

　具体的な事例を紹介する前に、まず、人生を変える（ライフチェンジ）とは個人の営みなのか、それとも個人が置かれた状況なのかという観念的なテーマについて少し議論しておきたい。それというのも、日本とイギリスを比較するとき、我々はどうしても両国の文化、伝統が異なるという前提で議論する傾向があるからである。ほんとうに、文化伝統が個人の人生態度を決めているのだろうか、その点については少し注意深く議論を進めるため、人間の意思決定について、若干理論的な視点整理を行っておきたい。

　そもそも、人間が人生を大きく変える決断をするとき、その行動を促すのは、どのような要因なのだろう。「自由意思」で行っていると言ってしまえば身もふたもない。ただ、その自由意思とは、まったく環境に独立しているとも思えない。認知行動学の長年のテーマでもある、自由意思とは何か、というテーマについて、ガザニガ（2014）は、科学的還元論の立場から言えば、人間の自由意思という概念は脳科学が発達する以前の概念であり、精神から生じる思考はあらかじめ決定されていると仮定に行き着く、という（同書, pp.162-163）。

　しかしながら、還元論はその後、「創発原理」という概念によって揺さぶりをかけられたという（同書, p.167）。つまり、「一連の行動は意思的な選択のように見えるが、実は相互に作用する複雑な環境がその時選んだ創発的な精神の状態の結果」なのである（同書, p.177）。くだいて言えば、人が仕事を変えたいと思い、大学に戻ろうとする決断をするとき、それは、脳内メカニズムだけで決定されるものではなく、社会的制約や文化的制約、さらには他者からの影響を受け、それらとの相互作用の結果生まれる、まったく新しいシナリオ（創発）だということである。彼は、自由意思を取り巻く環境のことをソーシアルマインドと言っている。検証されてはいないが、そうした文化的環境

が脳内作用にまで組み込まれている可能性さえある。

　つまり、我々がこの聞き取り調査で仮定しているように、人が学び直しに踏み出す時、内発的動機と同時に、文化的制約と社会制度環境とが相互に連動し、最終的な行動が実現するということが確認できるだろう。こうした枠組みを前提として、今回、数人のイギリス人への聞き取りを試みた。そこから、イギリス人の学び直し、転職が、なぜ日本人に比して高い頻度で行われるのかを解明したい。

　以下では、2019年8月、デボン州エクセター市周辺の教員への転職経験者、社会人入学プログラム担当者、PGCE担当者、そして、一般人等、多様な人々への聞き取り調査から得られた知見を一人ずつ紹介しながら議論していこう。

　まずは、イギリス人に彼らの転職観を聞いてみた。

　　「イギリス人は人生で最低でも9回は転職する。」

　そう語ったのは、エクセター大学でPGCEのコーディネーターを務めるCoriene（30歳前後の女性、既婚）。彼女自身も人事担当者から教員養成担当者に転職している。同じ質問に対して、同大学のイノベーションセンターで社会人入学プログラムを担当している中年女性Natalie（40代）は職場での日常会話から転職観を説明してくれた。「職場ではいつも、次は何やるの（What's next?）というのが挨拶みたいな会話になっているわ」。同席していた同僚の若い女性も相槌を打っている。

　これらを聞いて、素朴な疑問が二つ湧いてきた。ひとつは、イギリス人のライフスタイルは昔からそんなに流動的だったのだろうか？一つの場所に定着し、勤め上げることを人間の成熟とみる日本人の人生観からすると、大胆にも思えるし、逆に、根無し草にも見える。そこで、PGCEを通じて転職した人々へのインタビューの中に、自身の転職観とともに、イギリス人の転職気質はいつ、どのようにして形成されたのかについての質問を含めてみることにした。先に紹介したNatalieにまず質問を投げかけてみると、こんな答えが返ってきた。

　　「この20年ほど、政府の政策が職業を変えることへのインセンティブ重視に変化してきた。とりわけ、不足する人材（例えば、理数系教員等）の

養成機関に対しては、社会人入学者への給付型奨学金 (bursary) を出すよ
うになった。」

　社会人入学を推進する彼女のセクションでも、そうした補助制度を広報し
て、より多くの「学び直し」学生を獲得することを大学戦略として計画して
いる。どうやら、イギリス経済の長期的低迷を受けて、政府が労働力の流動性、
移転を促進している政策的ドライブが背後にあると思われる。ならば、それ
は伝統文化というより、近年の政策が生んだ現象だということになる。

　そのことをさらに探るため、エクセター大学で長く研究秘書 (research
secretary) を務めた Jess (70 代) に同じ質問を投げかけた。すると彼女の答えは
こうだった。

　　　「たしかに、地方における職業移動は戦前までは極めて小さかった。
　　だが、ある時期を境に流動化した。その転向点は 1970 年代終わりか
　　らのサッチャー政権による労働組合破壊と市場原理導入が考えられる。
　　サッチャー首相は、かつてこう言った。Get on your bike and find job (自分
　　の仕事は自分で探しなさい)。労働組合の保護によって安定していた雇用
　　が一気に不安定化し、自己責任によって新たな仕事を見つけなければな
　　らなくなった。とりわけ北部地域の炭鉱産業が壊滅し、失業者が都市へ
　　流入してきたのもこの時期だ。」

　Jess の意見が正しいとすると、「転石苔むさず」をむしろ好感すると言われ
ている西欧の流動的人生観は、伝統文化ではなく、国家の経済政策によっ
て促された結果だということになる。だが、イギリス人の気質を論じると
き、彼女は別の視点からも分析してくれた。Jess 自身も多くの転職を繰り返
してきた。彼女はオランダ人の貿易商の父親の長女として、植民地、タンザ
ニアで生まれた。その後、植民地廃止と共に 60 年代終わりイギリスにもどり、
彼女は中等学校に入った。この経験から、彼女は植民地の存在がイギリス人
の人生を流動化させたと考える。彼女が言うには、イギリスで一般的なギャッ
プ・イア (Gap Year) の慣習も、旧植民地の官僚たちが、子どもが大学入学を
決めた時、一年間、インドなどの赴任地で過ごし、その後入学させる風習を
作り、それが社会慣習となったと解説してくれた。彼女の論を受け入れるな

ら、大英帝国という広大な植民地を持った国が、地理的な移動と職業の流動性を高めたということになる。だとすれば、それは、ビクトリア時代を頂点とする、せいぜい、2〜3世紀スパンで形成された「イギリス人気質」だということになる。

　次に、Jess とは全く異なる、移民という立場でイギリスに暮らし、学び直しをまさに実行中のある日本人に聞いてみた。Sachiko（40代）は、エクセターに住んで20年、繁華街の大手衣料店で働いていたが、二度目の結婚で子どももできたことから、数年前に退職し、より収入の多い職を目指して資格取得を試みている最中である。彼女が参加しているのは、Devon county council（デボン州庁）が提供する人材再訓練制度（apprenticeship）である。二年間のプログラムで、その間は州庁舎で雇用され、収入を得ることができる。育児休暇も整備されていて、二年間の間に一年休み、また参加することもできる。ただし、その間、最低二つの資格を取らなければいけないというオブリゲーションがある。研修修了後は3か月間、州庁舎で働けるが、その後は自力で仕事を見なければいけない。この制度の背景を Sachiko は、これは政府による失業対策（貧困対策）であるという。学び直しによって資格を取得させ、それを転職につなげようとする政策については、先に紹介した Jess への聞き取りでも話題にでた。彼女によれば、保守党政権（当時、キャメロン内閣）は、労働と学校（資格取得）を往復する政策がすすめられている。特に、apprenticeship を進めており、庭師といった職業に一定の評価基準を設け、政府が資格化する政策がすすめられている。これは、おそらくヨーロッパ方式だろう。オランダなどでは、町でお店を開くにも資格取得が必要だ。彼女はこのように指摘した。この意見は、戦後の教育史の中で、かつてサンドイッチ方式と呼ばれる学校と職場の往復による中等後教育（継続教育：further education）の推進政策を想起させる。異なっているのは、60年代の継続教育政策は、低所得層の学歴を高くするためのアファーマティブアクションだったのに対して、現在の政策では競争原理の中で、政府が資格取得についての多様な機会を提供し、後は自己責任原理で自らのライフチャンスをつかむべきだというレッセフェール主義に基づいている点だろう。いずれの時代でも、学び直しは、か

つて OECD が目指したような「社会格差是正政策」もしくは、「貧困層への援助」の一環であることには違いない（序章参照）。

　さて、イギリス人の職業流動性がどの時代まで遡ることができるのかについて、さらに聞き取りを進めてみよう。この話題に関して、最後に聞き取ったのは、エクセター市から 20 キロ離れた小さな町 Crediton の博物館で案内をやっている老女だった（年齢不詳だが、結婚 50 年以上だという）。彼女に「イギリス人は昔から移動と転職を繰り返していたのか」と聞いてみた。

　　「そんなことはない。この町でも、私の親の世代は、誰一人外には出ていかなかったし、エクセターにも行ったことのない人さえいた。かつては、ハイストリートに肉屋が三軒、パン屋が二軒あり、この町ですべてが完結していた。町には鉄道駅があり、北からの石炭をここでおろし、多くの卸売り業者が買っていった。逆に、ここは酪農地帯で家畜市場（cattle market）の中心だった。羊や牛が取引され、羊毛はここから鉄道で出荷されていった。だが、石炭は電気に代わり、羊毛産業は衰退した。だから、経済的にも貧しくなり、人々は職を求めてエクセターやロンドンのような都市に出ざるを得なくなったのだ。その結果、Crediton の人口は減少の一途をたどっている。」

　ここから見えてくるのは、イギリスの農村地方における人生とは、かつての我が国とさして変わらない静的なものだったということである。植民地時代の一部エリート層のライフスタイルを除けば、人々がダイナミックに移動し、転職するライフスタイルを身に付けるようになったのは、70 年代以降と仮定してもよいのではないだろうか。ここでは、階層別に人々の行動様式を定式化するだけの傍証データは持ち合わせていないが、少なくとも言えるのは、これまで我々がもっていた、変化しないことを美徳とする日本人、ダイナミックな変化を求める西欧人という文化的な二分法は、いったん保留した方が妥当だということである。

　これらの人々が語るように、社会・産業構造、政府政策の変化が 70 年代以降大きなインパクトをもって、人々のライフチェンジに影響を及ぼしているとすると、それを裏付けるための一つの窓口として設定した、PGCE を通

過して転職した人々は、どのような動機を持っていたのか、その実行に際しては何らかの抑制要因はなかったのか、それらについて聞き取る必要がありそうだ。PGCE が拡大したのは、まさに、サッチャー政権以降、とりわけ、1990 年代の市場原理が急速に拡大したイギリスでのことだったからである。

　ここからは、社会人から PGCE に再入学して学び直した後、教職に就いた人々への聞き取りから浮かび上がってくるイギリス人の職業観、転職観を見てみたい。

4. PGCEを利用した教職への転職事例からわかること

　ここでは、4 人のイギリス人に登場してもらうことにしよう。これらの人々は、ある程度専門的な職業に就きながら、そこでは満足できず、悶々とした時間を過ごしながら転職の機会を模索していた。最終的に彼らが選んだのは PGCE に入学することだった。そこに至る過程で、どのような心理的、経済的抑制要因が作用していたのか、また、教職という職業を選んだ動機とは何だったのか、それらについて聞き取ってみた。

　最初に、専門職を得ながら 30 代で PGCE に進み、教職へと転じた 40 代後半の男性、Andy に聞き取りを試みた。

　彼には、2016 年と 2019 年、二度にわたって聞き取りを行っている。最初の聞き取りでは、おもに PGCE と現場型教員養成 (SCITT) のメリットとデメリット比較について体験的に話してもらったことから、本書のテーマとは異なっていた。しかしながら、その時彼が話してくれた転職経験が興味深かったことから、改めて詳しく聞き取らせてもらうことにした。今回の聞き取りでは、なぜ、前職を捨て、PGCE に入学し、教職に就いたのかについて聞いた。

　彼はもともと大学法学部で学び、弁護士になった。10 年ほど勤めた後、一念発起して PGCE で教員資格を取り、現場経験を経て、現在は、SCITT (学校現場型教員養成) のコーディネーターとして数校を管轄している[6]。社会的地位、報酬の両面で教職より高い弁護士からの転職の動機は何だったのか。彼はこう言う。

　　「弁護士という職業は、顧客（多くは犯罪者、問題を抱えた人）への対応
　　がほとんどで、彼らの人生に影響を与えるわけでもなく、日々の生活も
　　ストレスフルだった。その傍ら、ボランティアで子供のスポーツの面倒
　　を見ているうちに、子供の全面的な発達に貢献する仕事に就きたいと思
　　うようになった。」

転職を決断した時、経済面での不安はなかったのだろうか。

　　「当時、妻が中等教員として働いていた。だから、教員資格取得まで
　　は妻にやしなってもらっていた。現在は、逆に妻が専業主婦として、自
　　閉症の障害をもった息子を家で面倒見ている。」

それにしても、彼のように高給を捨てて教職に就く価値観を持つ人々は一
般的なのだろうか？

　　「教員の場合、報酬より二つの魅力が大きい。ひとつは夏休みホリ
　　デーが自分の子供のパターンと同じであることから、子育ての途中では
　　とても楽である。もうひとつは、子供とかかわりたい、社会建設（social
　　construction）という動機が大きい。」

同じような例が、彼が指導した社会人入学生にいないかと聞いてみた。

　　「ソーシャルワーカーだった女性の動機はこうだ。ソーシャルワーカー
　　の仕事は、断片的に子供とかかわるだけで、子供と一緒に過ごす時間は
　　極めて短い。彼女は丸一日子供により添っていたいと言っていた。」

それにしても、専門職と高給を捨てて教職に就く正義感が一般的なイギリ
ス人気質だとは思えない。少し斜に構えた質問を投げかけてみた。学生はほ
んとうに収入より社会貢献を求めているのか？

　　「いろんな学生がいた。昨年、SCITT の途中でやめた男性学生がいた。
　　彼はビジネス界からの転職希望者だった。とても優秀で、子供が好きだ
　　と言っていたが、養成の途中で、前の企業が彼にアプローチしてきて、
　　前より高い年収を提示して、また引き抜いていってしまった。他にも、
　　教員養成の途中で企業に引き抜かれる学生もいる。PGCE 学生は有能だ
　　から、人材としては企業も狙っている。」

ひとそれぞれということだろうか。ただいえるのは、PGCE は短期間養成

でかつ奨学金が充実していることから、アクセスし易い制度であると同時に、離脱することも容易なシステムだということである。

Andy にもう一つ聞いてみた。それは、イギリス人がなぜそんなに転職を繰り返すのか、それは伝統的文化なのか、という点である。

　　「よくはわからないが、少なくともイギリス人は常に何か違うことをやろう、変化していこうと思っている。そういう流動性は国民性の中にあると思う。引っ越ししたり、職を変えたりすることに何の抵抗もない。」

日本人気質についてどう思うか聞いてみた。

　　「それでも、日本人は仕事が嫌だ、嫌だと言いながら自虐的に耐え、それを美徳とする倫理観をもっているが、それはどうか。」（筆者）

　　「そういう気質は、イギリス人にもないではない。キリスト教的な巡礼 (Pilgrimage) はそうである。でも、今のイギリス人には、そういう宗教的な価値観が希薄になっている (less religious)。もちろん、田舎に行けばまだ残っている。昔、デボンの北部で教員をやっていた時に経験したが、親たちは全く変化することを求めず、それが大変だった。」

仕事を変えることに抵抗がないのは、伝統的イギリス人気質というより、むしろ、前述したように、政府の経済政策、学び直し政策を考慮しなければならないだろう。先に紹介した PGCE コーディネーター女性 Coriene（30代）に聞いたところ、彼女はこんなことを話してくれた。

　　「私の知り合いでも、ビジネスを学んだのに、エクセター大学に再入学して生化学を学んだ人がいる。夜間コースで GCSE をとり入試に備えたという。経済的には給付型奨学金 (bursary) と週2、3日程度のパートでまかなえる。エクセター大学職員でも、これまでフルタイムでやっていた仕事をパートに転換できるようになった。イギリスでは、現在、仕事のパート化が進んでいる。おそらく政府は、イギリス人はフルタイムでもお茶ばかり飲んでいて生産性が低いから、むしろパートの方が効率的だと考えているのだろう」と笑った。

たしかに、エクセター大学でも生涯学習計画の中で、履修を夜間、パートタイムで可能にするプロジェクトが進みつつある。先に紹介した、イノベー

ションセンターの Natalie が言うには、入試でも社会人の場合、一年の予科を履修してそのまま本科に入れるという。ただ、夜間履修の開設に関しては、教員からの反発が強いという。

　さて、続いて、PGCE をライフチェンジのルートにした2名の女性に話を聞いてみよう。

　二人への聞き取りは、アレンジしてくれた彼女たちの教育実習指導員、Mary-Ann の同席で行われた。じつは、Mary-Ann 自身もかつてロンドンのビジネス界で PR 担当を長く務め、お局（nanny）だったというが、40代になって一念発起、教員資格を取得して小学校教師になり、数年前、校長で退職した。その後、エクセター大学に雇われ、教育実習生の指導に当たっている。その指導学生が、今回呼んでくれた、Amanda（40代始め）と Alice（30代終わり）だった。二人は現在デボン州内の小学校で勤務している。まず、転職の動機から訊ねた。

　Amanda の前職は看護師である。ずっと、子どもとかかわる仕事がしたかった。この夢は常に頭のどこかにあった。次第に、その夢は看護師ではどうしても叶えられないと思ったという。同僚にそのことを相談したら、全員から「理解できない」と言われたそうだ。彼女の場合、長く温めていた夢の実現に PGCE が架け橋となったということだろう。では、困難はなかったかと聞いてみた。

　　「看護師経験が20年以上になっていたので、大学から奨学金がもらえたが、収入は激減した。家事、子育てに関しては、子供が GCSE を受ける年齢になっていたので楽だったし、家事に関しては夫が協力してくれたので何とか乗り切った。途中、何度もやめようかと思った。実習の指導教員がちょっとやりにくい（tricky）人だったからだ。何度も泣きながら家に帰った。」

　それでも、やめなかった強さは何だったのか？

　　「常に、最終目的地（end goal）を思い描いていたからだ。」

　女性の転職の場合、どうしても抑制要因になるのは、経済的問題と共に家事と子育てになることは、イギリスでも同じだ。Amanda は、リカレント教

育の推進のために日本でどんな公的施策が必要か、という問いに対して、端的にこう言い切った。

　　　「child care and bursary（子育て支援と奨学金）」[7]

　もう一人の女性、Alice の前職は言語セラピストである。彼女の場合も、教師という仕事は大学時代から頭にあったという。しかし、4＋1年（学部＋PGCE）必要だったことから、まず、言語セラピストに就いた。だが、セラピストの仕事は happy ではなかったという。

　　　「医者の補助みたいで、自分のデスクも無く、いろんな場所を渡り歩
　　　いていた。中途半端な感じがあった。」

　そこで、PGCE に入学したが、小さな子どものいる身での家庭と学業の両立は大変だったという。「夫は協力的だった。家族の協力がなければ PGCE のディマンディングなアサインメントには耐えられなかった。ホリデーもみんなどこかに行くのに、アサインメントに取り組まなければいけなかった」と述懐する。

　イギリス人のとりわけ女性に転職の経験を聞き取ると、パートナーは極めて協力的だという答えが返ってくる。夫婦の関係に関していえば、お互いが自律した個人として存在し、それぞれのアイデンティティ探求については相互に協力するという規範が常識化していると考えてよいだろう。

　ここで見てきた事例を一般化できるとは考えられないが、人生における happiness を追い求めるために、一歩踏み出すことに価値を置く態度が定着していると言える。それが文化的マインドなのか、高学歴階層の価値観なのかは特定できないが、現在のイギリス社会が 70 年代以降、様々な経済、雇用政策によって流動化し、ライフチェンジが常態化していることだけは間違いなさそうである。

5.　生き方を変えるのは文化か、それとも制度か？

　「日本人の生き方」を研究した社会学者のプラース（1985）は人生時間割における大きな変化（ライフチェンジ）について、次のような立場をとっている。

　「なぜある人は転向し、他の人は転向しないのかという問題を、内的
な心理的傾向から説明しようとする理論にも、また外的な社会変化から
説明しようとする理論にも私は満足できなかった。……　中略……転向
に先立って、当人の関与者たちからなる身近な環境に、何らかの衝撃な
いし苦痛をもたらすような出来事—死、左遷、破産、重病など—が生じ
ている場合が多いという事実がある。」(同書, p.37)。

　プラースが目指したのは、「自我を社会の中に『埋没』させた『依存的』な人
間、『エゴの境界が弱くて容易に外からの浸透を許す』ような人間」(同書, p.8)
と定式化する未熟な日本人自我論に対して、人生の中で出会う友人、恋人、
親類、同僚等の接触者たち (associates) との相互影響によって成熟していく日
本人のドラマを描くことだった。彼は、「自分とは何か」という強い信念 (ア
イデンティティ) 概念と家族や友人との関係性 (時に相互扶助、時には自己犠牲)
によって自己を定義する日本人、という二分法 (ニスベット, 2004) は受け入れ
られなかったのだろう。定式化より、むしろ、一人ひとりの日本人が人生の
どの段階で、どんな人々に出会い、どう変わっていくのかをリアルに叙述す
ることが、日本人の生き方の真相だと考えたのかもしれない。

　本書で我々が目指すのは、物語のリアリティの構成と行動様式の定式化と
いう二つの方法論を総動員して、なぜ日本人は他の先進国に比べて学び直し
への行動を起こさないのか、という疑問を解明していくことである。本章で
は、イギリス人の人生途上における転職の動機とその過程を聞き取った。そ
こからわかることは、人間の行動を促すのは、個人の内的動機のみではなく、
動機を実現するための仕組み (社会制度：ここでは PGCE) と実現への協力者 (こ
こでは家族) との関係が重要であるということだった。だとすると、自分の
人生より家族の生活を優先することを成熟とみなす日本人の保守的な人生観
は額面通り受け入れることはできない。つまり、教育制度、雇用慣行、社会
のサポート体制等の状況を割り引いてみなければならないだろう。もし、我
が国の教育政策に、イギリスで見られたような、学び直し—資格取得—転職
という一連のライフチェンジをサポートする給付型奨学金 (bursary)、大学で
のパートタイムコース履修、企業によるフルタイムからパートタイムへの雇

用選択制度がすべて整っていたとすれば、日本人の学び直し行動のみならず、生き方自体に大きな変化が起きる可能性は十分ある。ある社会の人々の行動様式を宗教的、文化的エートスに帰着させてきた我々の通念は一度疑ってみた方が良い。そうした固定観念は、自己成就的予言となり、その疑似道徳が自らの行動を掣肘することさえある。つまり、「仕事を辞めて大学に戻って、もっと意味のある人生を歩きたいなんて、青臭い軽挙である」という声が自己規制をかけている可能性があるのだ。転職への多様なメニューと経済的支援がそろっていれば、ライフチェンジは、それほど思いつめたうえでの「決意」ではなくなるのではないだろうか。本章の知見からいえば、教育制度と学び直しの動機を連動させるシステムを、我が国の政策が実現すれば、我々が国民性と呼んでいる行動様式についても、それほど長いスパンを待たずに我々の文化的通念が霧散し、行動様式は変化する可能性さえあると言える。

　ただ、本章での議論から抜け落ちている課題も残っている。それは、学び直し制度とその国の人々の行動様式という一般化された議論ではすくい取れない、個人のライフ・ヒストリーにおける、学びの意味のことである。その学び直しシステムが存在しなかったこれまでの日本社会でも、多くの人が困難に直面しながら学び直し、転職しながら、それぞれが唯一無二の人生を歩いてきた。その点については、本書第Ⅲ部で、個人史の聞き取りから、学び直しと人生のリアリティを明らかにしてきたい。

注

1　デボン州が伝統的な保守地域であることを示す歴史的出来事としては、この地でイングランド最後の魔女狩り（witch hunting）が行われたという事実がある。1685 年、エクセターの古城跡の前で一人の女性が絞首刑になっている。

2　PGCE は、本来、教員資格を表す用語であるが、一般的にそれを取得するコースを意味することから、本章でも一年制教職課程を PGCE と表現する。PGCE の成立過程とそのカリキュラムの詳細については、加藤（2011）に詳しい。本章の記述は同論文をもとにしている。

3　ただし、2010 年、保守政権で文部科学大臣 Michael Gove は、大学のアカデミックな教員養成を批判し現場型教員養成（SCITT）が強化されたことから、PGCE が

衰退の様相を呈している。加藤（2015）を参照。ただ、SCITTにおいても大学と学校現場がコンソーシアムを構築して行っていることが多いことから、やはり、PGCEと同じように社会人のライフチェンジのルートとしての機能を果たしているといえる。

4　たとえば、加藤（2011）で調査拠点となったエクセター大学は、イギリスでもオックスフォード大学に続く大規模なPGCE定員を持っているが、その拠点である教育学部（school of education）はメインキャンパスから離れた旧教会跡地（St. Lukes campus）である。これは、かつてSt. Lukes教会付設のteacher collegeが大学に統合された典型例である。

5　ここでのPGCEカリキュラムは、2011年時点のエクセター大学のものである（加藤, 2011）。他の大学では、教育実習を3回に分割する方式もあり、特定のパターンが法的に強制されているわけではない。現在は、基本的なカリキュラムはほぼ同じだが、PGCEの運用主体が、次第に大学から学校現場へと移りつつある。

6　SCITTは、一つの大学と複数の学校による養成課程のパターンもあるが、近年広がっているのは、複数の大学がコンソーシアムを形成して現場と養成を行う方式である。この方式だと、人的、物的資源が効率的であることから、地方大学では導入を進めている。エクセター大学の隣、プリマス（Plymouth）では、地元の中規模大学プリマス大学がこの方式を進めている。

7　イギリスで奨学金をbursaryという場合、返済不要の給付型奨学金を意味する。基本的には学生はローンを借り、卒業後それを返済している。

参考文献

Furlong, V. J.（1988）. *Initial teacher training and the role of the school*, Open University Press.

Gardner, P.（1984）. *The Lost Elementary School of Victorian England: The People's Education*, Croom Helm.

Green, A.（1992）. *Education and State Formation: The Rise of Education System in England, France and the USA*, Palgrave Macmillan.

Hellawell, D.（1994）. The De-Professionalisation of Teacher Education in England and Wales: a warming for Europe In Sander, S.（ed.）, Current Change and Challenge in European Teacher Education, *European Yearbook of Comparative Studies in Teacher Education.*

今津孝次郎・加藤潤・白山真澄・田川隆博・長谷川哲也・林雅代（2017）「大学における現職教員の学び直しに関するニーズ―2015年予備調査の結果から」『静岡大学教育実践総合センター紀要』26, pp.167-181。

今津孝次郎・加藤潤・白山真澄・田川隆博・長谷川哲也・林雅代（2018a）「現職教員の潜在的学びニーズ―大学への『社会人入学』に関する質問紙調査を通じて」『東邦学誌』47（1）, pp.57-75。

今津孝次郎・加藤潤・白山真澄・田川隆博・長谷川哲也・林雅代 (2018b)「大学への社会人入学に関するニーズ―一般市民への質問紙調査の結果から」『静岡大学教育実践総合センター紀要』28, pp.220-231。

加藤潤 (2011)「イギリスにおける一年制教職課程 (PGCE) についての事例分析―その歴史社会的背景と我が国への政策インプリケーション」『名古屋外国語大学外国語学部紀要』41, pp. 63-87。

加藤潤 (2015)「新たな教員養成システムに向けての試行―イギリスにおける大学排除政策に対する生き残り戦略を事例に」『愛知大学教職課程研究年報』5, pp.1-18。

ガザニガ, M. S. (2014)『〈わたし〉はどこにあるのか』藤井留美訳，紀伊國屋書店。

ニスベット, R. E. (2004)『木を見る西洋人、森を見る東洋人―思考の違いはいかにして生まれるのか』村本由紀子訳, ダイヤモンド社。

プラース, D. W. (1985)『日本人の生き方―現代における成熟のドラマ』井上俊, 杉野目康子訳, 岩波書店。

Simon, B. (1991) . *Education and the Social Order 1940-1990*, Palgrave Macmillan.

田川隆博・加藤潤・長谷川哲也・今津孝次郎・林雅代・白山真澄 (2021)「社会人の学び直しに関する探索的実証研究」『岐阜大学カリキュラム開発研究』37 (2), pp.1-14。

第Ⅱ部　地方中小企業で働く人々に見る「学び直し」意識の諸相
——人々の諸特性による多様性——

概　要

　東海地域を中心とする中小企業で実施した大規模なアンケート調査に基づき、多角的に解明する。サンプルの性格から、日本の働く人々全体の「学び直し」意識の平均的な姿が明らかにされると言ってよい。近年の国の政策として推奨される「学び直し」の対象となる大企業・高学歴者とは異なるサンプル構成である。

　一口に「学び直し」意識といっても、ただ何かを学びたいという素朴な意識から、市民講座やカルチャースクールなどで学びたいとある程度具体化された生涯学習スタイル、さらには大学の公開講座への参加や大学・大学院へ入学して学びたいというように大学に志向したスタイルまで三つのレベルに区分できる。しかもその区分が個人に根差した諸特性（年齢・性別・学歴という属性）別に見ると、実に多様な実態であることが浮かび上がった。

　第3章では、第1に企業人の時間の使い方に、「学び」がどのように位置づいているかを調べた。余暇の全体的な実態と、とりわけ各種メディアの接触状況について明らかにするなかで、「学び」意欲の特長とその抑制要因についても探った。第2に企業人の「学び」ニーズがどのようなものであるか、意欲が高い群と低い群とを比較してみると、相違点と共通点とが浮かび上がった。

　第4章では、学習意欲について、特定の手段や場を想定した学習意欲として【大学での学習意欲】と【生涯学習の意欲】、さらに特定の手段や場を限定しないが潜在的なニーズとして【基盤となる学習意欲】を、それぞれ設定する。これら三つの学習意欲が、企業人の年齢、職種、雇用形態、最終学歴でどのように異なるのかについて分析し、各属性によって、三つの学習意欲それぞれがかなり異なっていることを指摘する。

　第5章では、現代の「学び直し」または新たな「リカレント教育」について、ジェンダーの視点から捉え直すと、女性の「学び直し」の特性は、男性と比較して、また学歴や雇用形態別に検討して多様な実態が現れている。特に【大学での学習意欲】と【生涯学習の意欲】、さらに【基盤となる学習意欲】それぞれについて、それらの属性との諸関係を検討すると、三つの学習意欲で特に意識が高かったのは、雇用形態に関わりなく、大学・大学院卒の女性である。

【調査方法の概要】

　第Ⅱ部の三つの章すべては、本書の共同執筆者らで行った中小企業での同一アンケート調査結果に基づく分析と考察である。その調査方法の概要は次のようである。

　本書で「中小企業」とは、従業員 1,000 人以内の地方企業のことを指し、「企業人」と言う場合はこの「中小企業」で働く正規・非正規雇用の人々全体である。

　2019 年 10 月下旬から 12 月にかけて、東海地区 A から F 社および新潟県 G から J 社の合計 10 社の企業に質問紙調査を行った。企業のサンプリングは、ランダムサンプリングではなく、調査者のつてを辿り、調査協力の依頼に対してお引き受けいただき回答を得られた企業である。それらの企業はいずれも中小企業である。

　調査の実施にあたっては、調査設計を中心的に行った田川の所属する中部大学の倫理審査を受けて許可を得た。

　質問紙は、余暇、日ごろの興味関心、日ごろの考え、学びや学び直しの意識・目的、社会人の学びに対する考え方、欲しい資格・免許、現在の生活、これまでの経験、オンライン学習への期待や経験などとフェイス項目（年齢、性別、職業、雇用形態、学歴）、合計 109 項目で構成されている。当初はオンラインでの学びにもう少し多くの項目を含んでいたが、企業との事前打ち合わせで分かりにくいという指摘が多数寄せられたため、シンプルな質問項目に絞った。

　実施については企業にお願いする形式をとった。質問紙は直接持参または郵送した。実施の際には、匿名性の確保と回答は任意である点を強調し、実施のお願いをした。配付のために持参または送付した質問紙の合計は 2,120 部である。そのうち、1,659 名から回答を得た。回収率は 78.3％である。

　被調査者の内訳は**表 II-1**、**II-2**、**II-3** に示す通りである。

表Ⅱ-1　質問紙の回収状況

東海地区					
A	B	C	D	E	F
製菓	金属加工	サービス	印刷	銀行	銀行
414	111	547	173	75	62

新潟県			
G	H	I	J
建設	酒造	サービス	印刷
110	94	43	30

表Ⅱ-2　被調査者の内訳

男	女	無回答	10代	20代	30代	40代	50代	60代以上	無回答
861	790	8	35	347	286	453	365	162	11
51.9	47.6	0.5	2.1	20.9	17.2	27.3	22.0	9.8	0.7

管専技*	一般事務	営販サ**	生産現場	その他	正社員	契約派遣	パーバイ***	その他	無回答
326	387	362	490	64	1233	139	233	41	13
19.7	23.3	21.8	29.5	3.9	74.3	8.4	14.0	2.5	0.8

中学	高校	高専	大学	短大	専門	大学院	無回答
34	678	19	584	131	177	23	13
2.0	40.9	1.1	35.2	7.9	10.7	1.4	0.8

注：上段数値　度数、下段数値　割合（％）
注：*管理職（課長以上）、専門・技術職、**営業・販売、サービス（接客、介護等）
　　***パート・アルバイト

表Ⅱ-3　被調査者における性別と学歴の構成

		中学	高校	高専	大学	短大	専門	大学院	合計
男	度数	14	223	8	464	33	100	17	859
	％	1.6%	26.0%	0.9%	54.0%	3.8%	11.6%	2.0%	100.0%
女	度数	20	455	11	119	98	77	6	786
	％	2.5%	57.9%	1.4%	15.1%	12.5%	9.8%	0.8%	100.0%
無回答	度数	0	0	0	1	0	0	0	1
	％	0.0%	0.0%	0.0%	100.0%	0.0%	0.0%	0.0%	100.0%
合計	度数	34	678	19	584	131	177	23	1646
	％	2.1%	41.2%	1.2%	35.5%	8.0%	10.8%	1.4%	100.0%

第3章　「企業人」の学びに関する意識・態度・経験
──ワークライフバランスから学びを考える──

田川隆博

1. 求められるライフの充実

　社会人の学び直し、リカレント教育が提唱されてかなりの年月を重ねた。しかし、日本においては思うように進まないとも各所で指摘されている（例えば金子, 2021）。

　本章は、中小企業に勤務する人を対象に、学びや学び直しのニーズや実態について、質問紙調査に基づき検討することが目的である。とりわけ分析したいと考えているのは、後でも述べるが、企業人のライフ（生活）の中に、学びはどのように意識づけられ、経験されているのかという点である。筆者らの研究グループでは、2014年より、現職教員や社会人の学びについて継続的に調査研究を行ってきた。その成果は、大学における現職教員の学び直しに関するニーズ分析、現職教員の大学への社会人入学ニーズ分析、一般市民の大学への社会人入学ニーズ分析として報告してきた（今津ほか, 2017, 2018a, 2018b）。調査研究から明らかになったことは、大学入学ニーズについては現職教員にも一般市民にも一定程度存在すること、しかし実際に入学するという行動にまで至る人は多くないこと、ニーズがあるにもかかわらず入学しない背景には、金銭、時間などの理由が抑制要因として働くこと、などである。

　これまでは大学入学ニーズに焦点を当て、現職教員や社会人の学びや学び直しについて調査を行ってきた。そこで課題となったのは、大学も含めてリカレント教育について社会人はどのように考え、どう行動しているか、より幅広い文脈での検討である。リカレント教育の場として大学の役割は大きい

と考えるが、学びの場は大学だけではない。テレビやラジオ講座、公共施設等で開かれる市民講座、自主的な勉強会、通信講座などに加えて、特に近年はオンラインでの学びが広がりを見せている。リカレント教育における学びの形態は多様であるといえるだろう。

　本章は、リカレント教育の場を多様と捉えたうえで、このような多様なリカレント教育の場が、社会人にどのように位置づいているかを実証的に明らかにしていきたい。

　「朝日新聞 Re ライフプロジェクト」と銘打たれ 2020 年 8 月から 9 月に行われた学び直しの調査によれば、学びたいことがある人は 95% だったという[1]。2020 年 10 月 24 日朝日新聞では、上記の調査を受けて「学び直しって面白い」という特集を組んでいる。この調査対象者は中高年が多く、新聞の主要な読者層が現在は中高年であり、中高年の「第二の人生」を豊かにするための学びは読者の関心を引くテーマともいえる。

　第 1 章でも述べたように、学びのニーズには大きく二つあると考えてきた。そのうち、この「学び直しって面白い」という平易な表現、あるいは人生を豊かにするための学びについて、表出的学習ニーズ（＝リフレッシュ・ニーズ）と表現してきた（今津ほか, 2018a, p.69）。表出的学習ニーズとは、学びそれ自体に意味を見出し、楽しさや知的好奇心を満たす教養的な学びのニーズである。

　それに対し、もう一つ別のニーズが存在する。何かの資格や免許を取得したり、スキルを身に着けたりすることで自らのキャリアアップ、ないしはジョブチェンジに生かすことができると考えるニーズである。こちらを道具的学習ニーズ（＝ブラッシュアップ・ニーズ）と名付けた（今津ほか, 2018a, p.69）。

　本章では企業人のリカレント教育への意識や態度、経験を探索的に調べることを課題としたい。その際に着目するのが、時間の使い方である。企業人の時間はワーク（仕事）の時間とライフ（生活）の時間と捉えることができるので、ワーク（仕事）とライフ（生活）の関係からリカレント教育を論じてみたい。近年、ワークライフバランスや働き方改革についての議論が盛んで、日本は仕事と生活の調和が課題とされている。たとえば、内閣府 (2007) の「ワーク・ライフ・バランス憲章」では、冒頭に次のような文がある。

　「我が国の社会は、人々の働き方に関する意識や環境が社会経済構造の変化に必ずしも適応しきれず、仕事と生活が両立しにくい現実に直面している。

　誰もがやりがいや充実感を感じながら働き、仕事上の責任を果たす一方で、子育て・介護の時間や、家庭、地域、自己啓発等にかかる個人の時間を持てる健康で豊かな生活ができるよう、今こそ、社会全体で仕事と生活の双方の調和の実現を希求していかなければならない。」

　スローガンとして掲げられる「ワーク・ライフ・バランス」という理念は、実際の政策となると、「長時間労働を解消するための規制強化と、働き方の柔軟化を推進する規制緩和が同じ理念のもとで議論され、少子化対策と男女共同参画社会の実現が結び付けられた」(池谷, 2021, p.9) ものとなったとされる。企業、国民、政府・自治体の努力等で、働き方を柔軟化し、またワークの時間を減らし、そこで得た空間・時間的余裕をライフの充実に使うというのが基本的なモデルであると言えるだろう。

　労働時間に関しては厚生労働省 (2017) のデータによれば、一般労働者の年間総実労働時間は平成 6 年 (1994 年) で 2036 時間、平成 27 年で 2026 時間となっており、この 20 年ほど小幅の増減を繰り返しながらも大きな減少は見られない。内閣府 (2020) の調査では、2015 年の正社員の月間労働時間が 177.8 時間だったのに対し、2019 年では 173.2 時間と減少が見られた。非正規雇用では 121.1 時間から 119.9 時間と小幅の減少だった。平均してみると労働時間の減少が見られるが、長時間労働を行っているものもまだ多く、報告では「長時間労働是正のため、業務の柔軟な調整や社内慣行の変更に課題」(内閣府, 2020, p.109) があるとまとめている。この減少傾向が今後も継続するのかは注視していく必要があるだろう。

　さて、ライフの充実とはどのようなことが考えられているのだろうか。先にあげた「ワーク・ライフ・バランス憲章」にあるように、育児や介護、家族との生活、地域・近隣との付き合い、さまざまな余暇活動、そして自己啓

発などを列挙することができるだろう。自己啓発としてのリカレント教育は、筆者らの言い方に直せば、表出的学習ニーズの一部ともいえる。

　ワークとライフ、そして学びをどう考えればいいのだろうか。従来のワークライフバランスのモデルでは、学びはライフの中に位置づくので、ライフの中における学びの時間確保がカギを握ることになる。個人的な学習ニーズの背景要因の分析は別に検討が必要だが、世代や性別を軸にして、学びの意識や実態を検討していきたい。調査対象には企業で働く企業人を選んだため、公務員や自営業等は含まれないが、多くの人が企業に勤めている現在、社会人の一定の層を表していると考えている。この企業で働く企業人の性別年齢別に主に注目しながら、学びの意識や実態、時間の使い方について探っていきたい。分析課題を以下の2点に設定する。

　　分析課題1：企業人の時間の使い方に、学びはどのように位置づいている
　　　　　　　のかを明らかにする。
　　分析課題2：企業人の学びニーズはどのようなものかを明らかにする。

2.　データから見る企業人の学びの意識・経験・意欲

　まず企業人のライフの実態をデータから確認したい。ライフの中で多くの時間を占めると考えられるのが余暇とメディア接触である。まずはその二つを検討し、ライフの中に占める学びについて検討してみたい。

(1)　企業人にとっての余暇

　図3-1 および図3-2 は余暇の過ごし方について尋ねた結果である。男女とも「旅行に行く」と答えたものが質問項目の中でもっとも多くなっており、「よくする」と「たまにする」を合わせて男性が56.5%、女性が60.1%である。男性では、「スポーツ観戦をする」「映画を見る」「本を読む」の順になっている。女性では、「映画を見る」「本を読む」「趣味で料理をする」という順である。「旅行に行く」が男女とも最多なのは、友人や家族とともに、たとえば週末レ

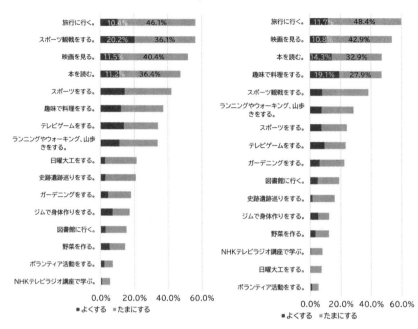

図 3-1　余暇の過ごし方（男性）　　　　図 3-2　余暇の過ごし方（女性）

ジャーとして行いやすいという点が関係しているのではないか。誰かと一緒にするものや一人で行うものなど多様な過ごし方をしている様子を見て取ることができる。「たまにする」という活動を考慮すると、非常に幅広い余暇活動が行われているようである。この中で学びに関することはどうだろうか。「本を読む」「史跡・遺跡巡りをする」「図書館に行く」「NHK テレビ・ラジオ講座で学ぶ」という項目が広義の学びに関する項目と考えると、「本を読む」が比較的よく行われるのに対し、「NHK テレビ・ラジオ講座で学ぶ」というものはあまり多くない。

　次に一日のうちのメディア接触時間について検討していく。現代人は多くのメディアに囲まれて生活しており、ライフにおける時間の使い方の上でメディア利用は多くのウエイトを占めることになる。今回の調査では、パソコンの利用、携帯電話・スマートフォンの利用、テレビの視聴、新聞を読むという 4 つのメディア利用について、仕事を除いて一日に費やす時間を尋ねた。

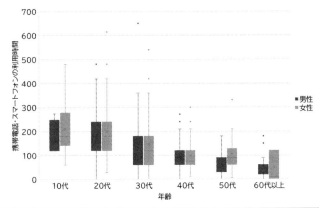

	10代		20代		30代		40代		50代		60代以上	
	男性	女性	男性	女性	男性	女性	男性	女性	男性	女性	男性	女性
平均(分)	195.75	210.59	185.81	199.13	131.44	142.96	92.18	96.67	65.07	105.34	57.37	65.71

図 3-3　携帯電話・スマートフォンの利用

　このうち、携帯電話・スマートフォンの利用とテレビの視聴の時間が相対的に多かったため、この 2 つについて見ていきたい (図 3-3)。

　利用時間の平均を見ると若い世代で利用時間が長くなっている。10 代、20 代では男女とも平均 180 分以上、すなわち 3 時間を超えている。30 代でも 2 時間以上利用しており、携帯電話・スマートフォンの利用時間がライフの時間の中で大きなウエイトを占めている。どの世代でも女性の方が利用時間の長い傾向も見られる。筆者らの調査では、携帯電話・スマートフォンを何に使っているかまでは聞いていない。そのため、学びに使っていることも考えられる。

　そこで、インターネットを利用して無料で学べるオンライン講座について、興味があるかどうか、また受講したことがあるか、それぞれ尋ねた。その結果が図 3-4 である。30 代、40 代では男女とも約半数が無料のオンライン講座に興味を示している。20 代でも 45% 程度が「興味がある」と答えている。一方、10 代の若い世代や、50 代以上で下がる傾向にある。

　30 代、40 代を中心に一定の興味を示した無料オンライン講座だが、実際に受講したことがあるかを尋ねたのが図 3-5 である。これを見ると比較的興

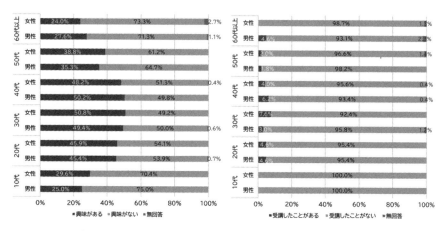

図3-4　無料オンライン講座への興味　　図 3-5　無料オンライン講座の受講

　味を示した 30 代 40 代でも受講経験は数％にとどまっている。他の世代の経験率も総じて低い。つまり興味がある人であっても、ほとんどの人は受講していないということが分かる。

　他のデータの力を借りて推測してみたい。総務省 (2020) によれば、2019 年の個人のインターネット利用率が 89.8％だが、13 歳から 59 歳では 95％を超えており、子どもと高齢者以外の世代ではほとんどの人が利用しているといってよい。インターネットへアクセスする端末は、スマートフォンが最多で 63.3%、次いでパソコンが 50.4% となっている。したがって、インターネット利用の端末としてスマートフォン・携帯電話は機能している。そしてインターネット利用では、同じ総務省のデータから、「電子メールの送受信」「ソーシャルネットワーキングサービスの利用」「情報検索」などの利用が 70% 前後で多く、「ホームページやブログの閲覧、書き込みまたは開設・更新」「無料通話アプリやボイスチャットの利用」「商品・サービスの購入・取引」なども 50% を超えて多く利用されている。一方、「e ラーニング」は 13 〜 19 歳の若い世代で 30% 程度と他の世代より高いものの、全体では 10％台後半で高いとは言えない。このようなことから筆者らのデータにおいても、スマートフォンが学びに使われたかどうかは限定的と見られるが、この点についてはさら

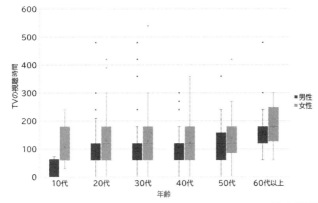

	10代		20代		30代		40代		50代		60代以上	
	男性	女性	男性	女性	男性	女性	男性	女性	男性	女性	男性	女性
平均(分)	37.20	106.36	91.06	131.19	101.01	127.96	104.02	121.45	117.91	138.81	160.69	177.50

図3-6　テレビ視聴時間

なる課題としておきたい。

　続いてテレビ視聴について検討する（図3-6）。

　テレビ視聴時間は、携帯電話・スマートフォンとは対照的に年齢が上がるにつれて利用時間が長くなる傾向がある。平均で見ると30代以上で100分以上視聴している。テレビ視聴も女性の方が利用時間がより長くなっている。テレビ視聴もすべてがエンターテインメント利用、スポーツ観戦などではなく、学びにつながる利用は考えられる。ただ、図3-1で検討したように、「NHKテレビ・ラジオ講座」で学ぶ人は多くない。こうした講座は体系的な構成で、連続で見ることを想定している。それとは別にテレビの教養番組では、多くがその回限りの学びで、テレビが学びに利用されるとしても、そのようなコンサマトリーな利用を想定することができるだろう。

　以上から、企業人については、非常に多様な余暇活動が行われていることが分かった。また一日のうち、メディア利用についても、携帯電話・スマートフォン、テレビの利用時間が世代ごとに対照的ではあるものの合わせるとかなりの時間になることが明らかになった。そういう余暇活動において、学びの時間、あるいは学びにつながる時間は、「本を読む」という行為を企業

人に比較的多く認めることができる。しかし、無料オンライン講座や NHK テレビ・ラジオ講座などの体系的な学びについては、限定的と言えるだろう。

(2) 企業人の学びの意欲

続いて、学びの意欲について検討する。図 3-7 に「何かを学びたい」と思うか尋ねた結果を示した。「そう思う＋少しそう思う」の結果をみると、10 代の女性、60 代以上の男性で 80% をやや下回るものの、「何かを学びたい」と思っている人はほとんどの性別年齢層別で 80% 以上に見られることから、幅広い層に「何かを学びたい」という学びの意欲が見られることがわかる。とりわけ 30 代女性において、「そう思う」と答えたものが 58.5% であり、他に比べて意欲が高い傾向が見られる。

図 3-8 は、「何かを学び直したい」と思うかという、学び直しの意欲について尋ねたものである。「そう思う＋少しそう思う」と答えたものは全体で 63% であった。図 3-7「何かを学びたい」と比べると、図 3-8「何かを学び直したい」は「そう思う＋少しそう思う」と答えたものの割合が低くなっている。10 代男性、50 代以上の男性で 50% 程度になるものの、それ以外の性別年齢別において 60% 以上に「何かを学び直したい」という意欲が見られた。学び直し意欲においても、30 代女性で 37.3% と他の世代性別に比べて「そう思う」

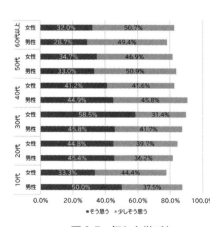

図 3-7　何かを学びたい

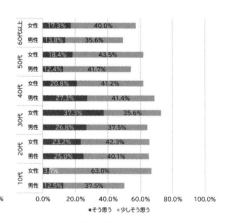

図 3-8　何かを学び直したい

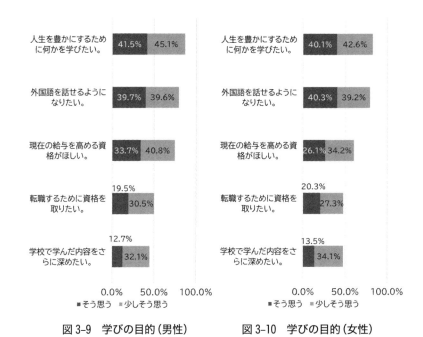

図 3-9　学びの目的（男性）　　図 3-10　学びの目的（女性）

と答えるものが多くなっている。学び直しも幅広い性別年齢に見られること が明らかになった。

　企業人はどのような目的で学びたいと考えているのか。**図 3-9、3-10** に ついては、「現在の給与を高める資格が欲しい」「転職するために資格を取り たい」という項目が第 1 章で挙げた道具的学びニーズに相当し、「人生を豊 かにするために何かを学びたい」という項目が表出的学びニーズに相当する。 「外国語を話せるようになりたい」「学校で学んだ内容をさらに深めたい」と いうのは二つのニーズどちらにも該当するだろう。図表 3-9、3-10 を見ると 最も多くのものが「人生を豊かにするために何かを学びたい」という項目に 対して「そう思う」「少しそう思う」と答えた（男性 86.6%、女性 82.7%）。具体的 ではなく抽象的な目的である。解釈は回答者に委ねられるが、どのように解 釈されたとしても、人生を豊かにすることが多くの人に支持されている。

　次に、どのような形態で学びたいかを尋ねた結果を整理したのが**図 3-11**

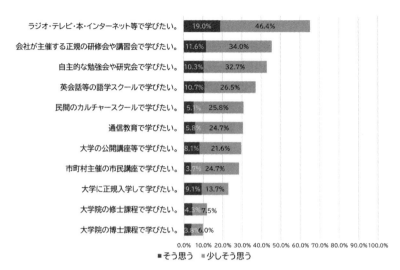

図3-11　学びたい形態

　である。「そう思う＋少しそう思う」の値で見ると、「ラジオ・テレビ・本・
インターネット等で学びたい」と答えたものがもっとも多く65.4％を示した。
手軽、便利等が考慮されたと推測できる。ここで、注目したいのは「会社が
主催する正規の研修会や講習会で学びたい」という値が筆者らが並べた調査
項目で2番目に高いことである。50％は下回っているものの、会社への期待
を一定程度見ることができる。3番目の「自主的な勉強会や研究会で学びた
い」というニーズについては、1番目に挙げた「ラジオ・テレビ・本・インター
ネット」が個別の学びを中心としているのに対して、複数人、グループでの
学びである。参加の自由度を保ちながら、誰かと一緒に学ぶということもあ
る程度ニーズがあるのだろう。対照的に、大学へは「公開講座」に一定のニー
ズを見ることができるものの、期待が高いとは言えない。
　さて、1番目の個別の学びと3番目のグループの学びの間にある、2番目
の会社における学びニーズ、会社への期待という点をもう少し検討してみた
い。
　図3-12は「会社が主催する正規の研修会や講習会で学びたい」と思うかに

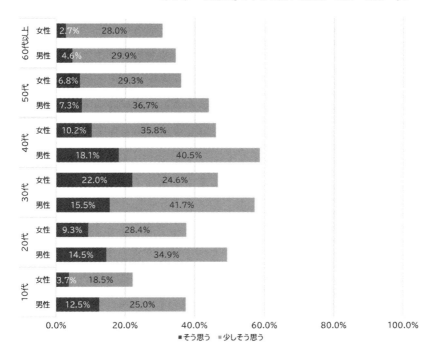

図 3-12 会社が主催する正規の研修会や講習会で学びたい

ついて、年齢性別で整理したものである。男性の方が総じて女性よりも高い傾向が見られる。とりわけ、30代、40代男性で高く、「そう思う＋少しそう思う」の値は 60% 近くになる。女性でも 30代、40代では 50% 弱のニーズが見られる。さらにこのニーズについて、職業別、雇用形態別でも整理したのが次の図 3-13 である。

　性別では男性の方が会社で学びたいという意欲は大きい傾向があったが、職業別に見ると、「管理職、専門・技術職」の女性でかなり高く、「そう思う＋少しそう思う」の値が 78.7% を示している。また、雇用形態別では、女性はそれほど大きな差が見られないのに比べ、男性は正社員で高く、パート・アルバイトで低い傾向が見られる。

　「企業内教育を充実させてほしいか」という問いに対しては、「そう思う＋少しそう思う」の値で、男性 65.2%、女性 56.5% であった（図 3-14）。男性の方

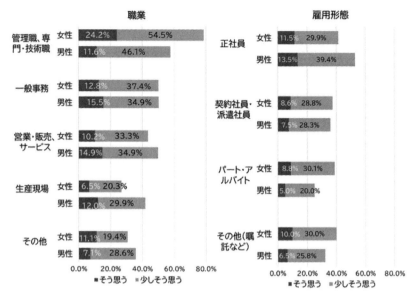

図3-13　会社が主催する正規の研修会や講習会で学びたい

によりニーズが高い傾向があるようだが、女性においても半数を超えており、企業内教育へのニーズをここでも一定程度見ることができる。また別の視点として、学びへの金銭的支援を求めるかについて尋ねた結果が**図3-15**である。金銭ということもあり、こちらは男女とも「そう思う＋少しそう思う」の値が70%を超えており、より高いニーズの存在を認めることができる。

　図3-16、3-17は男女別の学びの経験について尋ねた結果である。「市民講座やカルチャーセンターで学んだことがある」という項目では女性が男性よりも多い傾向が見られる。他はそれほど大きな違いはない。図3-11に示したように「市町村主催の市民講座で学びたい」というニーズについては、「そう思う＋少しそう思う」の値が男性で23.4%、女性が33.7%であった。市民講座については、女性の方がニーズもあり、また実際の経験も多いという結果が見られた。ただ、それでも全体として企業の外における講座等の経験率は高いとまでは言えないだろう。女性の「市民講座やカルチャーセンター」での学びが21.1%である以外はどれも一桁の割合の経験率となっている。

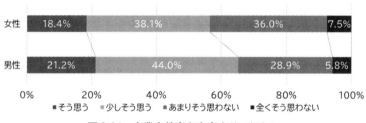

図 3-14　企業内教育を充実させてほしい

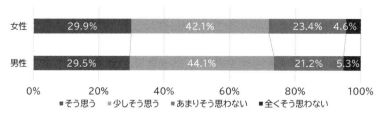

図 3-15　社会人の学びについて、企業に金銭的に支援してほしい

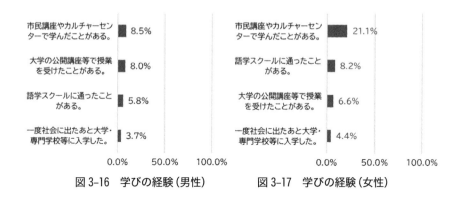

図 3-16　学びの経験（男性）　　図 3-17　学びの経験（女性）

(3)　企業人の学びを抑制するもの

　第1章での分析の際、学びのニーズと学びの経験にはギャップがある点を指摘し、ギャップを生む要因を抑制要因と呼んだ。本章でも学びの抑制要因について性別年齢別に検討してみたい。

　学びの抑制要因（**表3-1**）については、第1章での指摘と同様に「時間」「金銭」

表3-1　学びの抑制要因（とてもあてはまる＋ややあてはまる：%）

全体	10代		20代		30代		40代		50代		60代以上	
	男性	女性	男性	女性	男性	女性	男性	女性	男性	女性	男性	女性
n=1659	n=8	n=27	n=152	n=194	n=168	n=118	n=227	n=226	n=218	n=147	n=87	n=75
(a) 学びたい気持ちはあるが、仕事が忙しくて時間的余裕がない。												
66.5%	62.5%	51.9%	71.7%	67.0%	75.6%	73.7%	79.3%	67.3%	64.2%	59.9%	35.6%	44.0%
(b) 学びたい気持ちはあるが、家事が忙しくて時間的余裕がない。												
45.8%	0.0%	11.1%	36.2%	32.0%	46.4%	59.3%	47.1%	71.2%	32.6%	59.9%	24.1%	49.3%
(c) 学びたい気持ちはあるが、金銭的余裕がない。												
63.3%	75.0%	33.3%	65.8%	68.0%	55.4%	75.4%	70.0%	73.0%	58.7%	62.6%	37.9%	50.7%
(d) 育児が落ち着いたら学びたい。												
23.3%	0.0%	11.1%	12.5%	10.3%	38.7%	34.7%	36.1%	44.2%	14.2%	15.6%	2.3%	0.0%
(e) 学びに対して家族の理解や協力を得るのが難しい。												
14.0%	0.0%	11.1%	12.5%	9.8%	21.4%	22.0%	14.5%	19.5%	9.2%	10.9%	5.7%	12.0%

が高く出た。「学びたい気持ちはあるが、仕事が忙しくて時間的余裕がない」と答えたものは66.5%と被調査者の3分の2にあたる。仕事の忙しさは60代以上を除いて、各年代、性別で高くなっている。「学びたい気持ちはあるが、家事が忙しくて時間的余裕がない」という問いについては、年代差と性別差が見られる。家事の忙しさについては、世代間で異なる。30代から50代で高く、30代女性で59.3%、40代女性では71.2%、50代女性で59.9%と高い値を示している。「学びたい気持ちはあるが、金銭的余裕がない」と答えたものも各世代、性別で高い傾向が見られた。「育児が落ち着いたら学びたい」と答えたものは、30代から40代で少し高い傾向があるものの、全体としてはそれほど高いわけではない。ただ、育児は「家事」や「金銭」の余裕とも関連していると考えられ、間接要因にはなっている可能性がある。

(4) 企業での学び意欲を見せる人の特徴とは

　「企業が主催する正規の研修会や講習会で学びたい」と企業での学び意欲を見せる人は、どのような人か、探索的に分析してみたい。そこで、次のような操作を行う。

- 「企業が主催する正規の研修会や講習会で学びたい」という質問項目に

ついて「そう思う」と「少しそう思う」と答えたものを「企業での学び意
欲 high 群 (以下、H 群)」、「あまりそう思わない」「全くそう思わない」と
答えたものを「企業での学び意欲 low 群 (以下、L 群) とする。この結果、
H 群は 752 人、L 群は 898 人であった。

- 4 件尺度法の場合、最も肯定的な反応を 4 点、以下 3 点、2 点の順に数
  値を与え、最も否定的な反応を 1 点とする操作を行う (例:とてもあては
  まる 4 点、ややあてはまる 3 点、あまりあてはまらない 2 点、全くあてはまら
  ない 1 点)。この場合、中央値 (期待値) は 2.5 となる。2.5 を上回ればより
  肯定的、2.5 を下回れば否定的な回答になる。同様にして、はい - いい
  え等の 2 件尺度法の場合、肯定的反応を 2 点、否定的反応を 1 点とする。
- 上記の操作を元に、H 群、L 群について平均値の比較 (t 検定) を行っていく。

　表 3–2 は余暇の過ごし方の比較を行った結果である。多くの項目で、H 群
が L 群を上回った。つまり、企業での学び意欲の高い群 (H 群) は企業での学
び意欲の低い群 (L群) より、余暇活動を行いやすい傾向があるといえる。「ガー

表 3–2　余暇の過ごし方の比較

	H群	L群	t値
本を読む。	2.50	2.27	4.916 ***
旅行に行く。	2.64	2.50	3.413 ***
日曜大工をする。	1.64	1.48	4.028 ***
趣味で料理をする。	2.35	2.19	3.044 **
史跡遺跡巡りをする。	1.71	1.57	3.385 ***
ガーデニングをする。	1.68	1.62	1.197
野菜を作る。	1.48	1.42	1.522
ジムで身体作りをする。	1.64	1.40	5.507 ***
ランニングやウォーキング、山歩きをする。	2.11	1.86	4.933 ***
スポーツをする。	2.20	1.94	5.182 ***
図書館に行く。	1.75	1.45	7.194 ***
映画を見る。	2.51	2.38	2.736 ***
テレビゲームをする。	1.89	1.86	0.632
スポーツ観戦をする。	2.44	2.26	3.488 ***
ボランティア活動をする。	1.42	1.23	6.241 ***
NHKテレビ・ラジオ講座で学ぶ。	1.31	1.21	3.552 ***

注)*5％水準で有意　**1％水準で有意　***0.1％水準で有意

表 3-3　企業での学び意欲別の抑制要因

	H群	L群	t値
学びたい気持ちはあるが、仕事が忙しくて時間的余裕がない。	3.03	2.64	9.323 ***
学びたい気持ちはあるが、家事が忙しくて時間的余裕がない。	2.62	2.29	7.204 ***
学びたい気持ちはあるが、金銭的余裕がない。	2.94	2.67	6.076 ***
育児が落ち着いたら学びたい。	1.91	1.60	6.400 ***
学びに対して家族の理解や協力を得るのが難しい。	1.77	1.65	3.021 **

注)*5％水準で有意　**1％水準で有意　***0.1％水準で有意

デニングをする」「野菜を作る」「テレビゲームをする」の 3 項目で有意な差は見られなかったが、他の項目では有意差が見られた。

　抑制要因(**表 3-3**)は興味深い結果である。企業での学び意欲の高い群(H 群)の方が、低い群(L 群)より、時間的余裕や金銭的余裕を感じていない傾向が見られる。特に、「学びたい気持ちはあるが、家事が忙しくて時間的余裕がない」という項目については、H 群は 2.62 と期待値 2.5 を上回るのに対し、L群は 2.29 と期待値 2.5 を下回っている (t=7.204, p<.001)。意欲はあるが余裕がないという構図が浮かび上がる。

　現在の生活について**表 3-4** を見ると「転職したい」という項目に対し、H群 2.20、L 群 2.18 となっている。企業での学び意欲の高い群、低い群ともに期待値 2.5 を下回り、群間に有意差もなかった。つまり企業での学び意欲が転職欲求にはつながるということではないということを表しているのだろう。「仕事にやりがいを感じる」という項目については、H 群は 2.77 と期待値 2.5を上回り、L 群は 2.43 と期待値 2.5 を下回る (t=8.473, p<.001)。企業での学び意欲は仕事のやりがいと関連性があることが読み取れる。企業で学びたいという意欲は、転職したいということにはつながらないが、仕事のやりがいにはつながるという傾向が見られた。

表 3-4　現在の生活

	H群	L群	t値	
子育てで忙しい。	1.84	1.56	5.611	***
子育てに充実感を持っている。	2.00	1.65	6.642	***
介護で忙しい。	1.37	1.32	1.441	
転職したい。	2.20	2.18	0.426	
給料が少ない。	2.89	2.82	1.637	
仕事にやりがいを感じる。	2.77	2.43	8.473	***
生活にマンネリを感じる。	2.50	2.53	-0.757	
老後に不安を感じる。	3.18	3.06	2.691	**
第二の人生でやりたいことがある。	2.66	2.45	4.652	***
家族に迷惑をかけてまで変化を求めない。	2.91	2.85	1.389	
今の仕事量は相当負担になっている。	2.42	2.33	2.005	*

注)*5%水準で有意　**1%水準で有意　***0.1%水準で有意

4. ワークライフバランスと学び

　ここまでの知見から考察を進めてみよう。まず、分析課題1は次のようであった。

　　分析課題1：企業人の時間の使い方に、学びはどのように位置づいているのかを明らかにする。

　分析課題1については、企業人のライフにおいて多様な余暇活動が見られた。一日のメディア接触時間もライフの中で多くの時間を占めている。その一方で、企業人のライフにおける学びの時間はデータの上では限定的といえる。ただし、学びの意欲がないわけではない。「何かを学びたい」「何かを学び直したい」という意欲は全体的に高い割合を示している。「仕事が忙しくて学ぶ時間がない」「家事が忙しくて学ぶ時間がない」という項目を考慮すれば、ライフにおける学びのプライオリティがそれほど高くないといえるのかもしれない。実際、検討したように、メディア利用には一日のうち多くの時

間が割かれていた。ライフにおいて、余暇活動、メディア利用などのプライオリティがまず高いというのが一般的な時間利用のようで、学びの時間創出においては「忙しい」という理由で難しい実態が見られた。

　したがって、学びたいという意欲がみられても、実際に行ったことがあるかといえばそうとも言えない。テレビで学びたいといっても、NHKテレビ・ラジオ講座で学ぶという人は6.7%とそれほど多くないし、インターネットの無料オンライン講座に興味がある人は43.2%だが、受講したことがある人は3.9%である。

　全体として見ると、学びへの意識や期待は高いといってよい。リカレント教育の土台はある。しかし、経験の方に目を向ければ、無料であったとしても、NHK講座やオンライン講座も含めて日常的に多いとは言えない。企業人のライフの中に学び時間を創出するのは容易でない様子を見て取ることができる。

　続いて分析課題2について考察する。

　分析課題2：企業人の学びニーズはどのようなものかを明らかにする。

　企業人の学びたい形態の上位に来ていたのは、「ラジオ・テレビ・本・インターネット等で学びたい」「会社が主催する正規の研修会や講習会で学びたい」「自主的な勉強会や研究会で学びたい」というものであった。このうち「会社が主催する正規の研修会や講習会で学びたい」という項目に注目すると、「そう思う＋少しそう思う」と肯定的な反応を示したものは全体で43%、30代、40代男性で高く60%近く、女性でも30代、40代では50%弱のニーズが見られた。したがって企業で学びたいというニーズを一定程度見ることができた。企業内教育や企業からの金銭的援助への期待も見られた。企業人は学びについて、企業に求める期待があるということである。

　この企業での学び意欲が高い群と低い群に分けて分析すると、企業での学び意欲の高い群の方が余暇活動をより行う傾向があること、抑制要因ではより抑制されていると感じる傾向があること、仕事にやりがいを感じる傾向が

高いこと、しかし転職については、企業での学び意欲の高い群と低い群の間に差がないことを明らかにした。

　こうしたことから、ワークとライフの関係について次のようなことを考えてみたい。ワークかライフかという議論ではなく、ワークの中のライフの充実という論点が考えられるのではないか。つまり、大学などの「外」の学びより企業の「中」での学びを求める傾向が見られることに着目したい。それは、ワークを減らしてライフを充実させるというモデルに加えて、ワークの中にライフを充実させる方策を考えるというものである。

　従来的なワークライフバランスのモデルは図示すると**図 3-18** のようになる。ワークの柔軟化やワークの時間を減らすことにより、創出された時間をライフの充実に使うというものである。それに対し、ワークの中に学びを導入することで、ライフを充実させるワークライフバランスモデルは**図 3-19**のようになる。

　図 3-19 の特徴は、ワークの一部分にライフを融合させ、ワークの充実とライフの充実を同時に達成しようとするものである。企業での学び意欲の高

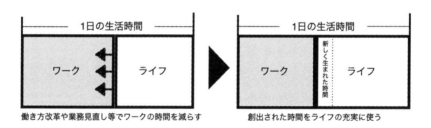

図 3-18　従来的なワークライフバランスモデル

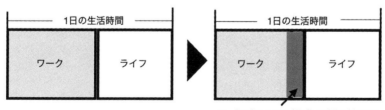

図 3-19　もう一つのワークライフバランスモデル

い人は余暇活動に積極的だったり、仕事のやりがい等にも関連している。企業がそこで働く人の学びを創出することで、働く人の意欲を高めたり、生活の充実に貢献することができるのではないか。

　この点を考える点で興味深い事例は企業内大学（コーポレートユニバーシティ）である。大嶋によればコーポレートユニバーシティが初めて登場したのは1950年代のアメリカ、ゼネラルエレクトリックのリーダー研修センターで、1960年代にはディズニーのディズニー・インスティテュート、マクドナルドのハンバーガー大学などが設立された（大嶋, 2009, p.155）。また大嶋は日本でのコーポレートユニバーシティは2000年代に入って、大企業を中心に設立ブームが起きたことを指摘している（大嶋, 2009, p.156）。富岡らが行った調査結果によれば、日経平均構成225社における企業内大学の設置状況は2021年4月時点で121社（53％）であり、企業内大学が一過性のブームから、社会・企業に定着してきた表れであるといってよいとしている（富岡, 2021, p.9）。その富岡は企業内大学の定義は明確でないとしながら、企業内大学について「大学」という名称を用いつつも法令規定されている大学とは違い、経営者や企業がそれぞれの目的をもたせた「学びの場」だという（富岡, 2021, p.8）。企業の中で従来的な教育研修プログラムではなく、学びに重点を置いた取り組みで、その多くは任意参加とされる。

　こうした取り組みは従業員の満足度や生産性を高めることにつながり、それは企業にとってもメリットがあるだろう。

　ワークの現場における学びの実践としての企業内大学の取り組みは効果があるからこそ、多くの企業が設立しようとするように思われる。例えば、ヤマハサウンドシステムの設立したYSSアカデミーでは、「社員同士が教え合い、学び合う」というあり方を規定する中で、単なる「学びの場」の提供ではなく、「学習する組織」、「学び続ける社員の育成」をめざすことにより、「顧客満足度の向上」、「従業員満足度の向上」、「組織風土改革」、「経営理念の実現」を実現していくとする（外﨑, 2021, p.20）。

　この単なる「学びの場」の提供ではないというYSSアカデミーの特徴からわたしたちの研究を逆照射してみたい。図3-11で示したように、「自主的な

勉強会や研究会で学びたい」というニーズも「会社が主催する正規の研修会や講習会で学びたい」というニーズとそれほど変わらない値で見られた。企業内大学のように企業の中でしっかりと組織化・体系化され、そこで学ぶことは有効だろうが、当然人的負担、金銭的コストもかかる。筆者らの調査対象である中小企業においては、大企業ほど体力がなく、そうした負担やコストを受け入れる余地があまりないと感じる企業も少なくないだろう。そのとき浮かび上がるのは、むしろ「単なる学びの場」の検討可能性である。

　例えば日本経済団体連合会（経団連）の調査によれば（図 3-20）、社員同士が学び合うプラットフォーム（社内勉強会、ナレッジ共有システム等）を有する企業は半数（50.7%）、このうち「会社が提供するプラットフォーム」は 7 割弱、従業員が主体のプラットフォームは 3 割だという（日本経済団体連合会, 2020）。従業員が主体のプラットフォームはそれほど広がっていないが、引用した図にあるように、今後伸びていくことは考えられる[2]。実際、経団連の同じ調査で、「社員の自発的な意思で受講するプログラムを拡充する」と答えた企業は 40.3% である。

　ワークにおける学びは必ずしも仕事、スキルアップ、キャリアップに直接役立つことにこだわる必要はないだろう。筆者らの調査でも、企業人の日頃の興味・関心は健康、スポーツ、美術・音楽、経済など幅広いものであるこ

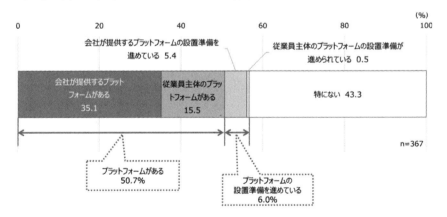

図 3-20　社員同士が学び合うプラットフォーム（社内勉強会、ナレッジ共有システム等）の有無
出典：日本経済団体連合会 2020「人材育成に関するアンケート調査結果」

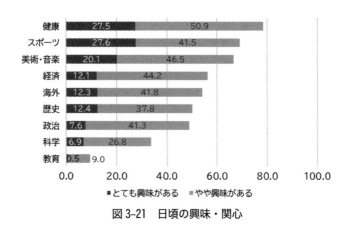

図 3-21　日頃の興味・関心

とが明らかになっている (**図 3-21**)。

　もともと企業内教育、OJT は日本の企業の得意とするところである。企業
で必要とされる能力・スキルを企業で教育・開発する。伝統的にこのような
教育は行われてきているし、日本の企業風土に定着している。これをさらに
アップデートする形で、学びへとつながる (私たちの議論では道具的学びだけで
なく表出的な学びも) 工夫が可能ではないかというのが本調査データから得ら
れた示唆である。それは、企業にとってもメリットはある。その企業で働く
人たちのライフの充実は、仕事へのモチベーションにもつながってくるだろ
う。またデータからも見られるように、仕事にやりがいを感じるという点に
もつながる。

　ビジネスの世界ではよくスローガンが打ち出される。学びに関するもので
いえば、例えばラーニング・カルチャーをそうしたものとして挙げること
ができるだろう[3]。センゲ (2011) の「学習する組織」の議論とも関連している。
川口は、今後の企業における人材開発部門の役割はラーニング・カルチャー
の醸成にあると説明する (川口, 2021, p.11)。

　これをリカレント教育の側から見れば、組織として学びの文化を高めてい
くことは有効である半面、やや人材育成の側面、つまりワーク側に寄った学
びという側面がある。そして、こうした組織としての学びは、特定の人に

偏りがちだったり、社員の関心が低いというデータもある（産労総合研究所, 2014, p.9）。このときに考えたいのが筆者らの調査で3番目のニーズとして現れた「自主的な勉強会や研究会で学びたい」というニーズである。こちらにライフとしての学びニーズを見ることができるのではないか。

　そのとき、企業はまさに「単なる学びの場」の提供が大事なのではないだろうか。企業人たちが集まって学び合える場の提供。筆者らのデータからそのような具体的な提案を企業に対して考えてみたい。

　ワークとライフの良い関係づくりの中に学びを位置づけることができれば、企業と企業人にとっても持続可能な関係構築ができるのではないか。企業が学びを考えるきっかけになるよう、今後も企業人と学びの関係について検証していきたい。

注

1　朝日新聞 Re ライフ.net（2020）　「『学びたいことがある』95％　行動に移せないハードルも―『第二の人生の学び直し』アンケート結果」　https://www.asahi.com/relife/a rticle/13853636 2021.11.5 最終閲覧

2　注意しておかなければならないのは、言うまでもなく経団連に属している企業は大企業であり、本研究が対象としている中小企業は経団連の調査対象になっていないことである。また、この調査が経団連企業会員 1,412 社を対象としているのに対し有効回答数は 368 社（回答率 26.0%）で、社会調査としては回答率が低いという点にも注意する必要がある。

3　非営利組織 ATD（Association for Talent Development）が開催する世界最大規模の人材開発・組織開発のイベントでトニー・ビンガム CEO が語ったとされる学習者中心の企業文化（長尾, 2016）。

参考文献

池谷美衣子（2021）「ワークライフバランスからみる社会教育の課題と展望―『誰もが働く社会』における労働と生活の再構築」日本社会教育学会編『日本の社会教育第 65 集　ワークライフバランス時代における社会教育』東洋館出版社, pp.8-21。

今津孝次郎・加藤潤・白山真澄・田川隆博・長谷川哲也・林雅代（2017）「大学における現職教員の学び直しに関するニーズ― 2015 年度予備調査の結果から」『静

岡大学教育実践総合センター紀要』26, pp.167-181。

今津孝次郎・加藤潤・白山真澄・田川隆博・長谷川哲也・林雅代 (2018a)「現職教員の潜在的学びニーズ─大学への『社会人入学』に関する質問紙調査を通じて」『東邦学誌』47 (1), pp.57-75。

今津孝次郎・加藤潤・白山真澄・田川隆博・長谷川哲也・林雅代 (2018b)「大学への社会人入学に関するニーズ──一般市民への質問紙調査の結果から」『静岡大学教育実践総合センター紀要』28, pp.220-231。

金子元久 (2021)「リカレント教育の新局面」『IDE 現代の高等教育』630, pp.4-11。

川口大輔 (2021)「人材開発の潮流を踏まえ人材開発部門の役割を革新する〜未来に価値を生み出すラーニング・カルチャーの醸成に向けて〜」『企業と人材』1106, pp.8-14。

厚生労働省 (2017)「長時間労働対策」https://www.mhlw.go.jp/seisakunitsuite/bunya/koyou_roudou/roudoukijun/shigoto/it/pdf/seminar_02.pdf 2022.10.4 最終閲覧。

長尾朋子 (2016)「『ラーニング・カルチャー』がもたらす組織学習とリーダーシップの変革」『2016 ATD 年次大会レポート』http://l-excepartners.co.jp/pdf/ATD2016b.pdf 2021.12.22. 最終閲覧。

内閣府 (2007)「仕事と生活の調和（ワーク・ライフ・バランス）憲章」http://wwwa.cao.go.jp/wlb/government/20barrier_html/20html/charter.html 2021.11.5 最終閲覧。

内閣府 (2020)『令和 2 年度　年次経済財政報告』

日本経済団体連合会 (2020)「人材育成に関するアンケート調査結果」https://www.keidanren.or.jp/policy/2020/008.pdf　2021.12.12 最終閲覧。

大嶋敦俊 (2009)「『コーポレートユニバーシティ論』序説〜"リーダーシップ開発"と"プロフェッショナル能力向上"のプラットフォーム〜」『季刊　政策・経営研究』2, pp.149-164。

産労総合研究所 (2014)「キャリア自律時代の自己啓発援助施策に関する調査」。

センゲ, P. M. (2011)『学習する組織─システム思考で未来を創造する』枝廣淳子他, 英治出版。

総務省 (2020)「情報通信白書　令和 2 年版」https://www.soumu.go.jp/johotsusintokei/whitepaper/ja/r02/html/nd252120.html 2022.10.4 最終閲覧。

外﨑航 (2021)「ヤマハサウンドシステム　トップ・ミドル・ボトムが学び合う『YSSアカデミー』」『企業と人材』1101, pp.14-20。

富岡治朗 (2021)「学ぶ場としての企業内大学の意義と今後の展望」『企業と人材』1101, pp.8-13。

第4章　企業人の「学び直し」意識

―学歴による格差に迫る―

長谷川哲也

1. 「学び直し」になぜ学歴が問われるのか

　近年、教育政策や社会政策の中で盛んに使われるようになった「学び直し」または「リカレント教育」は、実際に企業で働く人々の学び直し意識と、はたしてどのように整合／乖離しているのだろうか。本章では、多様な社会的・経済的な属性[1]や目的をもった一般企業で働く人々が、どのような学び直し意識をもっているのかを明らかにしていきたい。そして、この検証を通して、教育政策や社会政策として推進される「学び直し」の諸課題を具体的に描き出す。

　序章でも述べたように、これまでの「学び直し」政策は、教育の論理を離れ、市場原理や自己責任を基盤とする政府政策の正当化のために恣意的に使われていると危惧される。それは、学び直しの必要性を説明するために使われているデータが、表面的なものであることにも表れている。たとえば、文部科学省や各種審議会がたびたび指摘するのは、日本の高等教育機関における25歳以上の社会人在籍者比率はわずか数％程度であり、他国と比較して低迷しているというOECDの統計数値である。それに対して、実際の学び直しニーズは高いということを示すために政府が使う意識調査では、主に大都市圏の大卒者を対象として、高等教育という機会や場に焦点化されている（例えば独立行政法人雇用・能力開発機構, 2005）。すなわち、政策的な「学び直し」の中心をなすのは、学校教育に親和性があり業績主義社会の中で優位とされる人々、というわけである。ただし、こうした議論には二つの問題点が指摘

できる。

　一つは、社会人がどの程度学び直しを求めているかは、性別、年齢、学歴、地域、産業などの属性によって異なるはずであり、近年の政策議論で一括りにされるような学び直しニーズで量化できるものではないという点である。大都市圏の大卒者を対象とした現在の「学び直し」政策は、地方の中小企業などで働く多様な属性をもつ人々にも行き届くものとして立案されているのだろうか。梶田（1981）が「属性に支えられた業績主義」と表現したように、教育達成という業績が属性によって左右されるという重要な視点が、政策議論の中では見逃されているといわざるをえない。

　その延長上に見えるもう一つの問題点は、高等教育に焦点づけられたリカレント教育を量的に拡大しようとする政策が、OECD 提言の基調をなす、社会平等化に貢献するのだろうかという疑問である。OECD（1973）は当時すでに、リカレント教育を利用する人々とそうでない人々の格差が拡大する可能性を危惧し、貧困層へのアウトリーチ型リカレント教育を提言している。一方、我が国で近年展開されているリカレント教育政策は、たとえば 2017年から導入された「職業実践力育成プログラム（BP）」の内容をみればわかるように、これらは大卒以上で要求される専門資格取得と専門スキルアップを目的とした高等教育プログラムである（大学等における社会人の実践的・専門的な学び直しプログラムに関する検討会, 2015）。このような、相対的な高学歴層に対して、経済的な合理性や有用性を重視した教育を提供する「学び直し」政策は、教育のマタイ効果をより先鋭化させ、「教育ある者はさらに教育を受ける education more education」を助長し、それがより高いリテラシーの獲得へとつながるかもしれない（立田, 2007）。

　以上のような「学び直し」政策をめぐる諸課題を検証する一端として、本章では、日本の地方部で働く企業人の幅広い学びの機会に対する意識を、社会的・経済的な属性、とりわけ学歴に注目しながら、立体的に明らかにしていきたい。

2. 属性による学習意欲の違い

　「学び直し」をめぐる企業人の様々な学習意欲は、社会的・経済的な属性によってどのように異なっているのだろうか。ここでは、特定の手段や場を想定した学習意欲として【大学での学習意欲】と【生涯学習の意欲】を、こうした手段や場などに学習のベクトルが向かう根本となるような学習意欲として【基盤となる学習意欲】を、それぞれ設定する。【大学での学習意欲】は大学・大学院という手段や場に関わる学習意欲の項目から構成され、【生涯学習の意欲】は官・民の様々な生涯学習の手段や場での学習意欲の項目から構成され、【基盤となる学習意欲】は学び直しの目的をもちながらも手段や場を限定しない基盤的な学習意欲の項目から構成される。

　各学習意欲を構成する具体的な項目の回答傾向は、図 4-1 から図 4-3 の通りである。**図 4-1** から【大学での学習意欲】の各項目をみると、「大学の公開講座等で学びたい」の肯定的回答が 29.7％と最も高く、次いで「大学に正規入学して学びたい」の肯定的回答が 22.9％となっているが、「大学院の修士課程で学びたい」(11.8％)と「大学院の博士課程で学びたい」(9.8％)の肯定的回答は低調である。**図 4-2** から【生涯学習の意欲】の各項目をみると、「ラジオ・テレビ・本・インターネット等で学びたい」の肯定的回答が 65.4％と突出して高くなっており、「通信教育で学びたい」(30.5％)「民間のカルチャースクールで学びたい」(30.9％)「市町村主催の市民講座で学びたい」(28.4％)はいずれも肯定的回答が 30％前後となっている。**図 4-3** から【基盤となる学習意欲】の各項目をみると、「何かを学びたい」(84.9％)と「人生を豊かにするために何かを学びたい」(84.7％)はいずれも肯定的回答が 80％以上と非常に高くなっており、「以前に学んだことを学び直したい」の肯定的回答が 63.0％、「学校で学んだ内容をさらに深めたい」の肯定的回答は 46.1％となっている。このように、三つの学習意欲を比較すると、全体的な傾向として、【基盤となる学習意欲】が高く、【生涯学習の意欲】が続き、【大学での学習意欲】は低くなっている。また、各項目で特に注目すべきこととして、【大学での学習意欲】では大学院で学ぶ意欲が特に低調であること、【生涯学習の意欲】ではラジオ・

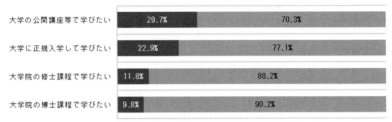

図4-1　【大学での学習意欲】の回答傾向

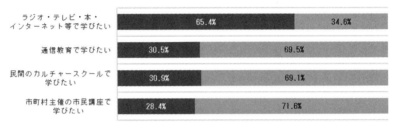

図4-2　【生涯学習の意欲】の回答傾向

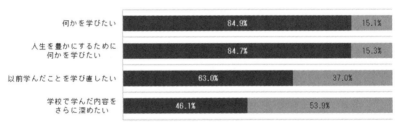

図4-3　【基盤となる学習意欲】の回答傾向

テレビ・本・インターネットといった比較的気軽なメディアを活用した学習意欲が高いこと、【基盤となる学習意欲】では「何かを学ぶ」意欲に比べて「学び直し」の意欲はやや低いこと、などが挙げられる。

　このような三つの学習意欲の回答傾向を踏まえつつ、以下では、これら三つの学習意欲が、社会的・経済的な属性である職業、雇用形態、最終学歴に

よって、どのように異なっているのかを分析する。

(1) 職業別の分析

　図 4-4 から図 4-6 は各学習意欲を職業別に示したものである。図 4-4 から【大学での学習意欲】をみると、どの職業でも「大学での公開講座等で学びたい」の肯定的回答が最も高く、次いで「大学に正規入学して学びたい」の肯定的回答が高いものの、「大学院の修士課程で学びたい」と「大学院の博士課程で学びたい」の肯定的回答は相対的に低くなっている。そのうえで職業による違いに着目すると、「大学での公開講座等で学びたい」と「大学院の修士課程で学びたい」で有意な差が生じており、これらの項目では「管理職、専門・技術職」の肯定的回答が高くなっている。

　図 4-5 から【生涯学習の意欲】をみると、どの職業でも「ラジオ・テレビ・本・インターネット等で学びたい」の肯定的回答が突出して高く、「通信教育で学びたい」「民間のカルチャースクールで学びたい」「市町村主催の市民講座で学びたい」は職業によってばらつきがあるものの 20 〜 40％程度の肯定的回答となっている。そのうえで職業による違いに着目すると、すべての項目で有意な差が生じており、特に「通信教育で学びたい」「民間のカルチャースクールで学びたい」「市町村主催の市民講座で学びたい」では「一般事務」の肯定的回答が高くなっている。

　図 4-6 から【基盤となる学習意欲】をみると、どの職業でも「何かを学びたい」と「人生を豊かにするために何かを学びたい」の肯定的回答が 80 〜 90％程度と非常に高くなっている。そのうえで職業による違いに着目すると、「何かを学びたい」「人生を豊かにするために何かを学びたい」「学校で学んだ内容をさらに深めたい」で有意な差が生じており、これらの項目では「管理職、専門・技術職」や「一般事務」の肯定的回答が高くなっている。

　このように学習意欲を職業別に分析すると、どの職業も総じて、【基盤となる学習意欲】が高く、【生涯学習の意欲】がそれに続き、【大学での学習意欲】が低くなっているものの、それぞれの職業による特徴もみられる。まず「管理職、専門・技術職」は、大学での学習意欲や何かを学びたいという意欲が

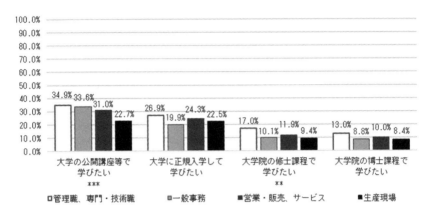

注1）数値は各職業で肯定的回答（そう思う＋少しそう思う）の％である。
注2）カイ二乗検定の結果、＊ p<.05、＊＊ p<.01、＊＊＊ p<.001である。

図 4-4　職業別にみる【大学での学習意欲】

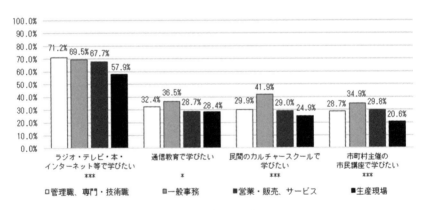

注1）数値は各職業で肯定的回答（そう思う＋少しそう思う）の％である。
注2）カイ二乗検定の結果、＊ p<.05、＊＊ p<.01、＊＊＊ p<.001である。

図 4-5　職業別にみる【生涯学習の意欲】

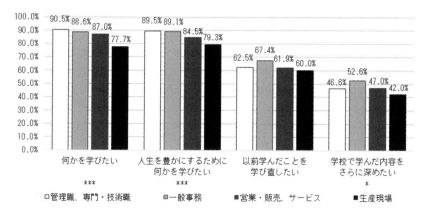

注1）数値は各職業で肯定的回答（そう思う+少しそう思う）の％である。
注2）カイ二乗検定の結果、* p<.05、** p<.01、*** p<.001である。

図 4-6　職業別にみる【基盤となる学習意欲】

相対的に高い傾向にある。次に「一般事務」は、生涯学習の意欲や何かを学んだり学び直したりしたいという意欲が相対的に高い傾向にある。他方で「生産現場」は、他の職業に比べて学習意欲が低くなっており、特に生涯学習の意欲や基盤となる学習意欲が相対的に低い傾向にある。

（2）雇用形態別の分析

　図 4-7 から図 4-9 は各学習意欲を雇用形態別に示したものである。**図 4-7**から【大学での学習意欲】をみると、どの雇用形態でも「大学での公開講座等で学びたい」の肯定的回答が最も高く、次いで「大学に正規入学して学びたい」の肯定的回答が高いものの、「大学院の修士課程で学びたい」と「大学院の博士課程で学びたい」の肯定的回答は相対的に低くなっている。そのうえで雇用形態による違いに着目すると、「大学に正規入学して学びたい」「大学院の修士課程で学びたい」「大学院の博士課程で学びたい」で有意な差が生じており、特に「大学に正規入学して学びたい」と「大学院の修士課程で学びたい」では「正社員」の肯定的回答が高くなっている。

　図 4-8 から【生涯学習の意欲】をみると、どの雇用形態でも「ラジオ・テレビ・本・インターネット等で学びたい」の肯定的回答が高く、「通信教育で

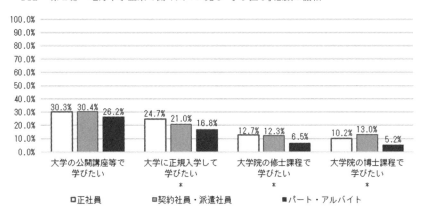

注1）数値は各職業で肯定的回答（そう思う+少しそう思う）の％である。
注2）カイ二乗検定の結果、* p<.05、** p<.01、*** p<.001である。

図 4-7　雇用形態別にみる【大学での学習意欲】

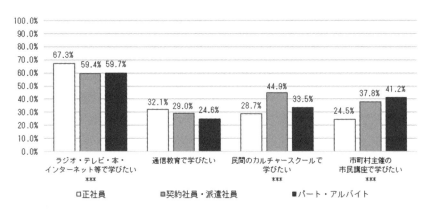

注1）数値は各職業で肯定的回答（そう思う+少しそう思う）の％である。
注2）カイ二乗検定の結果、* p<.05、** p<.01、*** p<.001である。

図 4-8　雇用形態別にみる【生涯学習の意欲】

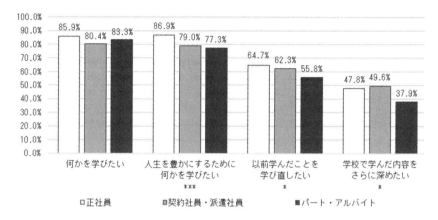

注1）数値は各職業で肯定的回答（そう思う+少しそう思う）の％である。
注2）カイ二乗検定の結果、* p<.05、** p<.01、*** p<.001である。

図4-9　雇用形態別にみる【基盤となる学習意欲】

学びたい」「民間のカルチャースクールで学びたい」「市町村主催の市民講座で学びたい」は雇用形態によってばらつきがあるものの20〜40％程度の肯定的回答となっている。そのうえで雇用形態による違いに着目すると、「ラジオ・テレビ・本・インターネット等で学びたい」「民間のカルチャースクールで学びたい」「市町村主催の市民講座で学びたい」で有意な差が生じており、「ラジオ・テレビ・本・インターネット等で学びたい」では「正社員」の肯定的回答が高く、「民間のカルチャースクールで学びたい」と「市町村主催の市民講座で学びたい」では「契約社員・派遣社員」や「パート・アルバイト」の肯定的回答が高くなっている。

　図4-9から【基盤となる学習意欲】をみると、どの雇用形態でも「何かを学びたい」と「人生を豊かにするために何かを学びたい」の肯定的回答が80％前後と高くなっている。そのうえで雇用形態による違いに着目すると、「人生を豊かにするために何かを学びたい」「以前学んだことを学び直したい」「学校で学んだ内容をさらに深めたい」で有意な差が生じており、特に「人生を豊かにするために何かを学びたい」と「以前学んだことを学び直したい」では「正社員」の肯定的回答が高くなっている。

　このように学習意欲を雇用形態別に分析すると、どの雇用形態も総じて、【基盤となる学習意欲】が高く、【生涯学習の意欲】がそれに続き、【大学での学習意欲】が低くなっているものの、それぞれの雇用形態による特徴もみられる。まず「正社員」は、大学での学習意欲、比較的気軽なメディアを活用した生涯学習の意欲、何かを学んだり学び直したりしたいという意欲が相対的に高い傾向にある。次に「契約社員・派遣社員」は、カルチャースクールや市民講座といった生涯学習の意欲が相対的に高い傾向にある。他方で「パート・アルバイト」は、市民講座での学習意欲は相対的に高いものの、他の雇用形態に比べて学習意欲が低くなっており、特に大学での学習意欲や基盤となる学習意欲が相対的に低い傾向にある。

(3) 学歴別の分析

　図 4-10 から図 4-12 は各学習意欲を学歴別に示したものである。**図 4-10** から【大学での学習意欲】をみると、どの学歴でも「大学での公開講座等で学びたい」と「大学に正規入学して学びたい」の肯定的回答が高いものの、「大学院の修士課程で学びたい」と「大学院の博士課程で学びたい」の肯定的回答は相対的に低くなっており、特に「中学・高校卒」と「短大・高専・専門卒」で顕著な傾向として表れている。そのうえで学歴による違いに着目すると、すべての項目で有意な差が生じており、「大学・大学院卒」の肯定的回答が高くなっている。

　図 4-11 から【生涯学習の意欲】をみると、どの学歴でも「ラジオ・テレビ・本・インターネット等で学びたい」の肯定的回答が突出して高く、「通信教育で学びたい」「民間のカルチャースクールで学びたい」「市町村主催の市民講座で学びたい」は概ね 20 〜 30％程度の肯定的回答となっている。そのうえで学歴による違いに着目すると、すべての項目で有意な差が生じており、「ラジオ・テレビ・本・インターネット等で学びたい」「通信教育で学びたい」「民間のカルチャースクールで学びたい」では「大学・大学院卒」の肯定的回答が高く、「市町村主催の市民講座で学びたい」では「短大・高専・専門卒」の肯定的回答が高くなっている。

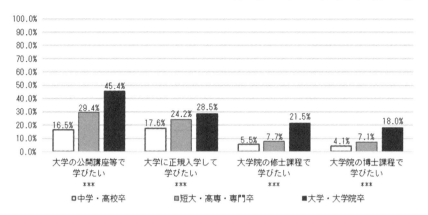

注1）数値は各職業で肯定的回答（そう思う+少しそう思う）の%である。
注2）カイ二乗検定の結果、* p<.05、** p<.01、*** p<.001である。

図 4-10　学歴別にみる【大学での学習意欲】

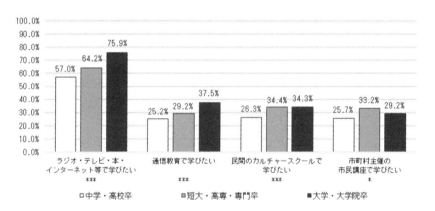

注1）数値は各職業で肯定的回答（そう思う+少しそう思う）の%である。
注2）カイ二乗検定の結果、* p<.05、** p<.01、*** p<.001である。

図 4-11　学歴別にみる【生涯学習の意欲】

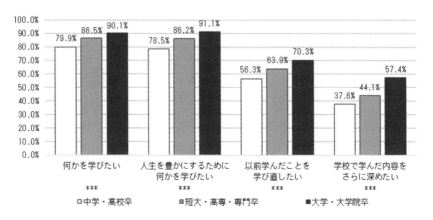

注1）数値は各職業で肯定的回答（そう思う+少しそう思う）の％である。
注2）カイ二乗検定の結果、* p<.05、** p<.01、*** p<.001である。

図4-12　学歴別にみる【基盤となる学習意欲】

　図4-12から【基盤となる学習意欲】をみると、どの学歴でも「何かを学びたい」と「人生を豊かにするために何かを学びたい」の肯定的回答が80〜90％程度と非常に高くなっている。そのうえで学歴による違いに着目すると、すべての項目で有意な差が生じており、「大学・大学院卒」の肯定的回答が高くなっている。

　このように学習意欲を学歴別に分析すると、どの学歴も総じて、【基盤となる学習意欲】が高く、【生涯学習の意欲】がそれに続き、【大学での学習意欲】が低くなっているものの、学歴による大きな違いが確認できる。すなわち、手段や場を問わずあらゆる学びの機会において、「大学・大学院卒」の学習意欲は相対的に高く、「短大・高専・専門卒」がそれに続き、「中学・高校卒」の学習意欲は相対的に低い傾向にある。

3.　学習意欲は何に規定されるのか

　ここまでみてきたように、【大学での学習意欲】【生涯学習の意欲】【基盤となる学習意欲】という三つの学習意欲の持ち方は、程度の差はあるものの、

いずれも企業人の社会的・経済的な属性によって異なっていた。大学や生涯学習の様々な手段や場で学びたいという意欲や、こうした手段や場などに学習のベクトルが向かう根本となるような学習意欲は、その人が現在置かれている状況やこれまでの経験等に左右されるということであろう。ただしここで留意すべきことは、学習意欲の差は単に個々人の意識の問題として片づけられるわけではなく、学習意欲が具体的な学習行動へと結びつき、それが結果として雇用や収入等に影響を与えることで社会格差をもたらす誘因ともなりうる、ということである。こうした課題意識から、学習意欲の形成が何によって影響を受けるのかをより詳しく確認するため、以下では【大学での学習意欲】【生涯学習の意欲】【基盤となる学習意欲】の規定要因について、重回帰分析を用いて検討する。

　表4-1は、重回帰分析で使用する変数の具体的内容を示したものである。まず、様々な条件等によって影響を受ける従属変数は、【大学での学習意欲】【生涯学習の意欲】【基盤となる学習意欲】の三つを設定した。【大学での学習意欲】は、「大学の公開講座等で学びたい」「大学に正規入学して学びたい」「大学院の修士課程で学びたい」「大学院の博士課程で学びたい」(各4件法)の4項目について、それぞれ「そう思う」＝4〜「全くそう思わない」＝1と得点化し、4項目の合計値を算出したものである。【生涯学習の意欲】は、「ラジオ・テレビ・本・インターネット等で学びたい」「通信教育で学びたい」「民間のカルチャースクールで学びたい」「市町村主催の市民講座で学びたい」(各4件法)について、それぞれ「そう思う」＝4〜「全くそう思わない」＝1と得点化し、4項目の合計値を算出したものである。【基盤となる学習意欲】は、「何かを学びたい」「人生を豊かにするために何かを学びたい」「以前学んだことを学び直したい」「学校で学んだ内容をさらに深めたい」(各4件法)について、それぞれ「そう思う」＝4〜「全くそう思わない」＝1と得点化し、4項目の合計値を算出したものである。次に、これら三つの学習意欲に影響を与える独立変数は、「性別(男性ダミー)」「最終学歴(大学・大学院卒ダミー)」[2]「現在の雇用形態(正社員ダミー)」「現在の職業(管理職、専門・技術職ダミー)」といった属性に加え、学習意欲に直結するであろう「資格・免許取得希望の有無」や、

表4-1　分析で用いる変数の定義

変数名	変数の定義
従属変数	
【大学での学習意欲】	「大学の公開講座等で学びたい」「大学に正規入学して学びたい」「大学院の修士課程で学びたい」「大学院の博士課程で学びたい」（各4件法）について、「そう思う」＝4〜「全くそう思わない」＝1と得点化して合計値を算出した。α係数は0.893である。
【生涯学習の意欲】	「ラジオ・テレビ・本・インターネット等で学びたい」「通信教育で学びたい」「民間のカルチャースクールで学びたい」「市町村主催の市民講座で学びたい」（各4件法）について、「そう思う」＝4〜「全くそう思わない」＝1と得点化して合計値を算出した。α係数は0.748である。
【基盤となる学習意欲】	「何かを学びたい」「人生を豊かにするために何かを学びたい」「以前学んだことを学び直したい」「学校で学んだ内容をさらに深めたい」（各4件法）について、「そう思う」＝4〜「全くそう思わない」＝1と得点化して合計値を算出した。α係数は0.814である。
独立変数	
性別（男性ダミー）	「男性」＝1、「女性」＝0とした。
学歴（大学・大学院卒ダミー）	最終学歴が「大学」と「大学院」＝1、それ以外＝0とした。
現在の雇用形態（正社員ダミー）	現在の雇用形態が「正社員」＝1、それ以外＝0とした。
現在の職業（管理職、専門・技術職ダミー）	現在の職業が「管理職、専門・技術職」＝1、それ以外＝0とした。
資格・免許取得希望の有無	新しい資格・免許が「ほしい」＝1、「ほしくない」＝0とした。
転職経験の有無	「転職経験がある」に「あてはまる」＝1、「あてはまらない」＝0とした。
子育て負担	「子育てで忙しい」（4件法）で「とてもあてはまる」＝4〜「全くあてはまらない」＝1とした。
介護負担	「介護で忙しい」（4件法）で「とてもあてはまる」＝4〜「全くあてはまらない」＝1とした。
仕事負担	「今の仕事量は相当負担になっている」（4件法）で「とてもあてはまる」＝4〜「全くあてはまらない」＝1とした。
回顧的な学習意欲	「いま思えば、もう少しまじめに授業を受けておけばよかった」（4件法）で「そう思う」＝4〜「全くそう思わない」＝1とした。
社会人にとっての大学学習価値	「一度社会に出てから大学に行くほうが、学びの価値が分かる」（4件法）で「そう思う」＝4〜「全くそう思わない」＝1とした。

職業上の転機である「転職経験の有無」という変数を設定した。加えて、学習意欲を抑制しうる現在の状況として、「子育て負担」「介護負担」「仕事負担」をあらわす変数も用いる。さらに、現在の状況から学びの意義をどのように認識しているのかについて、「回顧的な学習意欲」や「社会人にとっての大学学習価値」を問う変数も設定した。以上の変数を用いて【大学での学習意欲】【生涯学習の意欲】【基盤となる学習意欲】の規定要因を探る。ここでは、田川ほか(2021)や本書第3章の分析結果から、企業人の年代によって学習意欲の持ち方が異なることを考慮し、20代以下、30代、40代、50代、60代以上という、年代別に分析を行うこととする。

　まず、【大学での学習意欲】の規定要因を探るべく、重回帰分析の結果を示した**表4-2**をみてみよう。すべての年代で比較的強い正の影響を与えているのは、「社会人にとっての大学学習価値」であり、社会に出た今だからこそ大学での学びの意義を再認識することが、学習意欲を形成することと関連性があるといえる。加えて、60代以上を除く年代では、「資格・免許取得希望の有無」が正の影響を与えており、いわゆる現役世代を中心に、資格や免許を取得したいと思うことも、学習意欲の形成に関連している。さらに20代以下、40代、60代以上では、「介護負担」などの変数も影響を与えていることから、限定的ではあるが、各年代が経験する介護等のライフイベントが、学習意欲の形成に何らかの作用をもたらしている可能性はある。そして、これらの変数の影響を考慮してもなお、「最終学歴」がどの年代でも影響を与えていることは注目すべきである。前節の図4-10でも示されたように、大学という機会や場で学ぶことへの意欲は、中学・高校卒や短大・高専・専門卒に比べて、大学・大学院卒で高いことがあらためて確認された。

　次に、【生涯学習の意欲】の規定要因を探るべく、重回帰分析の結果を示した**表4-3**をみてみよう。すべての年代で学習意欲に影響を与えている変数はないものの、複数の年代で共通して学習意欲に影響を与えている変数はいくつかみられる。60代以上を除く年代では、「性別」が負の影響を与えており、

表4-2　【大学での学習意欲】の規定要因

	20代以下	30代	40代	50代	60代以上
性別	0.040	0.017	-0.026	-0.153 *	0.167
最終学歴	0.107 *	0.189 **	0.165 **	0.203 ***	0.182 *
現在の雇用形態	-0.091	-0.043	0.011	0.059	-0.070
現在の職業	0.058	0.044	0.046	0.013	-0.033
資格・免許取得希望の有無	0.196 ***	0.138 *	0.160 ***	0.151 **	0.005
転職経験の有無	0.031	0.018	0.135 **	0.022	0.044
子育て負担	-0.058	-0.011	0.080	-0.011	0.078
介護負担	0.096 *	0.100	0.123 **	0.067	0.162 *
仕事負担	0.093 *	0.100	-0.040	0.077	-0.139
回顧的な学習意欲	0.061	0.062	0.083	-0.009	0.252 **
社会人にとっての大学学習価値	0.291 ***	0.333 ***	0.241 ***	0.255 ***	0.207 *
調整済みR2乗値	0.218	0.242	0.199	0.135	0.173
F値	10.353	9.049	11.019	6.011	3.730
N	370	279	444	354	145

注）＊ p<.05、＊＊ p<.01、＊＊＊ p<.001である。

表4-3 【生涯学習の意欲】の規定要因

	20代以下	30代	40代	50代	60代以上
性別	-0.151 **	-0.270 ***	-0.158 **	-0.239 ***	-0.158
最終学歴	0.090	0.207 **	0.220 ***	0.138 *	0.255 **
現在の雇用形態	0.071	-0.021	-0.042	-0.011	-0.048
現在の職業	0.037	-0.116 *	-0.022	0.003	-0.001
資格・免許取得希望の有無	0.234 ***	0.142 *	0.141 **	0.246 ***	0.102
転職経験の有無	-0.015	0.011	0.058	-0.051	0.203 *
子育て負担	-0.093	0.088	0.107 *	0.053	-0.024
介護負担	0.146 **	0.059	0.077	0.070	0.081
仕事負担	-0.029	-0.026	0.005	0.143 **	0.008
回顧的な学習意欲	0.171 **	0.041	0.145 **	0.094	0.263 **
社会人にとっての大学学習価値	0.151 **	0.312 ***	0.156 **	0.243 ***	0.140
調整済みR2乗値	0.168	0.231	0.164	0.209	0.230
F値	7.775	8.582	8.899	9.464	4.874
N	370	279	445	354	144

注）* p<.05、** p<.01、*** p<.001である。

女性ほど学習意欲が高いことが特徴的である。同じく60代以上を除く年代では、「資格・免許取得希望の有無」が正の影響を与えており、資格や免許を取得したいと思うことが、学習意欲の形成に関連している。さらに複数の年代で、「回顧的な学習意欲」や「社会人にとっての大学学習価値」も正の影響を与えており、社会人となった現在の状況からこれまでの学びの意義を再認識することが、学習意欲を形成することにつながるといえる。一方で、「子育て負担」「介護負担」「仕事負担」といった変数の影響は限定的であり、学習意欲の形成に対して一貫した傾向はみられない。そして、これらの変数の影響を考慮してもなお、20代以下を除いて、「最終学歴」が影響を与えていることも確認できる。前節の図4-11でも示されたように、多くの年代にとって様々な生涯学習の機会や場で学ぶことへの意欲は、中学・高校卒や短大・高専・専門卒に比べて、大学・大学院卒で高いことがあらためて確認された。

　最後に、【基盤となる学習意欲】の規定要因を探るべく、重回帰分析の結果を示した**表4-4**をみてみよう。すべての年代で比較的強い正の影響を与えているのは、「回顧的な学習意欲」や「社会人にとっての大学学習価値」であり、社会人となった現在の状況からこれまでの学びの意義を再認識することが、学習意欲を形成する要因となりうることがわかる。また、60代以上を除く年代では、「資格・免許取得希望の有無」が正の影響を与えており、上述の大学や生涯学習と同様、資格や免許を取得したいと思うことが、学習意

表4-4 【基盤となる学習意欲】の規定要因

	20代以下	30代	40代	50代	60代以上
性別	-0.140 **	-0.193 **	0.008	-0.212 ***	-0.016
最終学歴	0.174 ***	0.204 **	0.138 **	0.163 **	0.226 **
現在の雇用形態	-0.011	0.006	-0.021	0.130 *	-0.079
現在の職業	0.029	0.026	0.048	0.040	-0.032
資格・免許取得希望の有無	0.261 ***	0.175 **	0.192 ***	0.247 ***	0.080
転職経験の有無	0.019	0.093	0.102 *	0.031	0.160 *
子育て負担	0.013	0.007	0.092 *	0.026	-0.015
介護負担	-0.014	0.008	0.070	0.092 *	0.127
仕事負担	0.001	-0.025	0.022	0.083	0.003
回顧的な学習意欲	0.256 ***	0.198 ***	0.305 ***	0.247 ***	0.308 ***
社会人にとっての大学学習価値	0.226 ***	0.337 ***	0.150 **	0.240 ***	0.169 *
調整済みR2乗値	0.286	0.333	0.273	0.289	0.238
F値	14.41	13.596	16.074	14.112	5.098
N	370	279	443	355	145

注）* p<.05、** p<.01、*** p<.001である。

欲の形成に関連しているのだろう。さらに、20代以下、30代、50代では、「性別」が負の影響を与えており、女性ほど学習意欲が高くなっている。一方で、「子育て負担」「介護負担」「仕事負担」といった変数の影響は限定的であり、上述の生涯学習と同様、学習意欲の形成に対して一貫した傾向はみられない。そして、これらの変数の影響を考慮してもなお、「最終学歴」がどの年代でも影響を与えていることは注目すべきである。前節の図4-12でも示されたように、手段や場を限定しない基盤的な学習意欲は、中学・高校卒や短大・高専・専門卒に比べて、大学・大学院卒で高いことがあらためて確認された。

4. リカレント教育の原点から「学び直し」格差を克服する

ここまでの分析から得られた知見をまとめておこう。

まず基本的なこととして、どの社会的・経済的な属性においても、相対的には【基盤となる学習意欲】が高く、【生涯学習の意欲】が続き、【大学での学習意欲】は低いという傾向が確認された。その上で、三つの学習意欲に概ね共通していることとして、職業別では「管理職、専門・技術職」や「一般事務」、雇用形態別では「正社員」、最終学歴別では「大学・大学院卒」の学習意欲が比較的高いことが明らかとなった。一口に「学び直し」といっても、誰が・何を・どのように・いつ・どの程度、という意識実態は、人々が置かれた状

況によって多様である[3]。本分析が明らかにしたように、社会的・経済的な属性によって学びのニーズは大きく異なることから、大学や企業そして地域社会は学びの機会をきめ細かく提供できるのかどうかが問われてくる。これこそ、「人生100年時代」(グラットン, 2016)を豊かに過ごすための「生活の質quality of life」を左右する重要な課題になるだろう。

　続いて、各学習意欲の規定要因を分析したところ、すべての学習意欲に共通して、「社会人にとっての大学学習価値」や「資格・免許取得希望の有無」が正の影響を与えていることがわかった。また、【生涯学習の意欲】や【基盤となる学習意欲】では、女性の学習意欲が高い傾向も特徴的であった。その上で最も注目すべき知見は、学習意欲の種類や年代を問わず「最終学歴」が影響を与えており、中学・高校卒や短大・高専・専門卒に比べて、大学・大学院卒の学習意欲が高いという事実である。苅谷(2001)は、意欲や興味・関心といったものは人々の心のなかだけに存在するものではなく、社会的な真空のなかにあるものではないとして、子どもの学習意欲が社会階層と関連することを明らかにした。また本田(2020)は、教育を修了した後でも、卒業大学の入試難易度という日本型メリトクラシーと、関心や意欲といったハイパー・メリトクラシーという二つの軸上で、自らの位置づけを探りつつ可能な限り上昇し続けなければならない状況にあると指摘する。こうした先行研究をもとにすれば、本分析の知見は次のように整理できる。学校段階を卒業した企業人が様々な学びの機会や場に向かう学習意欲は、その時々の当人の心持ちだけに依存するのではなく、学歴(=学校における教育達成の結果)が規定要因となっていること、つまりそれまでの学習経験を経由してハビトゥスとして体得される可能性がある[4]。これは、学歴の潜在的機能として「学び志向」が長期にわたって維持・強化されることを意味するものであり、学歴と密接に結びついた意欲格差の一端を垣間見ることができる。すでに序章でも確認したように、OECD(1973)では貧困層と富裕層との間に教育アスピレーションの差が生じる可能性を指摘しているが、本分析で描き出されたのは、学校における教育達成を示す学歴と社会人になった後の学習意欲、という関係で生じる教育格差の実態である。教育達成に向かう学習歴とともに、ハビ

トゥスを体得する学歴の潜在的機能によって、中学・高校卒の人々が相対的に学びの機会から遠ざけられてしまうのではないか、という危惧が生じる。

これまで、教育行政が社会人の「学び直し」の対象としてきたのは、主に大卒者であり、その目的は職業的な能力開発に焦点づけられてきた（例えば大学等における社会人の実践的・専門的な学び直しプログラムに関する検討会, 2015など）。ところが上記のように、職業的な学びだけではなく、大学での学びの意欲、生涯学習に関わる幅広い学びの意欲、さらには学びに向かう基盤的な意欲でさえ、最終学歴が大学・大学院卒とそれ以外との間で違いが生じているのである。相対的に高学歴層の職業的な学びに焦点づけられた市場原理型のリカレント教育は、たとえ学びの機会や場を提供し、受講しやすい環境を整えたとしても、そもそも学びを支える意欲の面でそれが届かない層が存在する。皮肉にも、2018年の中央教育審議会答申「2040年に向けた高等教育のグランドデザイン」には、人生100年時代のリカレント教育について、「従来行われてきたリカレント教育は、必ずしも学修者の視点に立ってはおらず」と述べられているが（中央教育審議会, 2018）、まさに多様な学習者の存在を顧みない近視眼的なリカレント教育政策は、「学び直し」の機会や場を不均等なものとし、社会格差を拡大させる可能性があるだろう。

それでは、「学び直し」で生じる学歴差をどのように克服したらよいのであろうか。本分析ではほとんどの学びの機会や場において大学・大学院卒の学習意欲が高いことが示されたが、それでも唯一、「市町村主催の市民講座で学びたい」では短大・高専・専門卒の肯定的回答が高くなっていた。これを手がかりに、次のようなことが考えられる。人々の「学び」に具体的な形を与えているのは、「学校教育」という「定型的・フォーマル formal」な学びの枠組みであり、大学・大学院卒などの「学校教育に親和性がある」人々にとっては「学び」の意欲を喚起しやすいのかもしれない。上記のリカレント教育政策の「学び直し」は、まさにそうした枠組みで設計され、限定された人々が対象とされている。一方、「学校教育に親和性のない」人々にとっては、いわゆる市民講座やサークル活動のような「不定型的・ノンフォーマルnon-formal」（鈴木, 1997）な学びの機会が開発されるべきであり、本書の「まえ

がき」でもふれたように、それが「学び直し」の重要な手段となるかもしれない。学校教育に枠づけられた「学び」に対する固定観念を解体し、経済的な合理性や有用性から解き放たれたとき、学歴を超えて人々が豊かに過ごすための自由な学びの発想が生まれてくるだろう。

　ただしここで留意しなければならないのは、「不定型的・ノンフォーマル」な学びに視点を移すことで、リカレント教育のすべてが"個人の自由や責任に帰するもの"とみなされないようにすることである。「定型的・フォーマル」と「不定型的・ノンフォーマル」は学びの性質が異なるものであり、後者の学習が豊かになれば前者で生じる格差は是認される、というわけではない。とりわけ前者で生じるような教育のマタイ効果を解消するためには、市場原理のもとで個人が努力するだけでは限界があることから、教育行政の役割が極めて重要となる。例えば大岡 (2021) は、①サービスがすべての人を対象としているという普遍性は担保しつつ、社会的に不利な度合いに応じて傾斜的に対策を講じる「傾斜付き普遍主義」や、②スキルの低い成人のスキル向上などをターゲットとした「的を絞った補助金」、という2つの考え方にもとづく成人学習政策の推進を提言している。リカレント教育による社会格差の拡大が現実味を増しているなか、すべての人々が生涯にわたって学び続けることができる普遍性は担保しながら、これまで学習機会に恵まれてこなかった人々に焦点を当てた公費の投入が求められている[5]。振り返ってみると、すでに2008年の中央教育審議会答申では、「学習者が必ずしも積極的に学習をしようとしない場合や、学習しようと思っても学習機会が十分にない場合、市場メカニズムに委ねていると民間事業者によって学習機会が提供されない場合」があり、こうした課題に対して行政の積極的な関与が必要であると指摘しているのである (中央教育審議会, 2008)。「学び直し」という掛け声だけで学習機会の選択が個人の責任に帰する仕組みとなっているからこそ、リカレント教育の推進が社会平等化に貢献するという原点に立ち返り、経済成長の戦略ではなく格差是正の公共政策として再構築すべきであろう。

　そして同時に重要なことは、学校教育期において学習意欲がハビトゥスとして体得され、その学習意欲が生涯継承されるとすれば、学校教育において

いかに学習意欲を喚起することができるか、ということである。2020 年度時点で、小・中学校の不登校児童生徒は年間 20 万人近くと過去最多を更新しており、学びから遠ざかる子どもたちの存在は無視できない。不登校が学校生活からの退避行動 (長田, 2018) であるとしても、学校における教育達成は子ども時代の問題に留まるのではなく、生涯の学習意欲に関わってくることはすでに述べたとおりである。詰め込み教育や受験競争からの脱却が叫ばれて久しいが、学校教育はその本質において、経済的な有用性を重視する機能主義的な発想から転換できていないのではないか[6]。社会人の「学び直し」の実態をつぶさに分析してみると、じつは学校教育にこそ、生涯にわたって学びたいという意欲を培い、豊かな人生を過ごすための教育的な発想が求められているといえる。

注

1　荒巻 (2018) によれば、属性とは一般的に、性別、年齢、人種、階層、学歴、職業、出生地などのことを指し、生得的あるいは生涯の早い段階で決定されて個人が選択できないようなものと、自らの行為や選択の結果として得られるものとに区別される。また、地位や財などの配分を行う原理として、前者に準拠するものを属性原理、後者に準拠するものを業績原理という。こうした属性と同様、教育年数、職業的地位、文化的所有物などで構成される社会経済的地位 (Social Economic Status) が配分原理として用いられることもある (松岡編, 2021)。本章で用いる属性とは、現在の社会的・経済的な状況も含め、広義に捉えることとする。

2　吉川 (2019) は成熟学歴社会における学校教育の作用として、学校における価値伝達や学歴にもとづく態度形成を挙げており、本研究でも学校教育による教育達成の結果として得られる学歴を価値伝達や態度形成につながるものとみなし、学習意欲を従属変数としたときの独立変数として扱う。もちろん学歴は、過去の学習意欲に影響を受けて獲得されたものであり、学歴も現在の学習意欲も、ともに過去の学習意欲に影響を受けていると見ることもできる。ただし、過去の学習意欲を質問紙調査によって問うことは容易ではないため、その関係性を分析することは今後の課題としたい。

3　例えば、大学等における社会人の実践的・専門的な学び直しプログラムに関する検討会 (2015) の資料では、大卒者の学び直しに対する意識について、仕事に必要な専門的知識や視野の獲得が求められているとしている。一方で本分析では、

社会人の学び直しが属性によって非常に異なっており、例えばカルチャースクールや市民講座などでの学びのニーズは、一般事務、契約社員・派遣社員、パート・アルバイトなどで高い傾向があることを明らかにした。これらが地方特有かどうかは今後の研究課題であるが、少なくとも多様な属性の人々が働く地方企業では、大卒者中心の企業とは異なる学びのニーズが存在する可能性が示唆される。

4　成人のリテラシーに関する国際的な調査を分析した立田 (2007) も、高学歴者ほど成人の学習機会への参加が高く、その背景として、高学歴者ほど学習の価値と必要性を自覚しており、その結果として学習意欲が高くなることを指摘している。

5　大岡 (2021) によれば、「定型」(formal) と「非定型」(non-formal) の成人学習を比べると、「非定型」の成人学習の方が、学習による優位さの累積と労働市場の報酬が結びつきやすく、優位にあったものとそうでないものとの差が明らかであるという。格差是正の観点でここから示唆されるのは、「定型」の成人学習とともに、「非定型」の成人学習に対する、公的支援の必要性であろう。

6　例えば、現行の学習指導要領の方向性を示した 2016 年の中央教育審議会答申では、「生きる力」の育成が求められる背景の一つとして、知識基盤社会や第四次産業革命といった社会経済状況の変化を挙げている (中央教育審議会, 2016)。また、2021 年の中央教育審議会答申では、AI やビッグデータ、IoT、ロボティクス等の先端技術が社会生活に取り入れられる Society5.0 時代の到来を背景に、持続可能な社会の担い手として必要な資質・能力を育成するための「令和の日本型教育」を提言している (中央教育審議会, 2021)。

参考文献

荒牧草平 (2018)「属性原理と業績原理」日本教育社会学会編『教育社会学事典』丸善出版, pp.84-85。

中央教育審議会 (2008)「新しい時代を切り拓く生涯学習の振興方策について〜知の循環型社会の構築を目指して〜 (答申)」https://www.mext.go.jp/component/b_menu/shingi/toushin/__icsFiles/afieldfile/2008/12/18/080219_01.pdf 2022.1.9 最終閲覧。

中央教育審議会 (2016)「幼稚園、小学校、中学校、高等学校及び特別支援学校の学習指導要領等の改善及び必要な方策等について (答申)」https://www.mext.go.jp/b_menu/shingi/chukyo/chukyo0/toushin/__icsFiles/afieldfile/2017/01/10/1380902_0.pdf 2022.1.9 最終閲覧。

中央教育審議会 (2018)「2040 年に向けた高等教育のグランドデザイン (答申)」https://www.mext.go.jp/content/20200312-mxt_koutou01-100006282_1.pdf 2022.1.9 最終閲覧。

中央教育審議会 (2021)「『令和の日本型学校教育』の構築を目指して〜全ての子供

たちの可能性を引き出す、個別最適な学びと、協働的な学びの実現〜（答申）」https://www.mext.go.jp/content/20210126-mxt_syoto02-000012321_2-4.pdf 2022.1.9 最終閲覧。

大学等における社会人の実践的・専門的な学び直しプログラムに関する検討会（2015）「『職業実践力育成プログラム』認定制度の創設について（報告）」https://www.mext.go.jp/component/b_menu/shingi/toushin/__icsFiles/afieldfile/2015/05/12/1357739_1.pdf 2022.1.9 最終閲覧。

独立行政法人雇用・能力開発機構（2005）「産学連携による大学・大学院等における社会人向け訓練コース設定の推進」『調査研究報告書128号』職業能力開発総合大学校能力開発研究センター。

グラットン, L.（2016）『ライフ・シフト』池村千秋訳, 東洋経済新報社。

本田由紀（2020）『教育は何を評価してきたのか』岩波新書。

梶田孝道（1981）「業績主義社会のなかの属性主義」『社会学評論』32（3）, pp.70-87。

苅谷剛彦（2001）『階層化日本と教育危機―不平等再生産から意欲格差社会へ』有信堂。

松岡亮二編（2021）『教育論の新常識―格差・学力・政策・未来』中公新書ラクレ。

長田道（2018）「不登校の小学生女児への家庭訪問相談」『近畿大学心理臨床・教育相談センター紀要』3, pp.43-50.

OECD CERI (1973) *Recurrent Education: A Strategy for Lifelong Learning*, OECD.

大岡頼光（2021）「大学を全国民に開き無償化への支持拡大―高卒・シニアの支持獲得を中心に」『中京大学大学院社会学研究科　社会学論集』20（1）, pp.113-164。

鈴木敏正（1997）『学校型教育を超えて―エンパワーメントの不定形教育』北樹出版。

田川隆博・加藤潤・長谷川哲也・今津孝次郎・林雅代・白山真澄（2021）「社会人の学び直しに関する探索的実証研究」『岐阜大学カリキュラム開発研究』37（2）, pp.146-157。

立田慶裕（2007）「成人学習のマタイ効果に関する考察」『部落解放研究』175, pp.62-75。

吉川徹（2019）『学歴と格差・不平等[増補版]―成熟する日本型学歴社会』東京大学出版会。

付記

　本章は、長谷川哲也・加藤潤・今津孝次郎・田川隆博・林雅代・白山真澄（2021）「社会人の学び直しを支える学習意欲―地方企業を対象とした質問紙調査の結果から」（『中部教育学会』第21号所収）に加筆・修正を加えたものである。

第5章　企業人の「学び直し」とジェンダー

──高学歴女性の意識を探る──

林　雅代

1.「人生 100 年時代」の学び直し言説とジェンダー

　第 4 次安倍晋三内閣のもとで 2017 年に設置された「人生 100 年時代構想会議」の中間報告には、次のように記されている。

　　「人生 100 年時代においては、これまでのような、高校・大学まで教育を受け、新卒で会社に入り、定年で引退して現役を終え、老後の暮らしを送る、という単線型の人生を全員が一斉に送るのではなく、個々人が人生を再設計し、一人一人のライフスタイルに応じたキャリア選択を行い、新たなステージで求められる能力・スキルを身につける機会が提供されることが重要である。こうした教育と社会の循環システムの中心となるのが、「リカレント教育（学び直し）」である。」（人生 100 年時代構想会議, 2017, p.12）。

　この「リカレント教育」に関する言説を、ジェンダーの観点から考えてみよう。例えば、**図 5–1** の女性の年齢階級別労働力率の推移（内閣府, 2021）によると、女性の労働力率が出産・育児の時期に低下し、その後再上昇するといういわゆる M 字カーブは、現在もなおみられるものの、従来と比較するとカーブは浅くなってきており、また M 字の谷にあたる労働力低下から再上昇までの期間も短くなっている。

　この図からもわかるように、中間報告が述べる「高校・大学まで教育を受け、

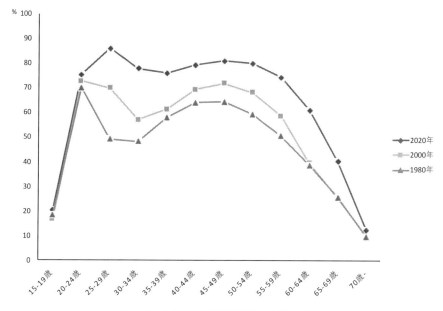

図 5-1　女性の年齢階級別労働力率の推移

出典：内閣府 2021

新卒で会社に入り、定年で引退して現役を終え、老後の暮らしを送る」とい
う「単線型の人生」を「全員が一斉に送る」という状況が、少なくともデータ上、
女性にとって曲がりなりにもあてはまるようになったのは、ごく近年のこと
に過ぎない。新卒一括採用と終身雇用を基本としたこれまでの日本型雇用シ
ステムの中で、女性の場合、多くはすでに従来から「個々人が人生を再設計し、
一人一人のライフスタイルに応じたキャリア選択を行」う必要があったので
はないだろうか。

　また、女性における労働力率の M 字カーブが緩やかになっている一方で、
男性では 50 代後半以上の高齢層か 15 〜 24 歳の若年層に偏っている非正規
雇用が、女性では若年層でも約 3 割を占め、それ以上の年齢層ではさらに
多い（図 5-2）。女性の場合、男性とは異なり、非正規雇用は若年期から多く
みられ、中高年期に一般化する働き方なのである。つまり、M 字カーブの
解消傾向は、「新卒で会社に入り、定年で引退」といった「単線型の人生」が、

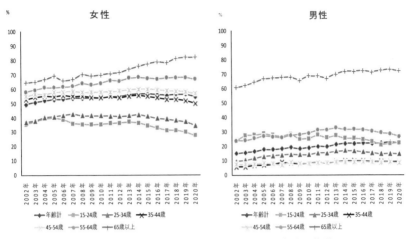

図5-2 年齢階級別非正規雇用労働者の割合の推移

出典：内閣府2021をもとに、2002年以降について筆者作成。

女性の間で広がったことを意味してはいない。「キャリア選択」のジェンダー差は、依然として明白なのである。

　こうした状況の中で、企業人の学び直しの意識には、どのようなジェンダー差がみられるのであろうか。本章では、学び直しに関する現在の政策言説において看過されがちなジェンダーの視点から、企業人の学び直しについて検討したい。

　第3・4章では、学びの意欲や学びの経験率は、ジェンダーや学歴・年代・雇用形態などの属性によって異なることが示されている。**表5-1**の通り、われわれの調査サンプルは、ジェンダーごとに学歴や雇用形態に偏りがあり、学び意欲などの学歴差や雇用形態間の差は、こうしたジェンダーによる差を一定反映している可能性があると考えられる。そこで、本章では、ジェンダーが学歴や雇用形態ともかかわりながら、企業人の学び意欲にどのように影響しているのかを検討する。

　社会人の学び直しをジェンダー的視点から検討した研究においては、結婚・出産・育児といったライフイベントとの兼ね合いや、大学院入学を目的とした退職の多さ、研究職志向など、男性とは異なる女性の学び直しの特徴が明

表 5-1　被調査者の性別・学歴別・雇用形態別の内訳

性別	学歴	雇用形態	10代	20代	30代	40代	50代	60代以上	NA	計
女性	中・高卒	正社員	27	97	35	80	45	4	1	289
		契約・派遣・パート・アルバイト・その他(嘱託など)	0	16	16	45	53	56	0	186
		NA	0	0	0	0	0	0	0	0
	短大・専門・高専卒	正社員	0	14	21	39	13	0	0	87
		契約・派遣・パート・アルバイト・その他(嘱託など)	0	9	12	36	28	14	0	99
		NA	0	0	0	0	0	0	0	0
	大学・大学院卒	正社員	0	52	27	15	5	0	1	100
		契約・派遣・パート・アルバイト・その他(嘱託など)	0	3	7	10	3	1	0	24
		NA	0	0	0	0	0	0	1	1
	NA	正社員	0	2	0	1	0	0	0	3
		契約・派遣・パート・アルバイト・その他(嘱託など)	0	0	0	0	0	0	0	0
		NA	0	1	0	0	0	0	1	1
		計	27	194	118	226	147	75	4	790
男性	中・高卒	正社員	8	34	24	42	66	7	0	181
		契約・派遣・パート・アルバイト・その他(嘱託など)	0	4	4	4	7	34	0	53
		NA	0	0	0	1	1	1	0	3
	短大・専門・高専卒	正社員	0	17	17	48	43	3	0	128
		契約・派遣・パート・アルバイト・その他(嘱託など)	0	2	2	0	1	8	0	13
		NA	0	0	0	0	0	0	0	0
	大学・大学院卒	正社員	0	92	120	126	96	9	1	444
		契約・派遣・パート・アルバイト・その他(嘱託など)	0	3	0	6	4	24	0	37
		NA	0	0	0	0	0	0	0	0
	NA	正社員	0	0	0	0	0	0	0	0
		契約・派遣・パート・アルバイト・その他(嘱託など)	0	0	0	0	0	1	0	1
		NA	0	0	1	0	0	0	0	1
		計	8	152	168	227	218	87	1	861

らかにされている（河野, 1997; 本田, 1999; 吉田, 2014 など）。もっとも、これらの研究の調査対象者は主に大都市部の社会人大学院生であり、われわれの調査対象者である地方中小企業で働く人々とは、背景が大きく異なる。にもかかわらず、われわれのデータでも学び直しの意識にジェンダー差が見出されたということは、ジェンダーと働き方と学び直しの意識との関係に、こうした背景の違いを超えて共通する何かがあることを示唆しているのではないだろうか。本章では、こうした仮説のもと、地方中小企業の企業人の学び直し意

識について検討していく。

2. ジェンダー・学歴と学び意欲

　ここでは、第4章で検討した【大学での学習意欲】・【生涯学習の意欲】・【基盤となる学習意欲】について、それぞれジェンダー・学歴・正社員かそれ以外（契約社員・派遣社員・パート・アルバイト・その他〈嘱託など〉）かの雇用形態による三要因分散分析を行い、さらなる検討を加えていくこととする。

(1) 大学での学習意欲

　まず、【大学での学習意欲】について検討しよう。【大学での学習意欲】は、「大学の公開講座等で学びたい」「大学に正規入学して学びたい」「大学院の修士課程で学びたい」「大学院の博士課程で学びたい」の質問に対して「そう思う」という回答を4点、「少しそう思う」を3点、「あまりそう思わない」を2点、「全くそう思わない」を1点として、ジェンダー・学歴・雇用形態別のグループごとに平均値を出したものである。

　第3・4章の分析においてすでに、【大学での学習意欲】は低調であることが明らかであった。実際、**図5-3**をみると、いずれのグループの平均値も、肯定的回答と否定的回答の分岐点である2.5を下回っており、【大学での学習意欲】の全体的な低さが再確認できる。その中では、相対的な意欲の高さが、正社員・非正社員とも大学・大学院卒女性のグループでみられる。

　個々のグループ間の検討の前に、ジェンダー・学歴・雇用形態それぞれによる差をみておくと、男性よりも女性の方が5％水準で有意に高く、また高学歴ほど0.1％水準で高いが、雇用形態別にみると違いはなく、学歴別でも雇用形態は意欲に影響していない。ただし、雇用形態ごとにみると、非正社員では男性よりも女性の方が5％水準で相対的に高い。

　図5-3に示されるとおり、【大学での学習意欲】へのジェンダー・学歴・雇用形態の影響関係は、特定のグループで確認できる。男性では、正社員において大学・大学院卒で中・高卒よりも意欲が相対的に高いという差がみられ

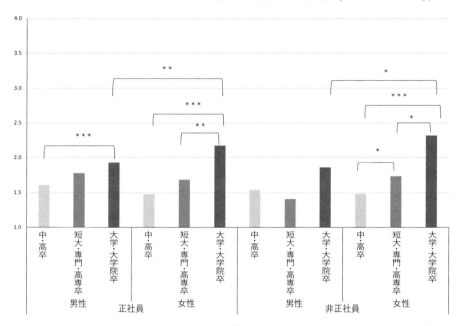

注) ＊p＜.05、＊＊p＜.01、＊＊＊p＜.001である。

図5-3　雇用形態別にみた学歴・性別による【大学での学習意欲】

る以外、正社員・非正社員とも学歴グループ間で差はみられず、全体的に低
調である。それに対して、女性の場合、正社員・非正社員いずれにおいても
学歴間で意欲の差がみられ、特に非正社員においては学歴が高くなるにつれ
て相対的に高くなる、という傾向がある。同一学歴で比較すると、ジェンダー
によって【大学での学習意欲】に違いがみられるのは大学・大学院卒のみで
ある。

　このように、【大学での学習意欲】は全体として低調な中で、相対的には
大学・大学院卒女性のグループが目立つ結果となった。

　内閣府の「生涯学習に関する世論調査」(2018)によると、過去1年間に行っ
た生涯学習の形態として、「学校(高等学校、大学、大学院、専門学校など)の講
座や教室」という回答は、東京都区部では「カルチャーセンターやスポーツ
クラブなど民間の講座や教室、通信教育」と同程度となっており、他の地域
と比べて相対的に高くなっている。われわれの調査対象者である地方在住者

には、高等教育機関が多く存在する大都市部とは異なり、大学などでの社会人の学びの機会は、あまり身近なものとはいえない。学び直しの形態として示された際に、高等教育経験のある人々が多少意識することはあったとしても、現実的には考えにくいという可能性はあるだろう。そうした中で、高学歴の女性にいくらか前向きな傾向がみられることを記しておきたい。

(2) 生涯学習の意欲

　続いて、【生涯学習の意欲】についてみてみよう（**図5-4**）。【生涯学習の意欲】は、「ラジオ・テレビ・本・インターネット等で学びたい」「通信教育で学びたい」「民間のカルチャースクールで学びたい」「市町村主催の市民講座で学びたい」という質問への肯定的回答を数値化したものである。

　第4章の分析で、【生涯学習の意欲】は、3つの学習意欲のうちで最もジェンダー差が明らかなものである。この学習意欲は、男性よりも女性の方が0.1％水準で有意に高く、学歴差も確認できるが（0.1％水準で有意差あり）、雇用形態自体による差はみられない。

　もう少し詳しくみると、図5-4に示すとおり、男性では、正社員において、【生涯学習の意欲】は中・高卒や短大・専門・高専卒よりも大学・大学院卒で高くなっているが、非正社員では学歴による意欲の違いはみられない。一方、女性では、正社員・非正社員とも、意欲に学歴差がみられ、特に非正社員でその傾向は強い。いずれの学歴でも、男性より女性の方が【生涯学習の意欲】は高いが、中・高卒では男女とも雇用形態による意欲の違いはなく、短大・専門・高専卒では正社員でのみジェンダー差がみられる。大学・大学院卒では、正社員・非正社員とも、男性よりも女性の方が意欲は高い。さらに、大学・大学院卒女性に関しては、正社員よりも非正社員で意欲が高いという結果となった。

　【生涯学習の意欲】については、女性、とりわけ高学歴の女性で高いことが明らかとなった。この意欲を構成する4つの質問項目のうち、「ラジオ・テレビ・本・インターネット等」や「通信教育」はともかく、「民間のカルチャースクール」と「市町村主催の市民講座」などの生涯学習活動に関しては、日本

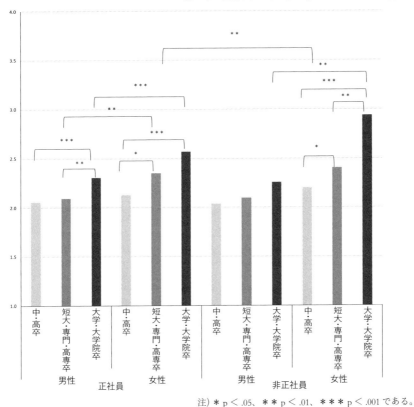

注）＊ p ＜ .05、＊＊ p ＜ .01、＊＊＊ p ＜ .001 である。

図5-4　雇用形態別にみた学歴・性別による【生涯学習の意欲】

では女性を主な受講者として 1960 年代ごろから発展してきたという経緯がある。

　山本 (2001) によると、カルチャーセンターなどと呼ばれる民間教育施設は、女性の社交場として 1933 年に設立された「東京婦人会館」のお稽古事教室を源流として、1957 年に誕生した「産経学園」を皮切りに、新聞社・放送局・流通系企業、さらには金融・交通機関系企業なども参入して、1980 年台まで全国各地で開設された。その主要な顧客は、OL と呼ばれる高度成長期以降に増加した都市部のオフィスで働く未婚の女性と、子育ての一段落した中高年女性であった。こうした中で、自治体の社会教育施設である公民館にも、趣味的サークルでの利用が増えるなど「カルチャー・センター化」の傾向が

みられた (松下, 1986)。さらに、1985 年から 1987 年の臨時教育審議会の答申を受けて、1990 年に「生涯学習振興法」が制定されると、バブル景気もあいまって全国各地の自治体による生涯学習センターの設立が相次いだ (山本, 2001)。

　これら公民館や生涯学習センターなど自治体施設での講座は、平日日中開講が中心で、受講者の約 6 割を女性が占めている (文部科学省, 2018)。溝上 (1993) は、1990 年前後の民間教育施設・社会教育施設での生涯学習の実態を検討して、「わが国の成人教育の特徴のひとつとして、職業知識や技術の向上に関するプログラム (技能・職業開発型) が少なく、教養の向上と体育・リクリエーション (趣味・教養型) に片寄りがち」(p.35) と指摘しているが、こうした傾向は今なお当てはまる (文部科学省, 2018)。女性における【生涯学習の意欲】の高さの背景には、「生涯学習の女性化」ともいえる現状があると考えられよう。

(3) 基盤となる学習意欲

　最後に、【基盤となる学習意欲】についてみてみよう。【基盤となる学習意欲】は、「何かを学びたい」「人生を豊かにするために何かを学びたい」「以前学んだことを学び直したい」「学校で学んだ内容をさらに深めたい」という質問についての肯定的回答を数値化したものである。

　【基盤となる学習意欲】には、男性より女性の方が (0.1% 水準で有意差あり)、また高学歴ほど高い (0.1% 水準で有意) のに加えて、先にみた 2 つの学習意欲とは異なり、正社員の方が非正社員よりも高いという雇用形態による差 (5% 水準で有意) も認められる。

　図 5-5 をみると、男性の非正社員では学歴間での意欲の差はみられないのに対して、正社員では中・高卒や短大・専門・高専卒よりも大学・大学院卒で意欲が高くなっている。また、女性においては、非正社員で大学・大学院卒とその他の学歴の間でのみ違いがみられるのに対して、正社員では 3 つの学歴間すべてに差が確認できるというように、正社員の方が非正社員よりも意欲が高い中で、正社員における学歴差がより強く表れているのである。また、【基盤となる学習意欲】を同一学歴内で比較すると、大学・大学院卒では、正社員・非正社員とも、男性よりも女性で意欲は高いが、他の学歴では、そ

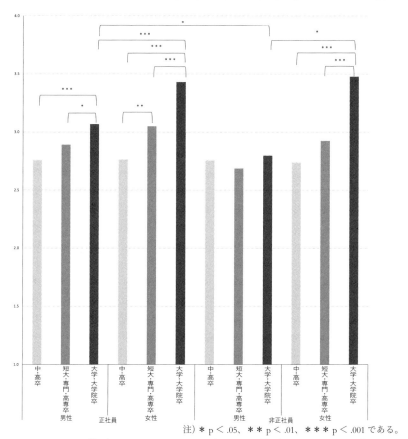

注）＊ p＜.05、＊＊ p＜.01、＊＊＊ p＜.001 である。

図 5-5　雇用形態別にみた学歴・ジェンダーによる【基盤となる学習意欲】

うした違いは雇用形態にかかわらずみられなかった。

　【基盤となる学習意欲】の雇用形態による差は、男性のみで確認された（5％
水準で有意）。特に、男性の場合、中・高卒、短大・専門・高専卒において違
いはみられず、大学・大学院卒のみで正社員の方が非正社員よりも高かった
が、女性では、いずれの学歴でも、雇用形態による違いはみられなかった。

　男性においてのみ、雇用形態が【基盤となる学習意欲】の差をもたらした
のは、男性の非正社員が高齢層に偏っているためかもしれない（図表 5-3 を参
照）。第 3 章で、「何かを学びたい」といった学び意欲を性別・年代別に検討
したところ、男性の高齢層でやや意欲の低さがみられた。女性の場合は、非

正社員は比較的幅広い年代に分布している上に、高齢層でも学び意欲は高く維持されており、雇用形態の影響を受けないという結果となったのではないかと考えられる。

【基盤となる学習意欲】は、先に検討した他の2つの学習意欲と比べると、ジェンダー・学歴・雇用形態ごとのいずれのグループでも高い傾向がある。その中でもやはり、大学・大学院卒女性のグループが際立っている。

「何かを学びたい」という【基盤となる学習意欲】は、さまざまな学びの実践に結びつく可能性のある基本的な知的欲求であるとみなしうる。そのような意欲が高学歴女性に特に高いことは、どのように説明できるだろうか。ここで参考になるのが、片岡（2019）による「文化エリート」としての高学歴女性という議論である。それによると、大卒女性はクラシック音楽や美術の鑑賞といった正統文化嗜好が最も強く、かつパチンコ・カラオケなどの大衆文化もある程度摂取する、「文化的オムニボア（文化的雑食）」傾向のある文化エリートであるという。この議論は、高学歴女性が基本的な知的欲求を強くもつという、われわれの知見と整合的である。高学歴女性の【基盤となる学習意欲】の高さが、彼女たちの多種多様な文化活動の支えるものと考えられるだろう。

(4) 3つの学習意欲とジェンダー・学歴・雇用形態

ここまで、【大学での学習意欲】・【生涯学習の意欲】・【基盤となる学習意欲】について、ジェンダーと学歴、雇用形態の観点から検討した。

これら3つの学習意欲への学歴の影響には、ジェンダーによる違いがみられ、女性において高学歴ほど意欲が高いという傾向が確認された。また、【生涯学習の意欲】は、いずれの学歴グループでも女性の方が男性よりも高かったが、【大学での学習意欲】・【基盤となる学習意欲】については、大学・大学院卒のみで男女差がみとめられた。

本田（2020）は、経済産業省産業構造課が2018年に実施した「リカレント教育に関する実態調査」のデータをもとに、社会人の学び直しの意欲や経験率に、ジェンダーや雇用形態による差があることを明らかにしている。それによると、学び直しの経験率は、正規・非正規ともにほとんどの項目で男性の

方が高く、また正規の方が非正規よりも高い。一方、学び直しの意欲については、正規の方が非正規よりも高いものの、正規・非正規とも男性よりも女性の方が高いことが示されている。

　地方中小企業に勤務する企業人を対象としたわれわれの調査では、学び直しの意欲への雇用形態やジェンダーの影響は、想定される学びの具体的な形態や内容によって異なっており、【生涯学習の意欲】と【基盤となる学習意欲】は、雇用形態にかかわらず男性よりも女性の方が高いのに対して、【大学での学習意欲】は非正社員でのみジェンダー差がみられた。ジェンダーの観点でみると、雇用形態の影響は3つの学習意欲で異なっており、【大学での学習意欲】では影響がみられないのに対して、【生涯学習の意欲】では女性内で、【基盤となる学習意欲】では男性内で、雇用形態が違いをもたらすなど、雇用形態が学習意欲にもたらす影響は一様ではなかった。また、同一学歴で比較すると、雇用形態の違いは3つの学習意欲に影響しない反面、3つの学習意欲への学歴の影響は、非正社員よりも正社員で強くみられた。

　3つの学習意欲のジェンダー差が明らかであったのは、雇用形態にかかわらず、大学・大学院卒であり、いずれの学習意欲でも女性の方が男性よりも有意に高かった。男性では学習意欲の学歴差は正社員のみでみられたが、女性では正社員・非正社員ともに学歴差がみられた。

　このように、【大学での学習意欲】・【生涯学習の意欲】・【基盤となる学習意欲】という3つの学習意欲には、ジェンダーや雇用形態以上に、学歴が大きな影響力を持っており、その中でジェンダーは特定の学歴でのみ、また雇用形態は特定のジェンダーでのみ特定の学習意欲に影響するという結果となった。

　これら3つの学習意欲について、学歴・ジェンダー・雇用形態との関係を整理してみよう。学歴・ジェンダー・雇用形態別の各グループについて、縦軸に【大学での学習意欲】、横軸に【生涯学習の意欲】をプロットし、【基盤となる学習意欲】の高さをバブルの大きさで示したのが、**図5-6**である。

　これをみると、【大学での学習意欲】は全体的に低い中で、グラフの相対的上方に、男女とも、雇用形態にかかわらず、大学・大学院卒のグループが

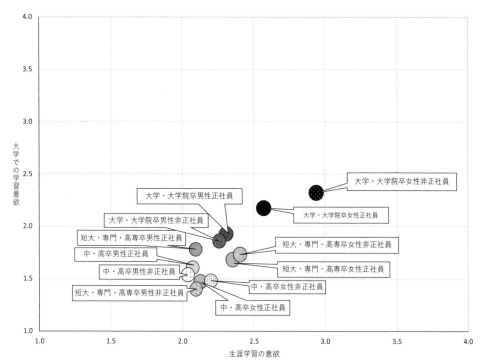

図 5-6　学歴・ジェンダー・雇用形態別にみた 3 つの学習意欲

やや集中している。【生涯学習の意欲】が相対的に高いことを示すグラフ右
側に、雇用形態にかかわらず各学歴の女性のグループがやや集中する傾向が
みられる。バブルの大きさで示される【基盤となる学習意欲】は、高学歴グルー
プで若干高い傾向がある。とはいえ、ほとんどのグループ間に大きな差はみ
られず特徴を欠く中で、大学・大学院卒の女性のグループ、とりわけ正社員
よりも非正社員のグループが、特異な傾向を示していることがわかる。

　ここにみられるような、大学・大学院卒女性における学び意欲の背景には、
何があるのだろうか。次節では、このことを検討したい。

3.　なぜ高学歴女性の学び意欲は旺盛なのか

　高学歴女性の企業人が、さまざまな形態の学びや学び直しに相対的に積極

的なのは、なぜだろうか。

　ここで思い出しておきたいのは、われわれが企業人の学び直しに関する調査に先立って行った現職教員の大学等での学び直しに関する調査の結果である（今津ほか, 2018）。そこでは、大学等での学びに対するニーズには、ジェンダー差はみられなかった。高学歴女性の文化的オムニボア傾向を指摘した片岡（2019）によると、男性では、新聞・放送・出版・広告・映画制作・情報・通信サービス・教育・研究サービスなどの文化産業への従事が、文化的オムニボア傾向をもたらすという。教員調査と企業人調査の結果の違いは、調査対象者の従事する業種がこれら文化産業に該当するか否かによるものという解釈が可能であろう。

　しかし、この文化仮説では、大学・大学院卒女性の【生涯学習の意欲】が正社員よりも非正社員で高いなどの雇用形態による差を、合理的には説明できない。正規・非正規といった雇用形態を含む企業での働き方もまた、学び直しをはじめとするさまざまな意識のジェンダー差につながっていると考えられるのではないだろうか。本節では、「生涯学習」を中心に、企業組織の中での女性の位置と学び直し意欲の関係について考察する。

(1) 女性の働き方・性別役割分業・「生涯学習」

　われわれの調査サンプルのうち大学・大学院卒に限定すると、男性で正社員比率は92.3％（481人中444人）、女性では80.0％（125人中100人）と、女性の方が正社員比率は低い。しかし、これを年代ごとにみると、20代女性で94.5％（55人中52人）、30代74.4％（34人中27人）、40代60.0％（25人中15人）、50代62.5％（8人中5人）となっており（表5-2）、若年女性では正社員の比率は高くなっている。女性の高学歴化や企業における女性活用拡大の趨勢を考えると、男女の正社員比率の差は縮小傾向にあるものと思われる。

　だが、同じ大学・大学院卒の正社員であっても、ジェンダーによって職種には大きな違いがある。例えば、20代で比較すると、男性では約半数が「営業・販売・サービス」であるのに対して、女性では約半数が「一般事務」である。全年代で比較すると、男性では「営業・販売・サービス」の比率が下がり、

表 5-2　大学・大学院卒社員の性別職種別構成

		大学・大学院卒女性		大学・大学院卒男性	
20代	管理職・専門・技術職	3	5.5%	8	8.4%
	一般事務	28	50.9%	21	22.1%
	営業・販売・サービス	16	29.1%	48	50.5%
	生産現場	5	9.1%	17	17.9%
	その他	2	3.6%	0	0.0%
	NA	1	1.8%	1	1.1%
	合計	55	100.0%	95	100.0%
全年代	管理職・専門・技術職	12	9.6%	166	34.5%
	一般事務	58	46.4%	92	19.1%
	営業・販売・サービス	29	23.2%	149	31.0%
	生産現場	17	13.6%	58	12.1%
	その他	7	5.6%	11	2.3%
	NA	2	1.6%	5	1.0%
	合計	125	100.0%	481	100.0%

「管理職・専門・技術職」の比率が高くなるが、女性では大きな比率の変化はみられない。企業組織の中で、女性は基本的に一般事務という職種に固定される傾向があるといえる。

　これは、企業における女性の採用が、定型的な事務作業を担当する中等教育卒の「女子事務員」から始まったことを背景としていると考えられる（野村, 2007）。金野（2000）によると、女子事務職は高度成長期、結婚や出産までの短期勤続と私生活を犠牲にするほど仕事には打ち込まないという特徴ゆえに、職場の周縁に位置付けられ、補助的な職務が割り当てられた。女性の高学歴化や経営環境の変化により、1990年代後半以降は定型的な事務は派遣労働者に代替されることが増えるにつれて、事務職女性の担う役割にも変化がみられる（武石, 2020）。こうした変化の中でも、ジェンダーによる職務分離の傾向は依然として続いており、女性管理職比率の少なさや男女間賃金格差につながっている（大槻, 2015）。

　企業組織の中での性別役割分業は、女性労働者を周辺化し、女性において仕事の比重を相対的に低いものとするよう機能しうる。われわれの調査で

は、「今の仕事量は相当負担になっている」かどうかについて尋ねたところ、「そう思う」「少しそう思う」という回答の割合は、大学・大学院卒の男性で44.5％、女性では35.2％となり、女性の方が10％水準で有意に低かった。女性における仕事の比重の相対的な低さは、家庭という私的領域の比重を女性において高いものとするような社会の性別役割分業と表裏をなしている。非正規労働の女性であれば、なおのことであろう。

　社会における性別役割分業の強さは、社会人の学びの傾向とも関連する。大槻 (2005) は、国立女性教育会館が2001年度から2004年度に行った「女性の学習関心と学習行動に関する国際調査」の結果から、ノルウェーやアメリカでは男女間で生涯学習の内容に違いがみられないのに対して、性別役割分業が明確な日本や韓国では、男性は「学位取得・学校卒業資格に関すること」が多く、女性は「趣味・教養に関すること」が多い傾向があることを指摘している。さらに、日本や韓国では、生涯学習活動自体が目的化しており、学習者が職業と結びつく成果を得られていないとも述べられている。強固な性別役割分業が、女性を趣味や教養を中心とした生涯学習活動へと向かわせているのである。

　本書の序章で述べられているように、1960年代から1970年代にかけて提唱された「生涯学習」や「リカレント教育」の概念は、科学技術の進展に対する対応とともに、多様な教育機会の提供を通じた社会平等の実現を理念として、生涯にわたる教育訓練と労働の繰り返しを謳ったものである。しかし、学歴主義や受験競争が当時大きな社会問題となっていた日本社会では、これらの概念は、学歴主義の弊害を是正するという課題のもと、「心の豊かさ」や「生きがい」を重視した学習活動を指すものとみなされていった (岡本, 1996)。1980年代の臨時教育審議会では、「生涯学習体系への移行」が改革の基本方針として掲げられたが、実際に「生涯学習」の名の下に展開されたのは、趣味やスポーツといった余暇活動の開発であった (市川, 1995)。

　こうして、男性を基幹労働者とする日本型雇用システムにおいては、「生涯学習」や「リカレント教育」という言葉から連想されるのはもっぱら、「家庭の主婦や定年退職後の老人向けの教養講座とか『趣味の○○』」(濱口, 2021,

p.87) といったものになる。第2節で言及したように、カルチャーセンターなどの民間教育施設や地方自治体の社会教育施設の利用者は、主に女性である。特に、カルチャーセンターは、専業主婦やパートで働くことの多い中高年女性たちだけでなく、同年代男性のように仕事中心の生活を送っていなかったOLたちが、時間的・金銭的ゆとりを投じる場であった (山本, 2001)。女性活用推進の中でOLは消滅したとはいえ、「生涯学習」はイメージだけでなく実態の上でも、未だ「女性の領域」なのである。

　高学歴女性の「生涯学習」意欲が、とりわけ非正社員で高いのは、男性中心の職業世界から分断された女性のライフコースと結びついた形で、「生涯学習」という名の余暇活動が広がったためであろう。

(2)「生涯学習」と女性のキャリアチェンジ

　とはいえ、女性にとって、「生涯学習」での学びは、単なる趣味・教養に終わるばかりではない可能性を秘めた活動であることにも、留意が必要である。

　そもそも、女性が従来、家庭役割との関連で行うことの多かった習いごとは、同時に職業的なスキルにも転化しうるものであった。

　例えば、かつては「花嫁修行」の代表格であった茶道が、「女性」の習いごととして確立するのは、第二次世界大戦後のことであったと考えられる。江戸時代、上層庶民の女性が手習いの機会に茶道を学ぶことが増えていき、明治時代に入ると女学校で「作法」の授業の中に茶道（点前）が取り入れられるようになった。戦後、学校のカリキュラムから「作法」が消えるとともに、戦後に高校教育を受けた世代の女性たちが「花嫁修行」として茶道を学ぶようになり、さらに彼女たちが子どもの手が離れて時間的ゆとりができる中高年期を迎えた1970年代になると、全国各地に設けられたカルチャーセンターで、再び茶道を始めるようになったと考えられている (加藤, 2004)。

　女性たちがカルチャーセンターで習いごとを継続するうちに、習う側から教える側へと移行することも起こり得る。習いごとの講師というセカンドキャリアである (山本, 2001)。これもまた、性別役割分業の強い社会でこそ起

こる、学び直しを通じた女性のキャリアチェンジの形態であったといえる。

　やがて、茶道や花道、あるいは料理や洋裁、手芸などの「花嫁修行」が女性の習いごとの王道ではなくなっていった。1980 年代になると語学、簿記、ワープロなど職業スキルを高めるような講座がカルチャーセンターで人気となり、さらに 1980 年代後半からは「消費生活アドバイザー」、「インテリアコーディネーター」、「行政書士」などの職業資格取得のための講座へのニーズが高まった (山本, 2001)。そうした中でも、習いごと講師というキャリアにもつながるような習いごとも、女性の間では一定程度支持されているように思われる。

　われわれの調査では、「いま持っている以外に、新しい資格・免許がほしいと思いますか。ほしいと思う場合、もっともそう思う資格や免許を一つあげてください」という質問を行っている。これに対する回答として自由記述で挙げられた資格・免許をリストアップしたのが、**表 5-3** である。これをみると、男女とも、全体として、現在の職業スキル向上にかかわる資格や、職業資格が多く挙げられる中で、女性の回答の中には「インストラクター」という語を含む、習いごと講師と考えられるものがいくつか挙げられていることに気づく。大卒・大学院卒女性では、「教員免許」という回答も複数みられた。一方、男性では、「教員免許」という回答は 2 件みられたが、その他の習いごと講師という回答はみられなかった。

　趣味・教養という「女性の領域」に一定の学びのニーズが存在する限りにおいて、そこでの学びは女性にとって、キャリアチェンジの機会に繋がる可能性をも秘めている。女性にとって、「生涯学習」は、単なる趣味・教養以上のものなのである。

　「生涯学習」が女性にとってキャリアチェンジの機会になるのは、趣味・教養の領域ばかりではない。1990 年代に大学院拡充政策が推進されると、大学院の目的に「高度な専門的職業人の養成」が加えられ、有職者・主婦・定年退職者などの社会人入学が増加した (川嶋, 1998)。川嶋は、「子どもの教育から解放された、大学卒の学歴を有する女性が、自己を磨き上げるために向かう場として、町中のカルチャー・センターではなく、修士の学位も取得

表5-3 新しくほしいと思う資格・免許

中・高卒女性	短大・専門・高専卒女性	大卒・大学院卒女性
IT	医療事務	ITパスポート
アロマテラピー1級	インストラクター（花・スポーツ）	アスリートフードマイスター
アロマセラピスト	英検	アドビ認定アソシエイト
インテリアコーディネーター	第1種衛生管理者	AWS認定資格
医療事務	大型車免許	ウェブ解析士上級
英検	管理栄養士	栄養学
大型車免許	看護師	第一種衛生管理者
衛生管理士	着付け	大型自動車運転免許
温泉健康指導士	QC3級	介護福祉士
介護	キュレーター	看護師
看護師	ケアマネージャー	教員免許
管理栄養士	作業療法士	行政書士
着付け師	色彩検定（1級）	建設業経理士2級
キュレーター	終活アドバイザー	校正技能検定試験
建築士	社会福祉士	実務者研修教員
色彩検定	社会保険労務士	司書
社会保険労務士	手話	司法書士
手話通訳士	製菓衛生師	社会福祉士
情報処理	整理・収納アドバイザー	社会保険労務士
食育インストラクター	船舶免許	食品表示検定上級
心理カウンセラー	中医学	心理カウンセラー
製菓衛生士	中型免許	宅地建物取扱主住
整備士	調理師	中型免許
整理収納アドバイザー	調剤薬局事務	調理師免許
船舶免許	登録販売士	TOEIC
中小企業診断士	ネイリスト	土地家屋調査士
調理師	パソコン	日本語教師
動物介護士	ピラティス講師	日本語検定
登録販売者	フィナンシャルプランナー	美容師
謎解き検定	フォークリフト	ファイナンシャルプランナー
ネイリスト	美術検定	プログラミング
ハーブに関する資格	保育士	保育士
美容師	マッサージや整体関連の資格	簿記
フィナンシャルプランナー	野菜ソムリエ	薬剤師
フォークリフト	溶接	野菜ソムリエ
プログラミング	理学療法士	リテールマーケティング
保育士	臨床心理士	
ペットロスカウンセラー		
簿記		
マイクロソフトオフィススペシャリスト		
薬剤管理士		
ヨガ・ダンスのインストラクター		

中・高卒男性	短大・専門・高専卒男性	大卒・大学院卒男性	
IT 系の資格	医師	アーク溶接	消費生活アドバイザー
医師	英検	IT パスポート	食品衛生管理者 (責任者)
英検	第一種衛生管理者	Web 解析士	鍼灸師
衛生管理者	大型自動車免許	英検	数学検定
大型自動車免許	大型特殊免許	第一種衛生管理者	税理士
大型自動二輪	大型自動二輪	SE	世界遺産検定
介護資格	管理栄養士	エネルギー管理士	一級船舶
危険物取扱者	機械保全士	大型自動車免許	小型船舶
技術士	危険物取扱者	大型特殊免許	第三種自動車免許
QC2 級	技術士	大型二輪	宅地建物取引士
QC3 級	教員免許	乙 4	中型自動二輪免許
行政書士	牽引	会計士	中小企業診断士
劇毒取扱責任者	建築士	カイロプラクティクス	調理師免許
一級建築士	実用ボールペン字	カラーコーディネーター	通関業務
校正士	重機操縦免許	漢検	電気工事士
コンクリート診断士	食品衛生責任者	管理栄養士	電気主任技術者
CG クリエイター	船舶免許	機械保全士	電検三種
司法書士	施工管理	危険物取扱者	電工二種
社会保険労務士	セラピスト	技術士	TOEIC
車体整備士	宅地建物取引士	キノコ鑑定士	登録販売士
施工管理 (2 級)	中小企業診断士	基本情報技術者	土壌医
心理カウンセラー	調理師免許	QC 検定	ネイル
セスナ	電気工事士	救命 AED 取扱い	ネットワークスペシャリスト
船舶免許	電験 3 種	行政書士	フィナンシャルプランナー
宅建	TOEIC	キリスト教葬祭プランナー	フォークリフト
玉掛け	TC 検定	建築士	普通二輪 MT 免許
中小企業診断士	土木施工管理技師	公認会計士	不動産鑑定士
中型免許	フラワーデザイナー	航空検定	不動産賃貸管理士
調理師免許	フラワーアレンジメント	サッカー審判員	プロモーショナル・マーケター
電験三種	フォークリフト	産業カウンセラー	簿記
電機工事士	プロゴルファー資格	CIA	弁護士
TOEIC	プロジェクトマネージャ試験 (PM)	JSBA バッジテスト 1 級	MOS
登山ガイド	リテールマーケティング	JDLA DeepLearning for　GENERAL	マーケティング検定
日本サッカー協会 A 級コーチ U-12 ライセンス		社会福祉士	溶接
フォークリフト		社会保険労務士	理学療法士
普通二輪		重機の免許	歴史検定
簿記		狩猟免許	
MOS (Excel)			
薬剤師			
溶接			

できる大学院を好む」(p.215) として、「リカレント教育や生涯学習の観点」か
ら、特に主婦を中心とした女性の間での大学院教育への需要増を予想してい
る。「主婦」を受け入れた大学院の側は「生涯学習」機会提供のつもりだった
かもしれないし、入学する女性の側も必ずしも明確なキャリア意識を持つ
ケースばかりではなかったかもしれない。しかし、ちょうどこの頃、大学院
生として過ごした筆者の周囲では、入学してきた「主婦」らが、研究者へとキャ
リアチェンジしたケースも少なくなかった。

　地方中小企業で働くわれわれの調査対象者においても、アクセスの面で相
当のハードルがあると思われる大学院入学のニーズを一定程度認めることが
できる。大学院の修士課程および博士課程で学びたいかの質問への回答を、
大卒・大学院卒の男女について確認すると、男性では、すでに大学院教育を
経験した大学院卒者で、修士課程や博士課程での学習のニーズがあることが
わかる (**表5-4**)。大学院卒の企業人は、専門性のある業務に従事している可
能性が高く、大学院で学び直したり学位を取得したりしたいという願望を抱
くのも不思議ではないだろう。注目したいのは、大卒女性における大学院入
学の意欲であり、男性と比べて修士課程・博士課程で学びたいという者が多
いことである (修士課程については 0.1％水準、博士課程については 10％水準で有
意)。もちろん、これはあくまでも大学院での学びに関心があるかどうかを
尋ねたものであって、実行に移すかどうかは別の話であろうが、カルチャー
センターではなく大学院を学びの場に求める可能性は、地方中小企業で働く
大卒女性にあっても存在するのである。

　「生涯学習」の中には、キャリアチェンジへの期待を持たせながらも、現
実にキャリアに結びつく可能性の低いものがあるのも事実である。表5-3 で
女性の回答により多くみられるカタカナ職種系の資格は、「脱工業化社会に

**表5-4　大学・大学院卒者における大学院入学の意欲 (「そう思う」・「少しそう思う」と
回答した割合)**

	大卒女性 n=119	大卒男性 n=464	大学院卒女性 n=6	大学院卒男性 n=17
大学院の修士課程で学びたい	31.9%	18.1%	16.7%	41.2%
大学院の博士課程で学びたい	22.7%	15.3%	33.3%	52.9%

対応した職種＝カタカナ職種、知的職種へのあこがれ」を基盤として、「何らかの技能をもち、能力の証明を形として獲得したい」という欲求に応える「正規のルートからはずれた人々」へ対応する副次的なサービスとなっている (青木, 2008, p.234)。特に女性の就業継続や再就職が難しい日本社会では、資格は自己の能力をアピールするための方法であると同時に、仕事で評価されないがゆえに自己の能力に自信が持てない女性にとって能力確認のツールとなっている側面もある (斎藤, 2015)。実際にキャリアに役立つかどうかはわからなくても、資格取得という目に見える成果と結びつくような学びへのニーズが、女性にはあるのだろう。

　一方、大学・大学院卒の中高年男性では、「数学検定」「航空検定」「歴史検定」など、純粋に趣味的としかいいようのない資格へのニーズがみられることは興味深い。青木 (2008) は、通信教育講座の利用意向が 70 代以上の男性で高いことを指摘しているが、男性では純粋な趣味・教養の学びであっても、何らかの制度化された形が求められる傾向があるのかもしれない。高学歴男性にとっては、社会人としての学びにおいても、具体的な制度的達成に結びつくことが重要という可能性があるだろう。

(3) 企業組織の中での高学歴女性の位置と学習意欲

　ところで、先述したように、われわれの調査では、大学・大学院卒女性は、他のグループと比較すると、【生涯学習の意欲】のみならず、【大学での学習意欲】や【基盤となる学習意欲】も相対的に高いという結果であった。大学・大学院卒女性では、そればかりでなく、企業内研修などでの学び意欲も高いことが確認できる。

　表 5-5 は、現在の職場での学びに関連する質問（「会社が主催する正規の研修会や講習会で学びたい」・「現在の給与を高める資格がほしい」・「企業内教育を充実させてほしい」・「仕事にやりがいを感じる」・「社会人の学びについて、企業に金銭的に支援してほしいと思う」）、および離職に向けた学びに関連する質問（「転職するために資格を取りたい」・「転職したい」）について、学歴・性別のグループごとに、「そう思う」・「少しそう思う」と回答した割合である。他のグループと比較

表5-5　キャリアアップ・キャリアチェンジと学びに関する意識（「そう思う」・「少しそう思う」と回答した割合）

	中高卒女性 n=475	短大・専門・高専卒女性 n=186	大学・大学院卒女性 n=125	中高卒男性 n=237	短大・専門・高専卒男性 n=141	大学・大学院卒男性 n=481	カイ二乗検定
会社が主催する正規の研修会や講習会で学びたい	30.3%	45.2%	68.8%	45.1%	51.8%	52.8%	***
現在の給与を高める資格がほしい	52.4%	62.4%	86.4%	67.9%	75.2%	77.1%	***
企業内教育を充実させてほしい	51.4%	54.3%	79.2%	60.8%	64.5%	67.2%	***
仕事にやりがいを感じる	50.3%	56.5%	67.2%	59.1%	61.7%	62.0%	***
社会人の学びについて、企業に金銭的に支援してほしいと思う	65.9%	76.9%	85.6%	70.5%	78.7%	72.8%	***
転職するために資格を取りたい	41.7%	48.9%	67.2%	45.6%	53.9%	50.7%	***
転職したい	35.8%	38.2%	49.6%	31.2%	40.4%	35.3%	*

注）*p<.05、***p<.001である。

して割合が有意に高いものは濃い網掛け、有意に低いものは薄い網掛けで示した。大学・大学院卒女性は、すべての質問項目について、肯定的な回答の割合が高くなっていることがわかる。それは、中・高卒女性が「転職したい」以外で有意に低いことや、大学・大学院卒男性が現在の職場での学びのみで高いこととは対照的である。

　大学・大学院卒女性たちの多方向への学び意欲の高さは、企業社会の中で彼女たちが置かれた位置と関連しているように思われる。濱口（2021）によると、日本型雇用システムにおいては、男性の定年までの長期雇用が前提とされており、女性は長く、新卒採用から結婚退職までの「短期的なメンバーシップ」と位置づけられてきた。学歴水準の上昇とともに、女性雇用の中心は高卒女性から短大卒女性へと移行したが、「短期的なメンバーシップ」としての位置付けが難しい4年制大学卒女性は、長らく排除されていた。1997年の男女雇用機会均等法改正の頃から本格化した女性活用は、会社への全人的な参加を求める「メンバーシップ型」の基本構造を変えることなく進められた。そのため、大卒女性総合職は、男性並みの無限定な働き方と、依然として女性のみにかかり続ける家事負担や出産後の育児負担との矛盾に「引き裂かれた」（濱口, 2021, p.235）存在となっている。

　女性の離職に関する近年の研究では、家事・育児といった「家族責任」で
はなく、職場や職務という観点からの分析が試みられている。同一の職場で
あっても、男性と女性では職務が異なり、女性は入社後次第に女性が多く
担当する職務に回ることが多い (大槻, 2015)。大卒女性の離職理由に関する国
際比較調査でも、日本の女性は育児や介護などの理由よりもむしろ、仕事へ
の不満や行き詰まり感など、仕事関連の理由の方が多いことが指摘されてい
る (センター・フォー・ワークライフポリシー, 2011)。大手企業に男性と同じ「転
職あり総合職」コースで入社した女性であっても、男性よりも離職率が高く、
仕事にやりがいや成長を実感できないことが離職につながっているという指
摘もある (高見, 2021)。

　とはいえ、近年は女性の就業継続推進が、政策レベルでも個々の企業レベ
ルでも、展開されている。そのような中で、大学・大学院卒の女性社員たち
は、仕事への不満から転職を意識しながらも、同時にもっと企業内教育を受
けて成長したいとも感じているのかも知れない。

　企業で働く今日の高学歴女性は、仕事もそこそこに趣味・習いごとに勤し
んでいた 1970 〜 80 年代の OL とは異なり、生涯学習的な学びに意欲を示し
つつ、学位や学歴取得・資格取得につながるような大学での学び直しにも一
定の興味を持ち、同時に今勤務している企業での研修にも積極的に参加した
いと希望しながら、他方で転職に向けた資格取得も考えるという、相矛盾す
る全方向的な学び意欲をもつという意味でも、「引き裂かれた」存在である
といえる。裏を返せば、それは、彼女たちが置かれた男性中心の企業組織の
中に構造化される、「女性」としての生き方・働き方を、したたかに実践し
ていくための戦略といえるのかもしれない。

　一方、大学・大学院卒男性においては、転職意識や転職に関わる学び意欲
は、他のグループと比べて低い。「人生 100 年時代」のかけ声の中でも、企業
の基幹労働者である高学歴男性の雇用は相対的に安定しており、定年まで同
じ会社に勤めるという意識も根強いのだろう。本田 (2020) は、職業キャリア
の特性によっては学び直しの経験・意欲が高まる効果のあることを指摘しつ
つも、「メンバーシップ型」の日本の雇用においては、個々人の学び直しや

スキルを活かす体制になっていないと論じている。大学・大学院卒男性における学び直し意欲の低さは、日本の企業組織の「メンバーシップ型」特性がいかに強固かを物語っている。

4.「出産・育児等で離職した方」向けリカレント教育はどこへ向かうのか

　本章では、ジェンダーの観点から、企業人の学び直しの意識について検討した。社会人の学び直しをジェンダーの視点から検討した先行研究では、男性とは異なる女性の意識の存在が確認されている（河野, 1997; 本田, 1999; 吉田, 2014 など）。地方中小企業で働く一般の社会人においても、学び直しの意識にジェンダー差がみられるとすれば、それはどのようなものであろうか。本章の検討からみえてきたのは、高学歴女性における多方面にわたる旺盛な学び意欲であった。

　学び意欲のジェンダー差は、学歴差・雇用形態による差と複雑に交錯している。全体としては、社会人の学び意欲はジェンダーや雇用形態以上に学歴によって違いが生じているが、特に「生涯学習」では女性に積極的な傾向がみられる一方、大学や企業内研修での学びなどでは学歴差の方が目立つものもあった。

　序章で論じられているように、現行のリカレント教育政策は高度人材のリスキリングに特化しつつあるのだが、第1次安倍政権下の 2007 年には、文部科学省の委託事業として全国の高等教育機関で「社会人の学び直しニーズ対応教育推進プログラム」が実施された。このプログラムは、「社会人の学び直しのための学習プログラムを大学等で開発・実施することで、学び直しのプログラム普及を図るとともに、再チャレンジを可能にする社会の実現を目指すもの」であった（文部科学省, 2007a）。その対象とする「新たなチャレンジを目指す社会人等」には、有職者のほか、「若年早期離職者、子育て等により就業を中断した女性、ニート、フリーター等」が挙げられていたが、実際に選定されたプログラムの多くは、有職者、または子育てで離職した女性を対象としたものであった（文部科学省, 2007b）。

　そのうちの一つ、日本女子大学の「キャリアブレーク中の女子大学卒業生のためのリカレント教育・再就職あっせんプログラム」は、大学が履修認定する「リカレント教育課程」となり、他大学の同様のプログラムの多くが 3 年の事業委託期間後に終了した中、現在もなお継続している (坂本, 2018)。このプログラムは、「結婚や出産によって離職を余儀なくされた能力の高い女性を再教育」(坂本, 2018, p.47) しようと始まったが、近年では「自分自身のステップアップ、キャリアチェンジ」といった多様なニーズや、「直近まで正規雇用で働いていた人、独身の人」など受講者の多様化への対応に迫られているという。

　このことは、女性の働き方や学びニーズを、もっぱら出産・育児といったライフイベントの問題へと還元してステレオタイプ化することの問題性を示唆している。本章で論じたように、女性の学びや学び直しのニーズは、女性本人の側の問題というよりも、むしろ女性を「女性」というカテゴリーでもって特殊化し男性とは別に処遇することで、「女性の職域を限定的なものにし、その結果として女性のキャリア形成を阻害」(武石, 2020, p.158) する、日本の雇用システムそのものの問題として捉える必要があろう。

　折からのコロナ禍のなか、安倍政権から菅義偉政権を経て岸田文雄政権へと移行した段階でも、「人生 100 年時代構想会議」は継続している。その中間報告 (2017) には、本章の冒頭で引用した箇所に続いて、以下のような記述がある。

　「高齢者もひとり親家庭の方も、希望する教育を受けることができなかった方も、自らの意志で高等学校や大学に進学しなかった方も、出産・育児等で離職した方も、就職氷河期に学校を卒業したフリーターや、ニート・ひきこもりの方も、病気など生活上のハンディを抱える方も、誰にとっても「いつでも学び直し・やり直しができる」社会を作るため、幾つになっても、誰にでも学び直しと新しいチャレンジの機会を確保する。」(人生 100 年時代構想会議, 2017, p.12)

　女性に限らずこうした人々が再チャレンジを希望する場合、支援が重要であることはいうまでもない。しかし、さらに重要なのは、こうした人々を「特殊」なものとしてステレオタイプ化し、「特殊」な再チャレンジ支援プログラムで対応しようとするような認識枠組みを、まずは相対化することではないだろうか。この報告書に無意識のうちに貫かれる、新卒入社で健康に働き続ける都市部の高学歴男性の視点そのものから抜け出し、人々の学びや学び直しニーズの多様な実態に目を向けることこそが必要なのである。誰にとっても、学び直しがキャリアや人生の「やり直し」に具体的に結びつくようなしくみの構築は、その先にあるはずである。

　企業人もまた一枚岩ではない。キャリアへの向き合い方も多様である反面、企業組織における位置とも連動するジェンダーや学歴という属性が、学びや学び直しの意識と大きくかかわっている。本章で指摘するように、その傾向は女性間において特に顕著である。第4章で論じられているように、リカレント教育は、学び意欲の格差とあいまって、アクセスの格差やその結果の格差を広げる可能性があると考えられるが、本章の知見からは、とりわけ女性間での格差拡大が懸念される。

　コロナ禍によって、図らずもインターネットによる遠隔教育の可能性が広がったとはいえ、リカレント教育へのアクセスには、地理的な条件も影響しうる。実際、日本女子大学リカレント教育課程には全国から資料請求があり、課程履修のために地方から東京に転居したケースもあったという（坂本, 2018）。学び意欲や資力の差をベースに、都市部と地方との格差、同一地域内での格差が強まる可能性もある。

　しかし、リカレント教育に希望がないわけではない。本章でみたように、「何かを学びたい」という【基盤となる学習意欲】は、いずれのジェンダー・学歴・雇用形態のグループにおいても高い。個々人の学び直しの成果が活かされるような体制の構築によって、潜在的な学習意欲が具体的な学び直しの実践に結びつく可能性もある。例えば、われわれの調査の20代・30代の若年高卒男性が、39.1％が「大学に正規入学して学びたい」とする肯定的回答を示したように、本章で検討した3つの学習意欲が必ずしも高くないグループにあっ

ても、特定の学び直しのニーズは潜在している。リカレント教育の実施に当たっては、どのような人々にどのような学び直しニーズがあるのかを、丁寧にみていく必要があるだろう。

　リカレント教育推進のためには、教育訓練費用の補助だけでなく、有給教育休暇制度などの整備も求められよう。「メンバーシップ型」の雇用システムにおいては、休暇取得へのハードルが高く、社会人が休暇を取りながら働き続けることを困難にしている。経済的な問題は社会人の学び直しのカギであり、この問題の解決がない限り、リカレント教育はよほど条件に恵まれた人か、あるいは「生涯学習」と同様に、周辺化された人々がせいぜい利用するものにしかならないだろう。「人生100年時代」と旗を振られても、根幹にある社会のしくみがそのままである限り、人はそう簡単には変われないのである。

参考文献

青木貞茂 (2008)「通信教育市場の広告論―ブランド化競争のゆくえ」佐藤卓己・井上義和編『ラーニング・アロン―通信教育のメディア学』新曜社, pp.216-241。

センター・フォー・ワークライフポリシー (2011)『日本における女性の休職・離職と職場復帰―企業が有能な女性の成功をサポートするには』。

濱口桂一郎 (2021)『ジョブ型雇用社会とは何か―正社員体制の矛盾と転機』岩波新書。

本田由紀 (1999)「大学院修士課程における社会人教育の実態―類型と課題」『日本労働機構研究紀要』18, pp.1-13。

本田由紀 (2020)「世界の変容の中での日本の学び直しの課題」『日本労働研究雑誌』721, pp.63-74。

市川昭午 (1995)『臨教審以後の教育政策』教育開発研究所。

今津孝次郎他 (2018)「現職教員の潜在的学びニーズ―大学への『社会人入学』に関する質問紙調査を通じて」『東邦学誌』47 (1) 愛知東邦大学機関リポジトリ, pp.57-75。

人生100年時代構想会議 (2017)『人生100年構想会議　中間報告』https://www.kantei.go.jp/jp/singi/jinsei100nen/pdf/chukanhoukoku.pdf 2022.7.10 最終閲覧。

金野美奈子 (2000)『OL の創造―意味世界としてのジェンダー』勁草書房。

片岡栄美 (2019)『趣味の社会学―文化・階層・ジェンダー』青弓社。

加藤恵津子 (2004)『〈お茶〉はなぜ女のものになったか―茶道から見る戦後の日本』紀伊国屋書店。

河野銀子 (1997)「女性にとっての修士課程」日本労働研究機構編『大学院修士課程に

おける社会人教育』91, pp.255-272。

川嶋太津夫 (1998)「大衆化する大学院」佐伯胖・黒崎勲・佐藤学・田中孝彦・浜田
　　寿美男・藤田英典編『変貌する高等教育』岩波書店, pp.197-220。

松下圭一 (1986)『社会教育の終焉』筑摩書房。

溝上智恵子 (1993)「日本の成人教育と高等教育の開放」『学位研究』1, pp.31-48。

文部科学省 (2007a)「社会人の学び直しニーズ対応教育推進プログラム」
　　https://www.mext.go.jp/component/a_menu/education/detail/__icsFiles/afieldfi
　　le/2015/10/19/1232597_002.pdf 2022.7.10 最終閲覧。

文部科学省 (2007b)「2. 平成 19 年度『社会人の学び直しニーズ対応教育推進プログラ
　　ム』選定事業一覧」https://warp.da.ndl.go.jp/info:ndljp/pid/286184/www.mext.go.jp/
　　b_menu/houdou/19/07/07072304/002.htm 2022.7.10 最終閲覧。

文部科学省 (2018)「社会教育調査　平成 30 年度結果の概要」https://www.mext.go.jp/
　　b_menu/toukei/chousa02/shakai/kekka/k_detail/1419659.htm 2022.7.10 最終閲覧。

内閣府 (2018)「生涯学習に関する世論調査」https://survey.gov-online.go.jp/h30/h30-
　　gakushu/index.html 2022.7.10 最終閲覧。

内閣府 (2021)『男女共同参画白書　令和 3 年版』https://www.gender.go.jp/about_
　　danjo/whitepaper/r03/zentai/index.html 2022.7.10 最終閲覧。

野村正實 (2007)『日本的雇用―全体像構築の試み』ミネルヴァ書房。

岡本薫 (1996)『行政関係者のための新版入門・生涯学習政策』全日本社会教育連合会。

大槻奈巳 (2005)「生涯学習と女性のエンパワーメント―日本・韓国・ノルウェー・
　　アメリカの 4 カ国比較調査から」『国立女性教育会館研究紀要』9, pp.7-17。

大槻奈巳 (2015)『職務格差―女性の活躍推進を阻む要因はなにか』勁草書房。

斎藤真由子 (2015)「資格は本当に役立つのか」岩田正美・大沢真知子編『なぜ女性は
　　仕事を辞めるのか―5155 人の軌跡から読み解く』青弓社, pp.202-222。

坂本清恵 (2018)「日本女子大学のリカレント教育課程」『IDE 現代の高等教育』2018
　　年 10 月号, pp.47-50。

髙見具広 (2021)「総合職女性の早期離職と職場環境―人材定着のカギを探る」『令
　　和 2 年度　男女の初期キャリア形成と活躍推進に関する調査研究報告会―初
　　期キャリアからの人材育成～入社 5 年で何がおこるのか』国立女性教育会館,
　　pp.17-29。

武石恵美子 (2020)「女性一般職のキャリア形成」佐藤博樹・武石恵美子責任編集『女
　　性のキャリア支援』中央経済社, pp.139-167。

山本思外里 (2001)『大人たちの学校―生涯学習を愉しむ』中公新書, 2001。

吉田文 (2014)「家族形成とキャリア追求の狭間にある女性」『「再」取得学歴を問う―
　　専門職大学院の教育と学習』東信堂, pp.145-169。

第Ⅲ部　現代日本の個人史に見る「学び直し」と「人生の創り直し」
──軌跡と展望──

概　要

　「学び直し」は単にその局面だけを部分的に抽出しても、学ぶ当人にとっての背景や経緯を踏まえての深い理解に至るのは難しいだろう。そこで、当人の個人史を詳細に辿りながら「学び直し」を捉え直す作業が不可欠となる。第Ⅱ部の検討が「量的データ」に基づくとすれば、第Ⅲ部は「質的データ」に基づく検討となる。対話的インタビューに基づいてライフストーリーを構成するなかで意味づけられる「学び直し」に注目する。

　そして、グローバル化が進む現代では、日本国内の人生に限られずに、国外への移動が日常的な人生のなかで珍しくないが、そうした移動は必ず異文化と出会う経験を伴うだけに、異文化を理解しながら自文化を振り返らざるをえず、必然的に「学び直し」が要請されることにもなる。このような幅広い「学び直し」の視点から、「人生の創り直し」へと考察を進める。それが「人生100年時代」を捉え直すための基礎的な探究になるだろう。

　第6章では、日本人の教職経験者5名のライフストーリーに関するインタビューから、社会人が自ら選択した大学・大学院進学に沿った経緯を再構成する。その「学び直し」から見えてくるのは、新たな選択以前の生活に根付く思考や行為を枠づけている認識や価値判断を問い直して、新たな見通しのパースペクティブを変容していくプロセスである。その変容について多角的に検討する。

　第7章では、グローバル化に伴って国境を越える人流が日常的になるなか、海外から日本へ、また日本から海外へという移動が多い。ライフコースもそうした国際人流の観点から眺める必要がある。インタビューの対象はペルーから日本に移住した一人の女性と、日本からミャンマーへ移り住んだ一人の女性、さらに建築設計の専門家として世界各国の建設現場での勤務を廻り続けた一人の男性の計3人である。これら三つのライフストーリーを辿り、生活圏としての国を越境しながら、その結果としておのずとライフコース上の岐路に立たされたときに、「学び直す」だけに止まらず「学び続ける」態度を確立することこそが個人をエンパワーメントさせ、その力によって、思いがけない新たなキャリアを創造する可能性が大きくなることを解き明かす。

第6章　「学び直し」とパースペクティブの変容

——大学・大学院進学の経験から——

白山真澄

1.　「学び直し」にまつわる語りを聴く

(1) 聴くことと語ることによる経験の相対化

　人は人生のどのような局面でどのように「学び直し」たいと考えるのだろうか。学びの経緯を青年期までの一直線上の連続した教育経験（フロントエンドモデル）と、生涯学習など成人が回帰的に学びの場に戻る経験（リカレントモデル）の二つに分けると、フロントエンドモデルの学びを終えたばかりの若い人達の語りは、よく似た傾向がみられる。

　しかし、人生経験を重ねた中年期以降の人々で、「学び直し」を経験した人の語りは多様で驚きに満ちている。よく知る身近な友人や同僚でも、特に大学／大学院で本格的な「学び直し」を経験した人の語りは、普段の交流では計り知れない面白さと意外性に満ちているのだ。意外性と面白さは人生の転機や飛躍のストーリーにある。転機や飛躍の契機として「学び直し」の経験が大きいのである。

　大人は青年期の学びに加え、実社会でのリアルな経験により、自分の志向や有能性を発揮できる領域が次第に自覚的になり、選択的に絞られ、意識づけられ特化していくことで、必要な学びを獲得したり特定の専門性を極めたりする。そしてそれが実社会での職業に反映され、職業自体が変遷していく事例も多いことが、「学び直し」の経験者の語りから明らかになった。また、一度では足らず何度も社会人入学を繰り返す人々の姿もみられ、「学び直し」は次の「学び直し」へとつながる発展性を見ることができる。

　筆者自身も50代になってから大学院へ社会人入学し、働きながら学んだ経験を持つ。振り返ると、それは、明確な目的があっての行動ではなかった。というより、「大学院ってどんなところ？」と迷いつつ手探りでこっそり受験し、合格してから「大学院に行く」と身近な人にだけそっと伝えた。そうしたら、家族までもが一様に「なぜ？」「何のために？」と言うのである。口には出さないけれど、「その年で？」と言いたかったのだろう。勉強は苦手なタイプだと思っていたのかもしれない。そんな似合わない場へ、定年間近の年齢で入学して何をしたいのか、実は尋ねられても自分自身もよく分かっていなかった。

　では、なぜ大学院に行こうと思ったのか。筆者は大学卒業後すぐに就職し、30年近くの仕事を通してさまざまな経験をし、達成感や喜びだけでなく挫折と倦怠も味わった。もちろん、やりがいと充実感もあった。しかし、30年間の社会の変動は大きく、状況は次々に変化し、不器用な筆者は壁に突き当たりながら、全力疾走の日々であったというのが現実であった。中年期を過ぎ、若さというエネルギーが枯渇して、すり減った熱意だけではもう走れないという思いが募ったときに、選択肢が尽きて、思わず駆け込んだのが大学院であった。そこで、新しい扉が開く思いを経験した。新たなエネルギーを注入され、また歩き出せる気がした。もちろん、仕事をしながら大学院生をするのは、昼も夜もなく困難な時間だったのだけれども、なぜか快方に向かう希望を感じていた。筆者にとっては必要な痛みであると同時に、治療であり、人生の栄養補給であったと言える。

　個人のささやかで手探りの冒険ではあったが、「学び直し」を通して何らかの感触を得ている人は他にもいるのではないか。勤勉一直線の人生は疲れる。やがて先細る。寄り道して学び直し、リフレッシュする余裕が欲しい。経験知を積んでからの大人の学びは手応えがある。誰かが言った「創ると学ぶは最高のエンタテインメント」という言葉が好きだった。疲れたときには自分で創る部分と自分が学ぶ部分にフォーカスして前を向こうと、自分を励ましていた。型にはまった難しい高尚なことでなくてよい。「学び直し」をもっと愉しめる社会にならないものだろうか。

　自ら探し求め、選択し、社会人入学を繰り返す人々は、どのような学びの経験をしているのだろうか…。そんな素朴な疑問から、筆者は社会人学生の進学の動機や学びの成果、そして学びを転機とした人生の軌跡をライフストーリーとして聴き取るインタビュー調査を続けることにした。ライフストーリー研究とは、変動する社会構造内の個人に照準し、個人がこれまで歩んできた人生全体ないしはその一部に焦点を合わせ、その人自身の経験から社会や文化の諸相や変動を読み解こうとするものであり、「個人的なものを社会的なものに関連付けて解釈する手法」(桜井, 2002, p.14) である。

　インタビューに答えてくださった方々が、果たして社会人学生の代表性を示しているかと問われれば、そこには限界がある。日本では社会人学生は未だ一般的ではなく、少数かつ拡散した存在であり、マイナーなルートを歩む人々の全体像を明確に掴むことは難しい。また、若い人の語りと比べると、社会経験を積み年齢を重ねた人の語りは、個々の人生を反映し多様で多彩である。簡単に類型化もできない。しかし、対話的なインタビューを通して自らの経験を省察的に語る言葉を集めることで、社会的な意味を構築できると考えた。成人教育学者のメジロー (2012, p.8) は「意味とは一個の解釈であり、意味を生成するということは、経験を把握したり解釈することである」と述べている。意味を生成することで、経験に全体としての一つのまとまりを与えることができる。そこに、個人の語りという質的データならではの妥当性と意義があると考える。

(2) 調査の概要

　筆者は 2014 年から 2021 年の 7 年間に「学び直し」を経験した社会人のインタビュー調査を二度に分けて実施した。2014 年から 2017 年に行った前半の調査は、短期大学／大学／大学院への社会人入学経験者対象の「進学の動機と学び」に関するインタビュー調査〔Ⅰ〕である。語り手と聞き手が対話的なやり取りを繰り返す相互作用的なインタビューで、筆者自身の社会人学生時代の知人からスタートし、その知人の紹介など、人間関係のネットワークを利用して対象者を「雪だるま式サンプリング」(佐藤, 2006, p.126) で行い、20 代

から 60 代まで 16 名の方からお話を聴くことができた。インタビューのやり取りは録音し、録音したデータはすべて書き起こした。書き起こした逐語記録は、内容やエピソードによって区分／再構成し、さらに再構成したデータから共通項を見つけだして、構造的諸関係のパターンを抽出した。

　インタビュー調査〔Ⅰ〕から進学の動機と目的、「学び直し」への促進要因と抑制要因、「学び直し」による自身の変容について、以下の事実が明らかになった。①子育てや経済的負担、周囲の人への配慮がリカレントな進学の大きな抑制要因となること。反対に②本人の思いに対する家族や職場の理解と励ましが促進要因として背中を押すこと。③大学／大学院での「学び直し」はロールモデルの乏しい中での試行錯誤であり、プラクティカルな学びとアカデミックな研究の間の葛藤を経験するが、やがて新しいパースペクティブを獲得すること。また、④リカレントな進学を一度だけで完結させるのではなく、仕事を中断して、あるいは仕事を続けながら何度も繰り返す一群の人々が存在することである（白山, 2016）。

　そこで 2019 年から 2021 年に、さらに後半のインタビュー調査〔Ⅱ〕を実施し、7 名の方に「学び直し」と人生の軌跡にまつわるライフストーリーを語っていただいた。そこで浮かび上がったのは、社会活動と学びの重層性によって専門性を高めるだけでなく、思考や判断の準拠枠が拡張し、さらに人生の軌跡が本人の内面的欲求に沿った形で新たな展開へと繋がっていくという、学び続ける成人の生き方と思考の変容に関する多様な姿である。

　そこで本章では、調査〔Ⅰ〕から 5 名の事例を中心に「学び直し」の経験と学習者の思考の枠組み、つまりパースペクティブの変容に焦点を当てて検討する。次の第 7 章では調査〔Ⅱ〕から 3 名の事例を抽出し、「学び直し」の経験と人生の転機、およびその内的条件／外的条件について検討する。

　なお、インタビュー調査実施の際には、筆者が所属する大学機関の「人に関する研究倫理審査委員会」の承認を得た上で、調査協力者に調査の目的を説明し同意を得てからインタビューを行った。さらに全員の方に後日、全文を書き起こしたインタビューデータを確認していただき、修正が必要な部分は修正を施した。なお、第 7 章でライフストーリーを記述させていただいた

3名の方には、本書の該当部分を粗稿の段階で読んでいただき、掲載の了承を得た。なかには「こうして読んでみると自分の人生もいいなと思った」と言ってくださる方もいた。

2　主体的な「学び直し」と個人の変容

(1) 実務経験と高度な学びの希求

　社会人の進学動機の主なものは免許取得、専門性向上、自分探し／キャリア変更などであるが、中年期以降の世代では、「学び直し」を契機に専門性や職業が少しずつ変わっていく人に出会うことも多い(白山, 2017)。また、社会人学生としての進学は一度きりの行為ではなく、何度も繰り返してついに博士課程まで歩を進める例もあり、「学び直し」の多様性が浮かび上がった。本章では、第1章の「教員の学び直し意欲に関する量的調査」を補足する具体的な事例として、教職の実務経験の後に、大学／大学院で学び直した事例を抽出して検討する。教師が教職を続けながら、あるいは一旦離職して既存の大学／大学院に進学した経験の語りから、成人の主体的な学びと生涯発達の一端を描き出したい。

　16名の対象者の中から教職経験があることを共通項とし、職務上の研修や教育委員会の派遣ではなく、個人の意思で主体的に既設大学／大学院に社会人入学をした5名の方を事例として取り上げる(**表6-1**)。教職を続けながら、あるいは離職してから、自分自身の主体的な選択としての「学び直し」で何

表6-1　インタビュー対象者

			教職の経験	社会人学生の経験		専攻	調査時の職業
I	A氏	女性	高等学校教諭	修士課程(修了)	40代	心理学(臨床心理)	スクール・カウンセラー
	B氏	女性	小学校教諭	通信制大学(在籍中)	50代	教養学部(心理と教育コース)	小学校講師
II	C氏	男性	非常勤講師 (幼稚園/中学校/短期大学)	修士課程(修了) 博士課程(在籍中)	30代 30代	教育発達科学	大学教員/芸術家
	D氏	女性	幼稚園教諭	通信制大学(終了) 修士課程(修了) 博士課程(在籍中)	30代 40代 40代	教育学	短期大学教員
	E氏	男性	小学校教諭	修士課程(修了) 博士課程(満期退学)	20代 50代	教育発達科学	大学教員

を得たのかを聴き取っていく。

　すでに教員免許を持っている教職経験者が大学／大学院へ進学をするのは、専門性に対する向上心や学びへの渇望が主要な動機である。しかし、研究大学院のアカデミックな教育は、教職経験者が学部までに経験した学びとは大きく異なる。なぜルートの明確な教職大学院ではなく、教員にとっては未知の領域である研究大学院へ社会人入学をしたのか、そこでの学びの様相はどのようなものであったのか、プラクティカルな学びとアカデミックな学びの間で揺れ動き葛藤した経験を中心に分析する。対象者の進学状況は一律ではないが、その分岐性や複線性こそが社会人のリカレントな進学の特性であると考える。

　対象者は具体的な経験やエピソード、心情などを豊かに語ったが、自分自身の内面的な変容については、インタビュアーの問いかけによって改めて自問し、言葉を紡ぎだす場面が多い。問いかけによって対話を促進し、相互作用によって新たな意味を生成する対話的で共同的なインタビューによって、これまで可視化されてこなかった経験に対する解釈を深め、社会的意味を構築することを目的とした。心理学系の「学び直し」をしたA氏と、教育学系の「学び直し」をしたD氏を中心に、他の3人の事例を加味して分析することで、大学／大学院という共通のスパンの中での多声性を担保したい。なお、プライバシー保護のため、分析に支障のない部分は曖昧な表現をしたり、若干の修正を加えたりするなどの工夫を施している。

(2) 教職経験者の転機と「学び直し」

　調査〔Ⅰ〕では、学部卒の段階で大学院進学を視野に入れていた人はごく少数で、リカレントな進学が選択肢の一つとして視野に入ってくるのは、一定年数の職業経験を積んでからである。そして、かれらに共通しているのは、リカレントな進学に至るまでに試行錯誤的にさまざまなステップを経ていること、大学／大学院修了後もさらに次の学びを求めていること、である。本人にとって意味のある経験や学びを模索し、一歩ずつ歩を進める過程で見つけた道のひとつがリカレントな進学であり、その経験からさらに次の学びへ

と進んでいる姿である。免許取得や専門性向上だけでは満足しない、もっと根源的な学びへの欲求が垣間見える。そこに職務経験を重ねた成人ならではの心象があるのではないか。

　では、個々の教師は人生のどのような局面でどのように「学び直し」たいと考えるのだろうか。高井良 (2009, 2014) は教師の学びと成長について分析した。教師の発達を個人史の一側面として捉えると、個人的経験や被教育体験が個々の教員の発達を支え、構成しているが、それに加え、子どもや同僚との関係性および授業研究や教師仲間との研究会などを通して学びを獲得し、人生の危機が成長と学習の契機となり教職アイデンティティを形成していく過程を描いている。

　さらに、山崎 (2002) は教員のライフコースにおける力量形成上の「転機」を分析した。転機にはプラスの発達を「獲得」した転機と、力量的にマイナスを感じたり何かを「喪失」した転機がある。また中堅期以降の教職の行き詰まり感や中年期の危機には時代、社会的背景、家族関係などの要素が反映し、例えば多くの女性教師の力量形成に向けた営みは、男性教師とは異なったものになる。また反対に管理的役割に移行していく多くの男性教師は別の局面における葛藤や熟達を経験するなど、ライフコースには多様な分岐と交錯が生じ、個々の人生における獲得と喪失の軌跡を描いている。これらの研究は教職の範囲内での教員の変容と発達の諸相であるが、本章では教職経験者による教職の範囲を超えた個人の学びの経験に焦点を当てて考察を進める。

3. 教職経験と個人の主体的な学びの選択

　社会の急速な進展の中で、知識・技能の絶えざる刷新が必要であることから、「学び続ける教員像」として「教員が探求力を持ち、学び続ける存在であること」が求められている (中央教育審議会, 2015)。では、実際に「教師の学びに向かう意欲」はどのようなものであろうか。第1章で示されたように、現職教師の「学びニーズ」に関する調査では、現職教師の約60％ (60.3%) が大学等で学びたいという気持ちを持っていた。学びたい内容は「教科教育法・

教科内容の専門性」64.7％、「カウンセリングや心理学の理論」55.9％が多く、以下「いじめ・不登校などの教育問題」「世界の教育事情」「特別支援教育」など教職に関する専門性が続いている。教師は「学び続ける教員像」に啓発されたというより、むしろ個人的に学びたいという思いが強い人々の割合が一般社会人よりも高いことが示された。

　教師が個々の関心にもとづいて大学／大学院で学び直す場合の主な選択肢には次のようなものがある。①科目等履修／聴講、②通信制教育課程、③教職大学院、④既設の大学／大学院、などである。①の科目履修／聴講は履修のハードルはさほど高くない。時間の兼ね合いが問題になる程度であろう。②の通信制教育課程については、例えば中学校教師が小学校教諭免許状を取得したり、またはその逆であったり、特別支援教諭免許状や新たな教科免許状を取得したりなど、職務上で必要な免許状取得のためなどでよく活用されている。③の教職大学院については現職教員にとって主に教育委員会から派遣される場と捉えられている。しかし④の既設の大学／大学院に進学する事例は、現在の日本ではあまり一般的ではなく、きわめて個人的な選択であり、人数も少なく、そこで獲得される学びに関してもあまり認知されていない。そこで本章では、教師が教職を続けながら、あるいは離職の後、既設の大学／大学院に社会人入学をしたケースに着目し、教職経験者の学びの主体的な選択と生涯発達の実際の姿を伝えることで、第1章の量的な調査結果に関して具体的な質的な事例を提示したい。

4. 大学院進学の選択肢

(1) プロフェッショナルスクールとアカデミックスクールの現状

　ここで社会人の大学院への進学ルートについて整理しておく。日本の大学院の課程は大きく修士課程、博士課程、専門職学位課程の3つに分かれる。学士課程への進学率が5割を超え、学士課程より高いレベルのリカレント教育の需要などを踏まえると、今後、リカレント教育の中心は大学院となることが見込まれる (中央教育審議会, 2019)。その際に高等教育の大衆化として多

くの学びを支えると想定されているのが専門職学位課程、つまりプロフェッショナルスクールである。

　日本では、2003年度に専門職大学院制度が創設された。専門職大学院とは、「大学院のうち、学術の理論及び応用を教授研究し、高度の専門性が求められる職業を担うための深い学識及び卓越した能力を培うことを目的とするもの」(学校教育法第99条第2項)である。2018年の時点で、専門職大学院数は120校、学生数は16,547人で、そのうち約半数の8,637人が社会人学生である。制度創設以来2010年度まで学校数も学生数も順調に増えたが、2011年度をピークにその後伸び悩み、制度導入時に期待されていたほどの広がりには至っていないのが現状である(文部科学省, 2018)。また、大学院全体としてみると、専門職学位課程に在籍する者は従来のアカデミックスクール、いわゆる既設の大学院修士課程に在籍する者の約1割にすぎない。

　一方で、戦後日本の高等教育制度のモデルとなってきたアメリカの修士課程教育は、実学志向の専攻分野が圧倒的に多く、授与された修士学位の85%が実学志向の専攻分野である。また、学生の大多数はパートタイムである。授与された修士の専攻分野別構成比では教育学と経営学の比率が高く、この2つで全体の50%(2000年)を占めていた(江原, 2008)。つまり、実質はプロフェッショナルスクールに近いと言える。

　日本の専門職大学院が伸び悩んでいる現状を文部科学省(2021)は、社会との連携が必ずしも十分ではないため、いわゆる出口につながらないこと、多様化するニーズを的確に踏まえたプログラム提供ができていないこと、学位の付加価値についての理解を得られていないこと、また、修士課程と専門職学位課程の役割分担が明確ではないことなどを要因としてあげている。

(2) プロフェッショナルスクールにおける学び

　教員および教職経験者が「学びたい」という思いから大学院進学へと歩を進めるときに、教職大学院を選択する場合と既設の大学院を選択する場合では何が異なるのであろうか。教職大学院は、専門性の高い教員を養成することを目的に2008年に開設された。教員の修士号取得者の割合が先進諸国の

中で極めて低い問題状況への政策対策の一環でもあろう。一般学生だけでなく現職教員の進学先として想定されているため、すべての県に配置が整っている。54校中47校は国立大学の教員養成系学部に関連して設置されており、修了すると、教職修士（専門職）の学位が授与される。

　教職大学院は高度専門職業人としての教員養成および現職教員の再教育の中核に位置づけられており、その使命は「確かな指導理論と優れた実践力、応用力を備えたスクール・リーダーの育成」（中央教育審議会, 2015）であることから、教育の今日的な課題を題材とした事例研究や討論など、実践ベースの研究による教育を行っている。学校現場での実習が義務化され、修士論文は特に課されていない。また、同じような職歴、学修歴をもつ初等・中等教育の教員が院生として集まることから、カリキュラム構成上の苦心も窺われる。教員が現場の実践をベースに研究を行うことは、実践を内部から省察することに優位である半面、実践的思考の狭い枠組みからから抜け出しにくいというジレンマが生じるのではないだろうか。そのような現実的制約を受け入れつつ、理論知と実践知の融合を実現するための、高度でプロフェッショナルな教育プログラム開発が進められている（松木, 2013）。

(3) アカデミックスクールにおける学びへの期待

　教職経験者が既設の大学院のアカデミックなカリキュラムを選択した場合は、どのような学びが獲得できるのだろうか。本章では学術研究を主体とした従来のアカデミックな大学院を「既設大学院」と表現して検討を進める。教員の生涯発達はこれまで学校組織内での「職能発達」として捉えられてきた。しかし望月（2009）は教員の学びを、教師という職業に携わる人々の「生涯学習」であり在職中も退職後も続くものとして考え、下司（2013）は「学び続ける教員像」実現のためには、教員の自主的な研修こそ認めるべきであり、自立的な学びの基礎となるアカデミックなスキルを身につけること、教職大学院に限定せず、既設大学院の修士課程での対応も必要であることを提言している。

　バルテス（1987）は生涯発達について、獲得と喪失、あるいは成長と衰退の

混在したダイナミクスとして捉えた。個人の人生の途上で、ある能力のピークをこえた場合、有効に機能する領域がより選択化されるが、その際に選びとられる領域は絞られてくる。生涯発達の一般的特徴は、年齢の上昇にともなって選択的に選びとった内容が補償作用をともないつつ、主に思考を中心とした領域で熟達化に向かう。選択的最適化とそれによる補償あるいは代替のメカニズムが発達することによって生涯発達という長期スパンの学びが実現される。

(4) 成人の学びとパースペクティブの変容

メジロー（2012）は、過去の学習の妥当性を省察的な討議を通じて確認し、そこから生ずる洞察に基づいて行動する能力を次第に高めていくことが成人の発達であり、より包括的で識別能力があり、より広がりがあり、より統合された意味パースペクティブへと導くことが成人の発達を促すと述べている。

中堅期以降の教職経験者が既設の大学院修士課程に進学するケースでは、研究者を目指すというよりは、自分の経験の意味を確認したい、経験知を相対化してより包括的な知を獲得したいという、これまでの職業や人生で蓄積してきた狭い準拠枠からの知的な解放を願っているのではと考えられる。既設の大学院へリカレントな進学をした本章の対象者は、ロールモデルの少ないきわめて個人的な選択により進路先を求め、試行錯誤しながら受験準備をし、大学院入学試験を経て進学を実現している。教職経験者があえて教職大学院以外を選択することで、どのような葛藤を経験しどのような学びを獲得したのか、パースペクティブの変容の過程を明らかにしよう。

5. パースペクティブの変容の過程

(1) 対象者の教職経験と社会人入学経験

事例として抽出した5人に共通するのは10年以上の教職経験があることと、教育委員会派遣等の制度的な進学ではなく、個人の主体的な選択によっ

て既設の大学／大学院へ社会人入学をしたことである。しかし、それ以外の
背景や状況はそれぞれ異なり多様である。5名中4名（A、B、D、E氏）は学
部卒業後、すぐに公教育の正規教員となった。女性であるA氏とB氏は結婚、
子育てなどのライフイベントで退職し、しばらく期間をおいてから大学／大
学院へ進学した。B氏は通信制大学で卒業論文を執筆中であったが、さらに
修士課程への進学を考えていると語った。C氏は芸大出身で、芸術家と教師
を兼務していたが、修士課程で選択したのは教育学である。D氏は国立大学
へ進学したが、専門を変更するために退学し、短期大学に入り直して教員免
許を取得した。その後、通信制大学で学士号、既設大学院で修士号を取得し、
現在は博士課程に在籍している。E氏は20代で修士課程に進学し、さらに
50代で管理職を務めながら博士課程に進学した。かれらが大学／大学院に
進学したのは、E氏の20代での進学を除けば、全員が職務の熟達を経た中
堅期以降のことである。

（2）専攻した領域と代表事例

　第1章での教員の学び直しニーズの調査では、教員が学びたい内容は①「教
職の専門性」②「教科の専門性」③「カウンセリングや心理学の理論」であった。
しかし、今回の調査で「教科の専門性」を選択した対象者はいなかった。「教
科の専門性」を高めるためには教員の研修や研究会で学ぶか、さもなければ
学部からストレートに既設大学院（文学研究科や理学研究科など）へ進学するの
が一般的であり、教職経験の後に社会人入学をする場合は教職大学院でも既
設大学院でも該当するコースは用意されていない。そのため、今回の対象者
は既設大学院で「Ⅰ心理学」を専攻した2名と「Ⅱ教育学」を専攻した3名に
分けてそれぞれの代表事例を中心に、その他の事例を加味して分析する。

　〈「Ⅰ心理学」を専攻したA氏の事例（図6-1）〉
　運動能力の優れたA氏は教育学部で教員免許状を取得し高等学校の体育
教師になった。10数年務めたのち出産・育児のため退職した。子育てがひ
と段落した頃から他の仕事を経験したが、40代後半で臨床心理士の資格を

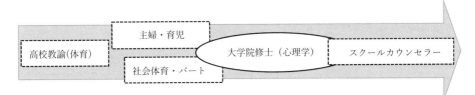

図6-1　職業と「学び直し」の複線性／重層性（A氏の事例）

取るために大学院進学を決意し、独学で心理学の勉強を始めた。大学の講義を聴講したり予備校に通ったりした時期もある。さまざまな人との出会いを師として、勉強方法を求めて努力した。

　既設大学院で修士号を取得し、修了後スクールカウンセラーとして働き始め、すぐに臨床心理士の資格を取った。現在は県教育委員会採用のスクールカウンセラーとして担当校を巡回し、心に悩みを抱えた子どもや保護者を支援するだけでなく、学校と他の専門機関との連携に尽力するなど、子どもや保護者、そして関係教師に厚く信頼されている。

〈「Ⅱ教育学」を専攻したD氏の事例（図6-2）〉

　D氏は勉強好きの高校生で、難関国立大学へ進学した。しかし、次のように語る。

　　「最初に入った四大でちょっと馴染みきれなくて…。高校生のころは勉強が楽しかったのに…。」（2015/10/22に聴き取り、日付は以下同様）

在学中は音楽のサークル活動に熱中し、公演先の保育園などとの交流から大きな刺激を受けた。

　　「それまでは子どもに興味がなくて…、でも子どもっていいなと思うようになって…。保育士さんたちの働きぶりがすごくいいなと思ったんです。四季を感じて子どもたちと一緒にっていうのがいいなあ、人間らしい暮らしができる仕事だなと思いまして。」（2015/10/22）

当時は就職氷河期で、先輩が就活に苦労する姿を見ていたこと、専攻領域の学びがあまり心に響かないことなどの葛藤に答えを出すように、D氏は

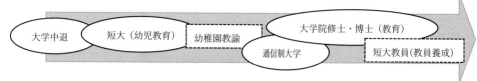

図 6-2　職業と「学び直し」の複線性／重層性（D氏の事例）

　自分の意志で大学を4年生で退学し、保育短大に入学し直した。幼稚園教諭免許を取得後、幼稚園に勤務し、やがて主任教諭を務めるようになった。10年を過ぎた頃、教員としてのさまざまな経験を経て目標を見失った思いを感じ、次の目標を求める気持ちが強くなった。教育実習生の巡回指導に来園した大学教授に思いを話すと、修士号をとることを勧められ、それがD氏の次の目標になった。まずは通信制大学で学士号を取得した。その後大学院に進学して修士号を取得し、引き続き博士課程に在籍している。修士号を取得した後、短期大学の教員になり、現在は保育士養成に携わっている。

(3) リカレントな進学とパースペクティブ変容の過程

　成人学習者がリカレントな進学経験のなかで経てきたステップにはどのような意味があるのだろうか。成人は社会生活のなかでその妥当性を批判的に吟味する経験を重ね、人生の危機に出会うことで個人のもつ意味構造を変容させるが、そこにこそ成長と学習の契機がある。つまり成人の学びとは、思考や行為の仕方を束縛している狭い解釈・認識の枠組みを問い直し変えていく「パースペクティブの変容」の過程である。5人の事例から、職業経験を経た社会人ならではの変容過程には、次のような共通項が抽出できた。

1) 矛盾（学びの欲求）

〈E氏〉「現場だけでは飽き足らないから求めて行くわけでしょ。僕の場合は学部生のときに勉強しなかったというコンプレックスがあって。真剣に4年間勉強していたら、そんな回り道をしなくてもよかった。」

（2015/2/15）

〈D氏〉毎日の保育の中で大勢の子どもを見ていて、いつも坩堝の中に巻
　　　き込まれているという感じ。立ち止ってふり返りたい。でも暇もなけ
　　　れば何もない。外から客観的に見たい気持ちが強くなって…。体力的
　　　な疲れとか、ちょっと先が見えない感覚もあり、惰性で流しているよ
　　　うで次が楽しみに思えなくなっちゃった…。」(2015/10/22)

〈B氏〉「私、やっぱり大人数の子どもに教えるより、個別にその子にあっ
　　　た支援をするほうが自分に合っていると思って。時間にゆとりがあっ
　　　て、私の思う教え方ができるのはそれだなと思ったので…。」「いろん
　　　な子がいるので、個別に対応するっていうことがすごく私の中でポイ
　　　ント。」(2016/1/9)

　学生時代にもっと学んでおけばよかったという思いは職業実践のなかでこ
そ痛感するのかもしれない。多くの人が学生の頃十分に学んでいなかったと
いう反省と、今こそもっと学びたいという思いを語った。青年期までに受け
る学校教育は実社会とは異なり、いわば温室の中での間接的な学びである。
だからこそ新卒の若者は実社会で経験を積み、実戦的な実力をつけたいと願
う。しかし、10年以上の実務経験を積み重ね、実践を展開してきたA、B、D、
E氏はやがて「現場で飽き足らなくなる」「先が見通せない」という倦怠感や
枯渇感を感じるようになる。若いころの新鮮な感性や体力的なフットワーク
に陰りを感じるのもこの頃である。青年期までに獲得した知識の不足や陳腐
化への気づき、社会的役割と責任の増大、実践の中でぶつかる矛盾、社会構
造的な問題などが絡み合って、より高度な学びへと欲求が駆り立てられる。

2）自らの状況を変える（学びの方向性）

〈B氏〉「いったん家庭に入って子育てして教師をやめました。で、2回目
　　　に講師として職場に行きました。その時にはやっぱり子育て経験なの
　　　かなあ、人を、子どもを見る目が違ったのかなあ。昔だったらこれで
　　　オッケーだったことが、これはちょっと違うんじゃないかなっていう
　　　ようなことがたくさんあったんですけど…。」「これは教育だけじゃな

いなって思った。心のことをもうちょっと深く知りたいなと思い、今、通信制大学の『心理と教育』コースなんですけど、しっかり学ぼうと思って、3年次編入。」(2016/1/9)

A氏は臨床心理士の資格を取るために大学院進学を決意したが、学部は教育学部(体育専攻)である。師を求めて奔走した。

〈A氏〉「大学院受けようと思うんだけど、研究計画書とか全然分からないし、論文書いたことなかったし…。今思うと卒論は大学院目指せるレベルじゃないんです。入るまで大変だった。心理の学部レベルの勉強を大学院に入るまでにすごくした。ほとんど独学。大学院のサテライト授業に参加させてもらったり…。院入試を突破するための受験予備校にも行きました。」(2016/3/22)

「院に入るまでの勉強というのも面白かったですね。入るまでがとっても苦労したので。院は心理出身の子しか入れない。あとは周辺領域の社会人。受かる保証なんかなくて…。」(2016/3/22)

「教育が心理学の周辺領域に入ってたけど、私、社会人入試でやってたんじゃ意味がないなって思ったので、一般でやりました。だったらやっぱり学生と競争していくしかないなという感じ。だって何も持ってないから。持ってる人は社会人でやればいいけど。だから学部の子より勉強してると思う…私。あまり勉強してない子よりはね(笑)。」(2016/3/22)

「エキサイトしましたねえ、すごい喜びでした。面白かったですね、心理学の勉強が。人間を知る面白さですかねえ。とにかくすっごく面白かった。」(2016/3/7)

今回の対象者は、学部卒の段階では大学院進学という選択肢をほとんど考えていなかった。それぞれの実務経験を経て、その中から方向性を求めてリカレントな進学へと至っている。しかし、大学院への進学となると、自分の研究テーマを明確にして院入試を突破しなければならず俄然ハードルが高い。だからこそ、A氏のように方向性を求めて主体的に努力した高揚感は大きい。B、D、E氏も、自らの状況を変えるために歩を踏み出し、方向転換を成し

遂げたことを大きな達成感として語っている。

3）葛藤（実践と理論の相克）

大学院の学びは学部までに経験したものとは大きく異なる。芸大で彫刻を、大学院で教育学を専攻したC氏は次のように語った。

〈C氏〉「大学院に入って本当に苦労しました。全然知らないことばかりで…。アカデミックな院生の高等教育の話とか…。僕にとっては縁のなかった本を次々に読まされていろんな事を知る。いやいやながらもいろんな事を知る。今までの自分は、作ってから考えてっていう人生だった。まず手を動かして、いろんな事が始まるという考え。まず知識を得て、そこから何かを輩出していくというのは順番が違う。逆の方法論でした。年下の先輩がいっぱいいますよね、その彼らとよく衝突しましたよ。僕が『まず、行けよ、手を動かせよ』って主張すると、『Cさんは手を動かす教の教祖ですね』と言われました。『僕達は思考の旅に出ているんです』とも言われました。『行動と同じです』と言っていました。上手に表現しますよね。」(2016/8/3)

C氏が語った「葛藤」は、実践家が研究大学院における高度な議論の場で感じる戸惑いと重なる。前述のD氏も語るように、教員は現場で走りながら考え、また走り続けることの連続である。頭の中には現場の具体的なエピソードが溢れるほど満ちている。しかし、実践の引き出しが増えても、ある段階からはそれ以上の発展につながらず、何かもっと抜本的な視点が欠けていることを感じている。だからこそ大学院を目指したが、同じ教育問題を語りながら、さまざまな事柄が絡み合った現場の状況や子どもの感情のひだ、理屈どおりには動かない現場の空気など、簡単に取捨できないさまざまなニュアンスに満ちた実践と、大学院で語られる理論の間の小さな違和感にこだわりを感じるのである。

4）破壊と獲得（実践の相対化）

A氏は若い教師の頃の自分と現在の自分は「どんどん変わっています」と

述べている。Ｄ氏は、大学院の学びで少し大きな視野を獲得してから振り返ると、現職時代の園内研修では到達できなかった事柄があることに気づいた。美術家であることが第一義であるＣ氏は大きなものを獲得し、また失ったものへの自覚も述べている。

〈Ａ氏〉「若い頃は自分がいて周りの世界があって、そこで一生懸命生きているっていう感じ、そういうイメージかな、今思うと。今は自分がいて周りの世界があるのは同じだけど、それをまた俯瞰して見ている自分がいる。視野が広くなったというのかな。」(2016/3/22)

〈Ｄ氏〉「幼稚園の園内研修で、子どもの行動原理を打ち崩すためには、思いがけない場を保育者が提供するのがよいと指導され、確かにそうだなと思っていたのですが…、大学院でもっと幅広い保育理論やいろんな研究を知った上で振り返ってみると、何でしょうね、相互作用っていう見方に欠けていたかなあ。あの頃一生懸命考えていたことにちょっと〈欠け〉がある。」(2016/3/7)

〈Ｃ氏〉「逆に作品を作れなくなりつつある。まず考えることから入ってしまうようになったら、手が動かせなくなった。頭でっかちになりつつある気がします。大学院って深く読む場ですよね。いろんな人のいろんな考え方を聞く。ぼくもだんだん知識を先に求めるようにはなっていった。でも、そこにはまだせめぎ合いがありますね。今まで手を動かして作ってきたものだから、やっぱり、本だけの知識ではどうしても信じきれないものがある。」(2016/8/3)

しかし、実践とアカデミズムとの相克について、Ｃ氏は次のように折り合いをつけた。そして、「教える」という行為に対しての心境の変化を語った。

〈Ｃ氏〉「考えが浅いということですかね。もっと深く考えてから作るほうがいいのかもしれない。作品に意味を与えるのが思考、つまり、意味を文章化する作業。作品について言葉にする、理論化する作業を自分でやらなければと思った。」(2016/8/3)

〈Ｃ氏〉「今までは作家としてのこだわりがあったので、教えること自体あまり楽しくなかった。でも最近は教えることが楽しくなってきた。視

野が広くなったってことでしょうか。今まではこれが何の力になるの
か漠然としていたのが、今ははっきりと考えるようになった。表現す
る科目の特別性、他の科目ではできないこと、その喜びを知るとやっ
ぱり教えることっておもしろいなと思います」(2016/8/3)

　理論は実践を基礎に実践の要請に応えるものとして形成されるものであ
るが、ひとたび形成されれば、理論独自の自立性を手に入れる。そのため、実
践と理論はある意味で絶えずギャップが生じる関係にある。理論は理論内部
の事情や不整合性を標準化しつつ発展するが、一方で社会的実践も限りなく
多方面に進行し、ときに矛盾しつつ飛躍し、人々の認識も変わっていくから
である。教育は社会と不可分の関係にある複合的な営みであり、現実は理論
どおりには進まない。しかし、理論的な知見を知らない実践は行き詰まる。
根っからの実践家であったC氏とプロパーの研究者を目指す若い大学院生
との対話は、双方の立脚点と視座の違いを互いに自覚させるものとして興味
深い。

　このような衝突や対話を通して、理論も実践も修正され、改善され、進展
につながるのであろう。「実践知と理論知の統合」を方向目標として自覚す
ることで、C氏は実践を相対化する視野の広がりと共に、次なる学びのサイ
クルを自分で生み出していく術も獲得したと言える。

(4) 教職経験とアカデミック・スキル

　社会人学生は経験の背後にあるリアルな現実には言葉にできないほどの実
感がある。しかし、研究方法や理論に関しては素人同然のスタートである。
学術研究の諸技能にまったく疎い者が研究者養成の只中で「研究って何?」
と初歩的なレベルで躓いて、知識も手法も乏しいことに葛藤し、認識の転換
を迫られながら、やがて研究の面白さに目を見開く思いを味わうのである。

〈D氏〉「新しくということですよね。これまで誰もやってないこと、新し
　　いことを見つける。自分が知りたいだけではダメで、これまで積み重
　　ねられている研究知識のなかに自分がやることが組み込まれていくこ
　　とが大事なんですよね。」(2016/3/7)

　修士論文執筆には特別な重みがある。社会人学生にとっての修士論文執筆は自分自身の社会的経験や実践を相対化し、オリジナルの知見として一般化する作業である。A氏、D氏は修士論文に対するアプローチを次のように語った。

〈A氏〉「修論は因子分析の手法を用いて、身体感覚がメンタルに及ぼす影響について執筆しました。体の感覚と心はつながりがあるというのは、自分がスポーツの中で感覚的に感じていたこと。体の軸がきっちりしていると心も落ち着いて世界観が変わる。」(2016/3/22)

〈D氏〉「修正版グラウンデッド・セオリー・アプローチという手法で、子どもの登園後の移行について執筆しました。理論として洗練されている方法論を使うことで信頼度が上がり、科学的に書けるんだということを勉強しました。」(2016/3/7)

　なにより知的な変容を促されたのは、自分自身のオリジナルの知見を修士論文にまとめ上げたという経験であろう。先行研究や理論の調べ方を知り、学術的な語彙を獲得し、課題意識に基づいてフィールドに出かけ、研究会で討議する緊張を味わい、研究者ネットワークの広がりを知るなど、修士論文執筆の過程でまさに「研究を通じての教育」を経験したのである。学ぶとは新たに言葉を獲得し、比較・相対化する視点をもち、自分自身が変わることである。かれらはプロパーの研究者とは異なるが、アカデミック・スキルを習得することで、高度専門職業人として実践と理論をつなぐ役割を担っていくことになるに違いない。

(5) 個人的拡張から共同的拡張へ

　今回の対象者は実践経験に立脚しながらも、より俯瞰した視点から実践を相対化したいという思いが働いて既設大学院を選択した。しかし、本来、研究者志向ではなく、純粋な学術研究に対してのイメージを持たずに進学したため、実践と理論の狭間で葛藤を経験する。やがて自らの実践の中からテーマを見つけ、新たな知見を生成する過程で、かれらは自らの確かな変容と拡張を実感した。実践志向であった対象者がアカデミックな修士課程で自分自

身の実践や経験を相対化し自己省察することによって、以前の狭い認知的、言語的、組織的、環境的な諸圧力・諸拘束からのある種の「解放」を手に入れたのかもしれない。

　ところで、パースペクティブ変容の理論は個人的な発達や変容に着目しているが、エンゲストローム (2008) は集団の「拡張的学習」にも焦点を当てている。拡張を経験した個人が、それぞれの実践現場で新たな活動や組織の創造・再構築にかかわっていくことで、共同的な拡張のサイクルに貢献することが重要なのである。その意味では、教職大学院でのプロフェッショナルな学びが「垂直的」な拡張であるとすれば、既設大学／大学院での学びは多様性と境界横断性といったより広い視野に基づく「水平的」な拡張であるといえる。教職経験があり教育現場をよく知りながら、学校の外部から関わる専門家として実践活動の水平的進展と発達を促し、現場に貢献する貴重な人材となっていくであろう。

6. 学び続けることは変わり続けること

　一定の経験知と熟達を得た教職経験者が既設大学／大学院に社会人入学し、アカデミックな環境で自らの実践を相対化し、深く追究する術を学んだ経験は、各人にとって大きな知の転換となった。バルテス (1987) はエイジングによる獲得と喪失の補完性に着目し、メジロー (2012) は成人の変容プロセスを重視した。しかし、本論の対象者の語りからは、過去の準拠枠も、パースペクティブの変容を経て獲得した新しい認識の枠組みも、実は次の歩みへの通過点であり、新たに獲得した専門性の底層を成している。

　学びとは固定的な効力をもつものではなく、そこで安住、停滞するわけにはいかない。学び続けるとは変わり続けることである。個人の人生は連綿と続いており、到達した地点からまた歩み続けることで、振り返れば新たな軌跡が残る。自らを変容させ、解放させていきたいという思いを持って試行錯誤しながら生きる姿は、経験と学びの相乗によって自身の人生をコントロールしようとする姿ではないだろうか。

　今回の5名は、その後、公教育の現場で専門性を生かす者、公教育の外部から、あるいは周辺的な領域で専門性を生かす者など、キャリアは多様に分散している。「水平的」な拡張を経験した個人のキャリアの変遷と人生の軌跡については、次の第7章で検討したい。

参考文献

Baltes, P. B. (1987) "Theoretical Propotitions of Life-Span Developmental Psychology on the Dynamics Between Development" *Developmental Psychology*, 23 (5), pp.611-626.

中央教育審議会 (2015)「これからの学校教育を担う教員の資質能力の向上について〜学び合い高め合う教員育成コミュニティの構築に向けて〜（答申）」https://www.mext.go.jp/component/b_menu/shingi/toushin/__icsFiles/afieldfile/2016/01/13/1365896_01.pdf（2022.1.11 最終閲覧）

中央教育審議会 (2019)「2040 年を見据えた大学院教育のあるべき姿 〜社会を先導する人材の育成に向けた体質改善の方策〜（答申）」https://www.mext.go.jp/component/b_menu/shingi/toushin/__icsFiles/afieldfile/2019/02/18/1412981_001r.pdf（2022.1.11 最終閲覧）

江原武一 (2008)「アメリカの大学院教育改革 ―改革の先行モデル」『立命館高等教育研究』8, pp.109-121.

エンゲストローム, Y (2008)『拡張による学習―活動理論からのアプローチ』山住勝広他訳, 新曜社。

下司晶 (2013)「『学び続ける教師像』の現実化のために―生涯学習社会と理論・実践問題」『教育学雑誌』48, pp.56-60.

松木健一 (2013)「学校拠点方式の教職大学院とは何か―学校ベースの実践コミュニティの創造を目指す福井大学の取組を振り返る」『教師教育研究』6, pp.3-18.

メジロー, J. (2012)『おとなの学びと変容：変容的学習とは何か』金澤睦・三輪建二監訳, 鳳書房, p.8.

望月厚志 (2009)「『教師の生涯学習』研究の展開と課題」『茨城大学教育学部紀要』58, pp.307-320.

文部科学省 (2018)「専門職大学院の入学者数及び在学者数推移」https://www.mext.go.jp/content/1423019_009.pdf 2021.12.5 最終閲覧。

文部科学省 (2022)「専門職大学院制度の概要」https://www.mext.go.jp/content/20220328-mxt_senmon02-100001400.pdf（2022.2.5 最終閲覧）

桜井厚 (2002)『インタビューの社会学―ライフストーリーの聞き方』せりか書房。

佐藤郁哉 (2006)『フィールドワーク増補版―書を持って街へ出よう』新曜社。

白山真澄 (2017)「社会人学生の進学の動機とリカレントな学びの諸相―保育士・教員養成課程の場合」『東海学院大学短期大学紀要』42, pp.21-30.

高井良健一 (2009)「教師の中年期の危機と再生：金子奨のライフストーリーを通して」『東京経済大学人文自然科学論集』127, pp.59-99.
高井良健一 (2014)「教師の中年期の危機と再生（Ⅱ）：北原豊のライフストーリーを通して」『東京経済大学人文自然科学論集』135, pp.15-56.
山崎準二 (2002)『教師のライフコース研究』創風社。

付記

　　本章は、白山真澄 (2017)「成人の学びとパースペクティブの変容：教職経験者のリカレントな進学の事例から」(『日本生涯教育学会論集』38 所収) に加筆・修正を加えたものである。

第7章　越境の経験と「学び直し」
──三つの物語から──

白山真澄

1. 個人のライフストーリーから社会を見る

(1)「学び直し」の経験と「人生」の軌跡

　「学び直し」という言葉はやわらかく包摂的で、社会人のリカレント教育や生涯学習、職能開発や趣味・教養のための学習まで、さまざまな目的や学び方をその時々で「学び直し」と総称する傾向が見られる。しかし、不足を補うという語感の「学び直し」という言葉は、子ども時代から青年期までの学習が正統な学習であり、成人期に行う学びを補足的なものとして矮小化しているように聞こえる。いつまで「学び」＋「直す」のだろうか。成人の学びは、個々人で異なり、多様で何度も形を変えながら繰り返され、既存の学習プログラムに収斂され得ない広がりを持つものではないだろうか。「学び（直し）」はもっぱら青少年の学習を想起しがちだが、むしろ、成人の学びこそが豊かな「学びの展開」であると考えたい。

　インタビュー〔Ⅰ・Ⅱ〕では、「学び直し」を経験した人の語りがあたかも冒険談のような解放感に満ちていた。そこに見られるのは「学び」＋「直し」ではなく「断続的に、自分の意志で学びを選び取る愉しさ」である。「学ぶことは変わること」とは教育哲学者・林竹二（1978）の言葉であるが、多くの人が語るライフストーリーは、「学び直し」を分岐点として、人生のコースが本人の志向に合った、より満足度の高い方向へシフトしていく姿を物語っている。「青年期の学歴」→「仕事・家族形成」→「引退・老後」という、これまで一般的であるとされていた3ステージのサイクルをなぞるのではなく、自

らの選択と行為によって分岐されつつ形成される個人の歩みは、何らかの契機で振り返ってみると、人生の軌跡（トラジェクトリー）として確認される姿にほかならない。

　第6章では、成人の学びの特徴は「能動的」で「選択的」で「パースペクティブの変容」がもたらされるものであることを対話的インタビューから検討してきた。年齢に対する既成概念をこえ、新しい双眼鏡と新しい乗り物を手に入れて思考と発見の旅をする躍動感である。このような冒険に向かわせるものを、個人の主体的な条件または「内的条件」として解釈すると、もう一つ見逃せない条件がある。それは個人が置かれた環境的な条件あるいは「外的条件」である。人生の若年期、中年期、壮年期、高齢期という時間軸で、その時々の「内的条件」と「外的条件」をすり合わせ、その人なりの落としどころを探りつつ選択した判断や行動が結節して分岐点となり、新たな方向性を形づくっていく。それがやがてその人の唯一無二の人生の軌跡を描いていく。

　本章では、インタビュー調査〔Ⅱ〕から3人のケースを抽出し、個人の物語を軸に、内的条件と外的条件の相互作用で描かれる人生の軌跡と、「学び直し」を契機とした人生の新たな展開について解釈していく。個人の物語は、本人の志向や主体性のみによって紡がれるのではなく、その時々の社会の諸条件のもとで、さまざまな要因が複雑に影響するなかで規定されたり、乗り越えられたりしつつ、選択を伴う相互作用として展開していく。「学び直し」という日常の行為は、個人の選択ではあるが、きわめて社会的な事例としての意味を成すと考える。ここでは、3人に共通する大きな外的条件として「移住」と「社会変化」を切り口に考察を進めたい。

(2) 調査の概要

　2019年3月〜2021年4月にかけてのインタビュー調査〔Ⅱ〕では、7名の対象者に「学び直し」の経験と「人生」にまつわるライフストーリーを語っていただいた。ここで紹介するのは、人生の中で国境を越えて生活をした経験をもつ3人の事例である（表7-1）。海外から日本へ移住したリタさん、日本から海外へ赴任した経験を持つユキさん、そしてケンジさん（いずれも仮名）

表7-1　ライフストーリーの語り手と「社会人学生」の経験

		最初の学歴	社会人学生の経験		専攻	現在の職業
リタさん	女性	専門学校(ペルー：数学)	定時制高校(修了)	30代	普通科	通訳、NPO法人
ユキさん	女性	大学(英文学)	短期大学(アメリカ：修了)	20代	幼児教育	教師
			学部3年次編入(修了)	20代	心理学	
			修士課程(在籍中)	40代	教育学	
ケンジさん	男性	大学院修士(建築)	修士課程(アメリカ：修了)	30代	建設管理	省庁外郭団体
			博士課程(修了)	60代	地震工学	

　である。3人の変化に富む人生の物語は、越境した二つの国の国情の違いや社会の動向と無縁ではいられない。個人のライフストーリーを社会的な経験として捉え、そこで試みられる「学び直し」の意味と普遍性を読み解いていきたい。

　すべてのライフストーリーは語り手の個人としての唯一無二の人生から紡ぎだされるが、その物語はさまざまに異なる側面を見せつつ展開する。聞き手が「学び直し」と人生の展開についての関心から質問をすると、それに呼応する側面が照射される。そのようにして語られた物語は、語り手にとっても聞き手にとっても、ひとつの象徴的な物語として感受され、触発され、互いに示唆を得ることができる。本章では、最初にライフストーリー上の「学び直し」と仕事や人生に関わる展開を要約しつつ一連のプロットとして示す。その後に個人の内的条件と外的条件の相互作用、および社会背景や「学び直し」の仕組みと絡めた筆者による解釈を記述する。

　ライフストーリーの書き起こしデータは一人分でA4用紙10頁から30頁もの分厚い内容となったが、本章で活用するのはそのごく一部である。本文ではプライバシー保護のため仮名を使用し、分析に支障のない部分は、曖昧な表現をしたり、若干の修正を加えたりするなどの工夫を施した。記述するにあたり、「学び直し」と人生の展開、社会的背景の個人に及ぼす作用についての解釈などは、すべて筆者の文責であることをお断りしたい。

2.「移動」・「学び直し」と人生の軌跡

(1) 人生における「移動」というファクター

　3 人の物語の共通項は、国境を越える「移動」と「学び直し」の経験である。人生における「移動」の意味とは何だろうか。もちろん移動がなければ人間の生活はありえない。人生のはじめに乳児は触覚的な空間探索で、最初の認知を獲得する。這い這いから二足歩行へ可動域を広げることで、触覚的、視覚的に世界を広げ、認知を発達させていく。空間的な移動が人の精神的な活動領域を広げるのである。やがて年齢を重ね、地理的な移動だけでなく、対人関係、集団・組織、役割、地位といった社会的な移動の次元へと開かれていく。人の移動と認知の拡大は切っても切れない関係にある。

　移動はさまざまな経験をもたらす。移動はある場所に付随する事柄やその場所に引き留めるしがらみからの解放であるが、同時に未知の場所の新しいリスクに身を曝すことでもある。新しい場所では、自然環境も社会環境も人的環境も異なる。出会うことがらをひとつずつ吟味し、新しい世界を探索しなければならない。ましてや国境を越え、言語が異なる地へ移動する場合はなおさらである。それでも、今までの場所では得られなかった経験や、今までの場所とは異なる生き方への期待から、人はまさに全身全霊で五感を総動員して新しい世界を丸ごと「学び直し」、その世界で生きる自分を再構成していく。人々が国境を越えて移動する動機や経緯はさまざまであるが、移動を契機に人生の大きな転機を経験することは確かである。「移動」により増幅した人生経験をもとに「学び直し」を問うことで、個々人の内的条件の共通性や差異、また外的条件としての社会の側の不整合や不条理、矛盾の諸相がより大きな視点で鮮明に見えてくる。

(2) 海外から日本へ移住した事例

　日本とはまったく異なる社会・文化・生活状況から日本に「移動」する過程でさまざまな転機を経験して人生の再構成をおこなう人々は、今や各地で増加している。その諸転機には必然的にさまざまな「学び直し」が伴ってい

ることだろう。一人の在日外国人の軌跡の概要を紹介する。

〈リタさんのライフストーリー〉

　リタさんはペルー出身の 50 代の女性。日本人男性と結婚し現在は日本国籍を取得している。1960 年代にペルーの山村で生まれた。子どもの頃から勉強好きの少女だった。小児科の医者になりたいと思っていたが、親が許してくれなかった。学費がかかるし、男性は仕事、女性は台所に立っていればいいというのが父の考えだった。地元で一番難しいのが教員養成の専門学校だったので、数学科に進学した。家庭教師をしてお金を稼ぎながら教員免許を取った。子どもに教えるのは楽しかった。

　20 歳で卒業し、家を出て小さな町の学校の数学教師になった。父は行ってはいけないと怒っていた。一年ぐらい口を聞いてくれなかった。父にいつもひと言、言いたかった。「女性だからといって台所じゃない。」リタさんは大学に入って自分でお金を稼いで自分の力で生きると子どもの頃から思っていたので、「勝手に出て行っちゃった。私には私の生き方があると思った」と語っている。

　ペルーでは、子どもは何よりもまず親を助ける習慣がある。だから親にお金を渡していた。でも父はプライドがあるから、娘からのお金は受け取ろうとしない。母にこっそり渡し、妹の学費にしてもらった。リタさんがずっと求めていたのは、自分で自立して生きることで、結婚はリタさんの夢ではなかった。

　ある日、日本に出稼ぎに行った日系人の教え子から連絡がきた。1990 年代のことである。弟を日本に呼び寄せたいが、英語がわからないし、はじめて飛行機に乗るので怖がっている。弟を連れて遊びに来てくれないかとのこと。飛行機代を出してくれるし、ビザの保証人になってくれるという。夏休みの 3 ヶ月間、日本に行くことにした。新学期には帰るつもりだった。しかし、帰ることはできなくなった。

　そのころ日本では、ブラジルやペルーから、多くの日系人とその家族が来日し、製造工場などで働いていた。リタさんは日系人ではないが、日本に来

てから工場でアルバイトをした。お土産にお金を持って帰れば、と、友達が紹介してくれたから。するとアルバイトでもらったお金がとても高い。ペルーでもらう教師の給料の 10 倍以上あった。もう帰れない。それで日本から連絡をしてペルーの学校の仕事は辞めてしまった。

　市役所で外国人登録をして、その後ずっと日本で暮らしている。日本語は最初の 2 年間に自分で勉強した。日本では通訳してもらわないと何もできない。それは嫌だった。独学でひらがなとカタカナを覚えた。地元の国際交流協会の日本語教室にも行った。そこで外国人支援をしている NPO 法人の理事長、トモミさん (仮名) と出会った。トモミさんが以後ずっと最大の支援者であり、よき友人となった。

　日本語が少しできるようになったので、工場の仕事だけでなく、土日にコンビニでアルバイトを始めた。スタッフは全員日本人で外国人はリタさんだけだった。日本語をたくさん使って覚えた。その時の副店長が今は義理の姉である。ある日、副店長が彼女の弟を紹介してくれた。日曜日は半日シフトにしてもらい、副店長の弟と映画を見に行ったり食事に行ったりした。優しい人だった。「本当に優しかった。おもしろいね。人生は何が待ってるか分からない。」2 年後に結婚した。トモミさんは、文化や習慣が違うからと心配したそうだ。日本の料理やそのほか色々なことを教えてくれた。そして夜間の定時制高校に行くことを勧めてくれた。

　ペルーでは教師だったという自負がある。日本では学歴がないので、高校に行きたいと思っていた。まずは高校、そしていつか大学で日本の教師の資格を取りたい、というのが今も持ち続けているリタさんの夢だ。トモミさんが良い高校を教えてくれた。願書や受験の準備、受験勉強、面接や作文の練習など、なにもかも面倒を見てくれた。英語と数学は大丈夫。だから合格したと思う。

　夜間高校は楽しかった。16 歳の若い子達の中に一人年配の人がいて、みんなママと呼んでいた。外国人はリタさんだけだったので、教頭先生がスペイン語の通訳の方を探してくれた。週 2 〜 3 回、1 時間ぐらい、授業の内容を説明してくれる。とても助かった。通訳のヤマダさん (仮名) はスペイン語

で司法通訳をしており、後にリタさんも裁判所で通訳をするようになった時には、良き相談相手となった。リタさんはヤマダさんをとても信頼している。

　在学中に長男を出産したため、定時制高校は5年かかって卒業した。通常は4年間で卒業するところを、出産と育児のため1年間休学したからである。最後の2年間は、高校の先生が助けてくれた。1、2年生の時に教えてくださった先生で、リタさんが休学している間に定年退職された。その先生が週に3回リタさんの家に来て、赤ん坊の世話をしてくれた。20 kmも離れた隣の街から車を運転してきて、夜9時過ぎにリタさんが帰宅すると、彼女はまた車を運転して帰る。卒業まで2年間ずっと続いた。お金は一度も渡したことがない。リタさんは先生になぜ、と聞いたことがある。「頑張っている姿を見ると応援したい。卒業してほしい」と言ってくださった。息子は6年生になったが、今でもその先生を「ばーば」と言って慕っている。

　今は夫の扶養家族のため、フルタイムの仕事はしていない。しかし、日系南米人が地域にたくさん住んでいるため、リタさんのもとにはペルー人やブラジル人からの通訳の依頼が多い。学校や市役所や病院へ同行して通訳をする。トモミさんが主宰している、外国人の子どものための学習支援教室やプレスクールでも教えている。地域の国際際交流協会の要請で仕事をすることもある。

(3) 仕事で海外へ移住した事例

　次にユキさんとケンジさんのライフストーリーを紹介する。ユキさんとケンジさんは世代も職業、専門領域、そしてパーソナリティも全く異なる。しかし、2人とも若い頃から「学び直し」の経験を重ねている。仕事で海外へ移住した経験をもつこと、海外での仕事を通して危機に直面し、視野の転換を迫られる経験をしたこと、その後、新たな「学び直し」へと歩を進めたことなど、「学び直し」の経験と人生の軌跡に共通項が見られる。国内外を問わず、移住の経験は人生の振幅を拡げる。ユキさんとケンジさんは国家間の移動で想定を超える社会的な重大事態に直面した。2人の描いた人生の軌跡の概要を紹介する。

1) 大きな社会変化に直面しつつ進学を果たした事例

〈ユキさんのライフストーリー〉

　ユキさんは 40 代の小学校教師。就職氷河期世代である。英語が好きで、子どもを教える仕事がしたかった。大学 4 年生の夏、教員採用試験を受けたが、倍率が高く合格できなかったので、英語の実力をつけようとアメリカの短期大学に留学した。アルバイトで留学費用を貯め、9 月に入学してからは朝から夜間開講の授業まで受け、さらに深夜まで図書館で勉強して、優秀学生として 1 年で学位を取得して帰国した。日本での 2 回目の教員採用試験に合格し、中学校の英語教師になった。

　中学校では運動部の顧問になり、授業も部活動も全力投球の 6 年間を過ごした。当時の運動部の顧問は、朝練習や土日の練習、休日の練習試合と、文字通り休みがない。また、クラス担任になると、クラスの中の心配な生徒のために心を砕き、気が休まるときがない。多感な思春期の中学生である。さまざまなできごとが起こり、感動の喜びも大きいがストレスも大きい毎日だった。夢中で駆け抜けた日々だが、自分自身のこれからの人生を考えると、結婚や子育てと中学校教師を両立するのは至難の技だ。

　2008 年度から小学校で英語活動が導入されることを知り、小学校に転勤しようと考えた。小学校教員免許を取得するため、大学の 3 年次に編入学して 2 年間、教師の仕事と大学の勉強を両立した。2 年目は中学 3 年生の担任だったので、一人ひとりの生徒の進路指導と受験準備に伴走し、感動の卒業式を迎えた。多忙がたたって、途中で倒れたこともある。でも、ユキさんは教師の仕事が好きだった。

　結婚して、郷里の小学校へ転勤し、夫と協力して仕事と子育てに全力投球の日々が過ぎた。彼女の世代は採用試験が厳しかったが、それだけ教員の層も薄い。団塊世代とそれに続く年長の世代が毎年大量に退職し、不足を補うために若手教員が大量に採用される狭間の世代である。ミドルリーダーとしてたくさんの仕事を任された。またしても走り続ける日々だ。

　ユキさん一家は旅行が好きである。新しい土地への好奇心で、国内外をた

くさん旅行した。そして、いつかは子どもたちに海外生活を体験させたいと考えていた。ユキさんは海外日本人学校教師の選考に応募し合格した。赴任先はミャンマーの日本人学校。夫君も良い機会と考え、勤務先で3年間の休業をとって家族全員で渡緬した。未知の国で不安もあったが、花々の溢れる南国の解放感、ヤンゴンの街並みの活気と純朴な暮らし、ゆったりとした時間の流れ、中でも人々の物腰や笑顔に魅了され、そこが大好きな土地になった。2018年のことで、その頃はミャンマーの人々は誰もが民主的な国の発展を信じていた。

　日本人学校では、多彩な背景を持つ意識の高い子どもたちとその家族に寄り添って、教育の歓びを堪能していた。日本の学校のように多くの仕事に忙殺されることもなく、時間もたっぷりある。休みにはあちらこちらを旅行し、長期休暇には海外へも出かけた。日本ではできないことをと、夫は国立外国語大学に編入学し、ビルマ語を学び始めた。ユキさんは古都の暮らしを満喫しながら、アメリカンセンターで英語のブラッシュアップ、子どもたちはスポーツやさまざまなイベントを楽しんでいた。

　順調な2年間を過ごし、3年目は授業研究の仕上げをしようと張り切っていた矢先の2020年3月、新型コロナウイルスの世界的な感染症パンデミックが起きた。2020年5月の段階での全国的な休校措置は、全世界の72%（177カ国・地域）におよび、約13億人の児童生徒が登校できない状態に置かれたとメディアで報じられた。日本の学校も3月から5月まで、3ヵ月間もの長い休校措置となった。

　ミャンマーでは空港が閉鎖されるため、大使館から邦人の帰国勧告がだされ、多くの子どもたちが帰国していった。日本人学校は「ピンチをチャンスに」「できることからやってみる」と柔軟に対応し、オンライン授業で現地に残る子どもたちと日本各地に散っていった子どもたちを繋ぎ、授業を途切れることなく継続した。ユキさん一家も4月に帰国し、ユキさんは日本人学校のオンライン授業を、日本から提供し続けた。9月には現地へ戻れると信じていたが叶わず、11月には、12月には、と延び延びになった。そして2021年2月、現地で軍事クーデターが勃発した。

　ユキさんは日本からオンライン授業を提供しながら、さまざまなことを考えた。ネットで情報を探した。地元の大学の研究会に参加した。そして、大学院の英語教育の先生と出会い、研究に誘われた。迷いつつも大学院前期課程を受験した。身体は日本にありながら、ミャンマーの情勢と人々のことが頭を離れない。現地の同僚や知人から辛い情報がたくさん入る。慣れ親しんだ街角で若い人たちがデモの先頭に立つ姿を思うと、「もうやめて！　銃にはかなわない…」と言いたくなった。そして自分に何ができるか、何をすればよいのか考えた。クラスの子どもたちに何を教えるのか、迷い、考え続ける日々を過ごすうち、3 月には吹っ切って前を向くことにした。日本での新しい赴任先が決まり、我が子の転校手続きや新しい住居の準備をしながら、4 月からは教師の仕事と並行して大学院で研究を始めることを決意した。そしてユキさんの新しい生活が再スタートした。

2）人生の集大成としての「学び直し」の事例
〈ケンジさんのライフストーリー〉

　ケンジさんは団塊の世代である。厳しい受験競争をくぐり抜け、鉄骨構造設計の専門家として、高度経済成長期からバブル期にかけてのグローバルな現場で、世界最先端の建造物を建設した。ケンジさんが携わった東アジアの 2 つの超高層ビルはアメリカの機関によって「過去 50 年間で最も影響力のある高層ビル 50 棟」に選出されている。「まさに『プロジェクト X』ですね」という聞き手である筆者のことばに、ケンジさんは「苦労しましたからね」と笑った。

　高校生の頃はコンピューターに興味があった。第一志望は情報工学だったが、第二志望の建築学科に合格した。そのまま大学院に進み、構造力学の講座で地震工学を研究して修士号を取得した。大手鉄鋼メーカーに就職し、最初は高力ボルトや溶接の研究を行った。上司はスタンフォード大学を出た人で「これからは留学だよ」としきりに勧めてくれた。ケンジさん自身も留学したい思いがあり、英会話学校に通うなど準備を始めていた。そんな中、各事業部で 1 名、1 年間留学させるという社内制度ができ、上司の推薦でア

メリカに行くことになった。アメリカへ行くと言ってもどこに行けばよいか
わからない。日本の恩師にボルトの研究で世界的権威のアメリカの先生の教
室を紹介してもらい、聴講生として通うことにした。29歳の時である。

　さて、聴講生といってもどうしたらよいかわからない。上司は「まあ、ア
メリカは色々あるから、何でも一生懸命やったらいいことあるよ。精一杯
やってこいよ」と送り出してくれた。聴講生は授業を受けるだけで、試験を
受けなくてもよい。でもケンジさんは宿題はすべて提出し、試験も全部受け
た。留学生向けの文法中心の英語のクラスでは一番の成績だった。そしたら
やはり良い事があったのである。次のセメスターから大学院に入らないかと
教授に勧められ、半年後には大学院生になっていた。猛烈に勉強して、1年
でマスターの学位を取得した。

　帰国後は構造設計の専門家として、東アジアの高層ビルの鉄骨フレームの
詳細設計と実際の建造までのプロジェクトに携わった。1990年代、深圳市
でケンジさんが手がけた高層ビルの最上階から眺めると、町の中は建設用タ
ワークレーンが林立し、数えてみると250台近くあったそうだ。深圳市の建
設ブームと熱気が伝わってくる。小さな田舎町であった深圳が、国家資本と
外国資本の投入で経済特区として、都市のインフラストラクチャーが急速に
発展していた。

　困難を極めたのは、東アジアのハブ空港ターミナルビルの建設である。イ
ギリスの著名な建築家の設計による、安定するかしないのか限界を追求した
ような構造物で、常識では考えられない品質と施工方法が要求された。大変
な難工事で、受注金額を大幅に超えるコストがかかった。巨額の赤字のた
め手を引くという話も出た。しかし本社トップの「これは歴史的なプロジェ
クトだ。お金と人材の投入は心配するな。完成させよ」との決断で、コスト
管理は徹底しながらも人員と資機材をつぎ込み、無事完成することができた。
最終的には大幅な赤字だったが、施主からの高い評価を得ることができたし、
若手エンジニアが育つ人材育成の成果も大きかった。

　現場は多国籍である。ケンジさんの指揮下には11ヵ国の人がいた。イギ
リスの会社とのJV（共同企業体 joint venture）で、現場事務所にはイギリスのス

タッフと日本のスタッフ、フィリピンや香港のエンジニアなど総勢100人以上、さらに現地の下請け業者や、武漢からのチャイナワーカー、ネパール人のグルカ兵など、ピーク時には1500人以上のワーカーを雇っていた。グルカ兵の主な任務はガードマンである。空港は埋め立て地で周りに何もない。夜中に資材を盗みに来るので、夜は外へは出られないほど危険だ。そんな中でケンジさんは4年間、この大工事を束ねた。ケンジさんは「何とかやり終えたことに満足しています。私は現場所長として、工事の安全や品質の確保、そして早期完成を目指してその空港の中を走り回っていたということです。もう20数年たちましたが、当時のことが目に浮かびます」と語った。

　次は台湾の超高層ビルの建造である。日本と台湾の会社がJVを組み、ケンジさんの会社は鉄骨工事と最上部の一番難しいカーテンウォールの組み立てを担当した。ケンジさんはJVの現場所長として工事を統括した。「500メートル級の世界一高いビルですからね。今や世界一の高さは800メートル以上あるけどね（笑）、当時は世界一だった。多分、地震が多い地域におけるビルとしては未だに世界一じゃないかな。よくあんなもの建てたなと思いますよ。台湾は日本と変わらない地震国ですからね。」

　そして、その工事で大地震に見舞われた。2002年3月、台湾で大地震が発生したのである。100階超のビルの58階部分、地上200メートルを超える高さからタワークレーンが2台、敷地内と交差点にドカーンと落ちた。長さ50メートルくらいある巨大クレーンが落下したのだ。超高層建設工事では絶対に起こしてはならない最悪の事故である。

　その日は日曜日で、現場で働いていた人員はごく少なかったが、中には命を落とされた方もみえる。平日であればとんでもない人的被害であったと考えると、ケンジさんは言葉を失った。天災による事故であるため、当時はどう対応したらよいかわからず、被災者の家族に会うのがつらかったそうだ。現場所長として、台湾の担当者とともに毎週花を持って弔問に伺った。補償の交渉などにも神経を使った。

　また、工事再開までの約半年間は大変なストレスだった。地震によって破壊された建物本体の修復に加え、工程上最も重大で困難だったのはタワー・

クレーンの製作と修理だ。当時使っていたのは、世界最大のタワー・クレーンで、部品がどこにもない。クレーンを回転させる巨大リングは直径が5メートルもある。硬い粘りのある特殊な鋼材で、加工が難しくて製造元のドイツでしかできず、製作には相当の日数がかかるという。それがない限りタワー・クレーンは修理できない。ところが調べていくと、ドイツの会社がその特殊な鋼材を日本に下請けに出していて、作っていたのは日本のケンジさんの会社だった。こんな偶然があるのかと、社長命令で早速作った。工事の再開から1年後、鉄骨工事は一番上のマストの頭まで完成した。「すごかったですよ。ハイスピードで。やはり新しいことをやるっていうのは何が起こるかわからないけれど、施主も工事関係者も、皆が必死になってやり遂げました。すごいですよね。」

　台湾の工事が終わって帰国したケンジさんは、2か月後にクモ膜下出血で倒れ、緊急手術。54歳だった。幸い後遺症もなく回復した。大きな困難を乗り越えた後、55歳で官庁の外郭団体に出向した。海外援助の一環で、発展途上国の省エネを推進するための法整備、制度構築、政府の人材育成を行う事業に、ケンジさんは技術部門の専門家として関わり、基盤整備事業を担当した。65才を超え、非常勤となって時間に余裕ができたころ、後輩が教授をしている大学がスーパーコンピュータを活用したコンピュータシミュレーションの博士課程を新設した。ケンジさんは大学時代の恩師の推薦もあり、66歳で入学し、高層ビル建設現場での経験を分析して英文で論文を仕上げ、3年で博士号を取得した。その学科では最初の博士号であった。

3. 個人の内的条件の視点から

(1) 内面的なキャリアと内発的動機に導かれる個人の発達

　先ずは3つの物語における「仕事」と「学び直し」とそれを導く内的条件の関係を見ていこう。内的条件には次のようなものがある。職能開発の観点からは、「内面的なキャリア」と「外見上のキャリア」という見方ができる。「内面的なキャリア」とは自分が仕事生活の中で果たしている役割について心の

中にもっている、ある種の内面的なイメージのことである。それに対して「外見上のキャリア」とは、ある人がある職種につき、昇進していく過程で、組織から要請される具体的な職位の諸段階などをさす。人はキャリアの進展につれて、はっきりした自己概念を育んでいく。自分の有能性、動機や目標、価値観などから成り立つ自己概念が熟成するには 10 年かそれ以上の仕事経験が必要となる (シャイン, 2003)。第 6 章で体育教師から臨床心理士へ転身した A 氏、幼稚園教諭から短大教員へ転身した D 氏のように外見上のキャリアが大きな変化を遂げた人は、自分の内面的なキャリアに導かれ、方向を探りながら自己概念を具現化し、A 氏や D 氏の場合は「エキスパート」の段階に到達したのだといえる。

　認知心理学的に見れば、人は本質的に活動的な面を備えており、適度な刺激と新しい情報にさらされていることで、正常な状態を保てる存在である。新奇な刺激を求める傾向を知的好奇心といい、報酬を得るためや生理的な欲求を満たすための手段としてではなく、それ自体を満たそうとする欲求を内発的動機づけという。一方、何らかの他の欲求を満たすための手段として動機づけられることを外発的動機づけという。

　教育や学習に関する内発的動機づけには、知的好奇心のほかに、理解欲求と向上心がある。理解欲求とは、知識の関連、ものごとの原因や理由を知りたい、わかりたいという欲求のことである。知的好奇心を「新奇なことを求める欲求」とするならば、理解とはむしろ、知っている事柄を関連づける働きである。人は、知的好奇心による情報の拡大と、理解欲求による情報の圧縮を繰り返すことによって、知識体系の充実を図っていく (市川, 1995)。

(2) 内的条件から見るリタさんの「学び直し」

1) 移住先の社会で自立して生きるための学び

　リタさんの移住と「学び直し」を導いた内的条件は何だろう。リタさんはペルーに帰国して教師の仕事を続けるのではなく、日本に残って工場で働き、お金を得る道を選んだ。観光旅行に来たがそのまま移民として定住したのだから、人生のグレートリセットである。彼女をその決断に導いた直接の要因

は、外国人コミュニティで暮らす友人の生活に触れたことである。コミュニティの南米住民は集団で工場で働き、故国では得られない高い給料で高級な電化製品を揃えたり、母国へ送金したりしていた。国家間の経済格差による恩恵は魅力的だった。

しかしそれ以上に、彼女が育んできた本質的な思いが潜在している。それこそ自立心であると言ってよい。リタさんは少女のころから、自分の自立心を自覚していた。家父長的な家族の中で、女性は台所、学問はいらない、遠くの街へ出てはいけない等、といった自分を縛る規範を乗り越えるエネルギーが彼女にはあった。教師という職業を得て父の元を巣立った時に、乗り越える最初の一歩を踏み出していたが、日本に来てみたら、ここでも自分の力で生きていけると確信したのであろう。

ちなみに、4人きょうだいのうち、リタさんの2人の弟は地元で仕事をし、家庭を持って伝統を踏襲した生活をしているが、リタさんの妹は大学を出て、首都の大手銀行でシステムエンジニアとして働いている。妹は独身で結婚するつもりはないそうだ。海外旅行が楽しみで日本にも遊びに来た。2人はお互いに「すっかり日本人になっちゃったね」「相変わらずペルー人だね」と言って笑うという。故郷での暮らしは、男兄弟には安定的で暮らしやすく、女姉妹には卒業したいものなのかもしれない。女の子2人にとって、故国で受けた高等教育がそのスプリングボードであった。

二つ目は、先進国の豊かな生活への憧れである。もともと行きたい国はアメリカやヨーロッパだった。偶然日本にきたが、来てみたら日本もよいと思えた。ペルーでは日本を「陽の出ずる国」と言うそうだ。自分の世界観や人生観に基づいて自分の力を十分に発揮でき、周囲の人々と対等に関わり合い活動できることは、人の根源的な喜びである。移動した場所でその可能性を感じたからこその決断だった。

リタさんの最初の「学び直し」は日本語の勉強である。ひらがなとカタカナの練習帳を買い、夜、工場の仕事が終わってから独学した。外国人コミュニティで暮らしている大人には、日本語が全く話せない人が多い。コミュニティの中では、ポルトガル語やスペイン語が通じるので、母語だけでも十分

生活できる。日本の幼稚園や小学校に通う子どもたちが親の通訳をすることも多い。それは、世界各地で見られる移民一世と二世の姿である。そんな環境の中で、真っ先に現地のことばを習得しようとしたのは、やはりリタさんの自立心の表れであろう。

　次に、国際交流協会の日本語教室に足を運んだ。そこで出会ったボランティアのトモミさんが、日本での生活のあらゆることを指南し、支えてくれた。トモミさんが主催する NPO 法人の外国人の子どもの支援活動を、やがてリタさんも手伝うようになる。それは元教師であり子どもが好きなリタさんにとって、日本の社会の仕組みや日本の学校、そして日本語や日本の習慣を学ぶ絶好の場でもあった。

2）移住先の社会で主体的に生きるための基礎学力

　リタさんは 2006 年に定時制高校に入学し、2011 年に卒業した。リタさんが入学したときは、その高校にとって初めての唯一の外国人生徒だったが、卒業するころには何人もの外国人生徒が入学してきたという。高等学校の定時制／通信制教育は、戦後、中卒で働く勤労青年に、後期中等教育の機会を提供する教育機関として制度化されたものだったが、時代が進むと、不登校／中途退学経験者など、困難を抱える生徒の「学び直し」の機会としての役割を担うようになった。2000 年代は、外国人生徒の高校進学の困難性が可視化された頃で、その後、定時制高校が多くの外国人生徒の受け皿となっている（文部科学省, 2016）。リタさんは奇しくもその先駆けとなった。

　リタさんは母国で高等教育を受けているが、日本ではペルーの教員免許は通用せず、自分の力を発揮できない。日本の大学で日本の教員免許を取りたいというのが、リタさんの夢である。そのためにも、まずは日本の高等学校で勉強したかった。数学や理科、英語は知識があるので対応できる。苦労したのは国語と社会だ。教科書が書き込みで真っ赤になった。しかし、高校の勉強を体系的に学べたことは、その後の自信につながった。

　現在はスペイン語通訳として、市役所や教育委員会、裁判所の仕事などをしている。子どもの就学支援のため、プレスクールでも教えている。夫の扶

養家族のため、フルタイムの仕事ができないが、いつかは自分で働いて自分で生きていけるようにしたい、という思いは変わらない。

　〈リタさん〉「希望は捨てていない。でも、現実は違う。日本の学歴が…。なんで心配なんだろう私、どっかで諦めないとね。でも、大学まで行きたいなあ。いつもそう思う。」(2020/10/25)

　一人息子はまだ小学生だが成績が良い。

　　　「彼には大学まで行ってほしい。好きなことをやってほしい。」「もし、行きたくないならそれもいいけど…。」「行かないって言ったら、その学費使って私が大学に行く(笑)。」(2020/10/25)

　リタさんの中では、少女のころに育んだ「学ぶこと」「働くこと」「自立すること」を中心に据えて、充実した人生を生きることへの指向性、彼女の人生哲学の軸は揺らいでいない。30代で日本に移住してから、リタさんの最初の「学び直し」はひらがなの練習帳を買うことから始まった。日本語習得は日本社会で自立して生きるための、必須のツールである。地域の交流協会やNPOの門をたたき、地域や職場の日本人と交流し、テレビやネットを活用し、自分自身の能動的なアンテナで言葉と社会を学び続けてきた。

　本当は大学に行きたいのだが、その前段階として高等学校の普通科の勉強を5年かけて修了したのは、日本社会で人とかかわる仕事をして主体的に生きるための基礎学力であり、知識や理解の基盤となった。日本への移動によってリタさんの生活は大きく転換した。50代になって振り返ってみれば、その時々の判断で道を選択し、人生の軌跡を描いてきた。

　リタさんの学びの特質は、人や出来事から学ぶ現実味のある柔軟性であろう。外国人コミュニティーで仕事や生活の情報を共有し、通訳として貢献しながら、日本人のコミュニティーにも臆せず入っていく。未知の社会へ移動しても、異なる言語であっても、多くの人と良い関係を築いて自分を進化させていく力、自分を信じる力、好奇心を持って人と関わる力など、リタさんの知性や開放性や常に人生を発展させたいと考えるマインドが、彼女の底力である。

(3) 内的条件から見るユキさん、ケンジさんの「学び直し」

1) 専門性向上と免許取得：ユキさんの事例

　ユキさんは大学を卒業後、さらに3回大学に進学している。最初はアメリカの短期大学だった。留学費用はアルバイトで工面したので、必ず英語をものにして帰ろうと思っていた。授業をたくさん取り、深夜まで勉強という環境を自分で自分に課した。英語漬けになるために、クラスの日本人学生との交遊をあえて絶った。

　ストイックな努力の日々に、時には悲しくなって、自分で「何やってんの、私は？」と思うこともあったという。ミスチルの「終わりなき旅」を聞いて「高ければ高い壁の方が登った時気持ちいいもんな♪」という日本語の歌詞に慰められた。当時はスカイプなどのオンライン通話などない時代である。日本の大学院で勉強している彼とテレフォンカードを使って公衆電話で話す時間が貴重だった。でも、彼には「しんどい」とは言わなかったそうだ。

　海外留学は夢のような素晴らしい体験ばかりではない。文化や言語が異なる環境で、母語ではない言葉を使って周囲のできごとを理解し適切に処理するのは、脳をフル回転し続ける作業であり、つらく感じるのも当然だ。しかしその壁を乗り超えると、語学だけでなく未知の世界で自分を表現して生き抜く術や自信も得ることができる。

　2回目は、小学校教員免許を取るために大学の教育系学部3年生への編入学である。このときは中学校教師としてフル回転で仕事をこなしながらだった。「よくやったな。授業が終わって、部活やって、それから急いで大学へ。もう、ギリギリ。事故もせずに、よく行ったなと思う。」

　教師の仕事は、多感な児童生徒を対象とするだけに、ここまでやればよいという境界が明確ではない。種類の違う多様な仕事を同時に処理しなければならず、複線的である。また、突発的なできごとに急に時間を取られることも多い。子どもたちや授業のことを考え、どこまで時間をかけるかは個々の教師の裁量にかかっている。ユキさんは、子どもたちや周囲の教師との関りを大事にするタイプの教師なので、自分の時間が限りなく削られていく。仕事と学び直しの両立を、文字通り自ら「よくやった」というほかない。

　1回目の米国留学と2回目の児童教育学科編入学は、語学のスキルアップや小学校免許取得という明確な目標があり、彼女の中では期限も決まっていた。20代の若い彼女は、目標に向かって疾走し、学位や免許を取得すると、それを十分に活かした。1回目の「学び直し」の後、教員採用試験に合格して中学校の英語教師になった。2回目の「学び直し」で取得した新しい免許を活かし、結婚して郷里の小学校へ転勤した。「学び直し」で得たものを活用し、自分の希望する職場で好きな仕事に全力投球し、自分のありたい家庭を家族と共に作りながら、人生を築いてきた。

　40代の彼女は仕事をバリバリと進める中堅教師であり、彼女の子どもたちも小学校中学年と高学年に成長していた。2019年にヤンゴンで筆者がインタビューしたとき、彼女は日本人学校での仕事を満喫していた。これまで培ってきた専門性を発揮できているという充足感であろう。

　〈ユキさん〉「私、あまり後悔とかなくて、今が一番いいと思ってるから、
　　　　　　特別に何かしたいとは、思ってない。」「この仕事が好きなので、今やっ
　　　　　　ていることの質を上げたい。子どもをよく見てあげたいし、もっとい
　　　　　　い英語の教師になりたい。」(2019/2/28)

　ところが、2年後の2021年2月、彼女から大学院の修士課程に行くことが決まったと連絡が入った。3回目の社会人入学である。この間に、彼女は二つの大きな社会事変に遭遇している。そのため、3回目の「学び直し」は、彼女の中で若い頃とはスタンスが変化している。彼女の修士課程進学については、外的条件と結び付けて次節で検討したい。

2）グローバルに通用する専門性獲得：ケンジさんの事例

　ケンジさんは、日本の大手鉄鋼会社に入社して最初の配属は開発研究部門であった。1970年代後半から80年代にかけて、日本企業の成長著しい時代である。ケンジさんの最初の「学び直し」は企業派遣のアメリカの大学だった。アメリカの鉄鋼業は20世紀前半から中盤にかけて世界をリードしていた。「産業の米」という言い方がある。幅広い分野で利用され、産業全体の基盤となり、生活に必要不可欠なものを指している。鉄鋼は高度成長期のま

さに産業の米であった。時代が進み、現在は半導体がそれにあたるだろう。

　ケンジさんは企業派遣による留学のチャンスを掴んだが、期間は 1 年間に限られていた。聴講生で半年間学び、その後、能力を評価されて修士課程に進むことになったので、会社に半年間の留学延長を願い出て時間を確保した。そして猛勉強でコンストラクション・マネジメントを学び、修士課程を 1 年間で修了した。「アメリカはいろいろあるから」と上司がケンジさんに言ったように、アメリカでは 1960 年前後からの高等教育拡大のなかで修士課程の量的拡大と多様化が進行し、実学志向の専攻分野や修士論文を必須としない課程が多くの学生を集めてきた (江原, 2008)。日本では専門職学位課程が伸び悩んでいるが、アメリカでは中間学位である修士と単位制教育を中心とする課程制大学院が普及し、修士学位が専門職との関連をより深める方向で現在も拡大中である。アメリカ留学で学んだ最先端の知見は、ケンジさんがグローバルな現場を統括する際の専門的な実力に直結したことであろう。

4.　社会変化という外的条件

　「移動」により増幅した人生経験をもとに「学び直し」を問うことで、個人を取り巻く外的条件、つまり社会の側の不整合や不条理や矛盾といった諸相がより大きな視点で見えてくる。個人の物語を切り口に、社会が含み持つ課題と展望について考えたい。グローバリゼーションの進展によって国境を越える人の移動は拡大の一途である。国際連合 (2019) によると世界人口は 1980 年から 2019 年の 30 年間で 44 億人から 77 億人と 1.7 倍に増加したが、観光や出張などで国境を越える旅行者の人数は、1980 年の 3 億人から 2019 年には 15 億人にのぼった。5 倍の増加である。日本には、2019 年には約 3100 万人の外国人が来日し、約 2000 万人の日本人が海外へ出国している (法務省, 2020)。移動のみならず移住も増大している。世界全体の移民の数は 2019 年には 2.7 億人に上り、世界人口の約 3.5％ にあたる (経済産業省, 2020)。これは世界で 4 番目のインドネシアの人口に匹敵する。

　このように人の移動は増大の一途であったが、2019 年 12 月、中国とイ

タリアで確認された新型コロナウイルスが世界的に感染を拡大したことで、2020年は多くの国で感染抑制を目的とした渡航制限や外出制限等が実施され、人や物の流れに急ブレーキがかけられた。国際人流の突然のストップという想定を超える事態は、世界の人々の生活そして人生全体、さらに細かく見れば「学び直し」の機会にも多大の影響を及ぼした。しかし、長期のスパンで見れば、さまざまな変化を伴いつつも、グローバリゼーションは再び活発に加速することは間違いないだろう。

　世界はいつも激動が続くが、あらゆる環境の変化が加速し、不確実性が高く将来の予測が困難な状態が続く現代を「VUCAの時代」と呼ぶことがある。VUCAとは、Volatility（変動性）、Uncertainty（不確実性）、Complexity（複雑性）、Ambiguity（曖昧性）の頭字語である。もとは軍事用語で1990年代のテロとの戦いの中で使われたが、その後、社会の様々な側面で使用されるようになった（グロービス経営大学院, 2022）。ユキさん、ケンジさんが「移動」によって遭遇した大地震、感染症パンデミック、軍事クーデターはまさにVUCAの世界を凝縮している。また、リタさんの移動の背景は1990年代の経済の南北格差であり、歴史的、政治的、経済的、そして社会的に複雑な要因が絡んでいる。ここでは、3人の個人的な物語を通して、社会の課題を照射したい。

(1) リタさんの移住の社会的背景

　ここで、リタさんの移住の背景を押さえておきたい。近年は日本のさまざまな場所で、外国人労働者が働いている。外国人労働者数は2016年に100万人を突破し、2021年には約173万人と増え続けている（厚生労働省, 2022）。
　一定期間働いた後に帰国するつもりだった外国人労働者が、滞在の長期化につれて定住していくことは、多くの国で明らかになっている。また、出身国と居住国を行き来するような、国を越えた移動を繰り返し行っている人も少なくない（永吉, 2020）。古典的な移民研究では、移民の移動を説明する要因は二つに分けて考えられてきた。一つは、移民が生まれた国を離れたくなる要因である。飢餓や貧困、災害や紛争、雇用機会が少ない、差別がある、犯罪率が高いなどの要因が移住を促す動機となる。こうした移民の送り出しを

促す要因を「プッシュ要因」と呼ぶ。

　第二の要因は、移民を別の国へと引きつける要因である。こうした要因を「プル要因」と呼ぶ。生まれた国との貨幣価値や賃金の差、豊富な雇用機会、治安の良さ、政治的な安定性などである。移民は生まれた国の社会経済的な状況と、移住先の状況を天秤にかけた上で、メリットが大きければ移住することになる（永吉, 2020）。

　このように背景を検討してくると、国境を越えて移動する人々の人生の歩みには個人を超える外的で社会的な条件が作用していることが分かる。日本に外国人労働者が急増したのは 1980 年代以降である。新来外国人（ニューカマー）という言葉は、1980 年代以降に来日し、日本に定住した外国人、特にブラジルやペルーから来日した日系南米人をさす場合が多い。当時、バブル経済で人出不足に陥った日本は、1990 年に出入国管理及び難民認定法（入管法）を改正し、日系三世までを対象に就労に制限のない「定住者」の資格を創設した。それによって多くの日系人がブラジルやペルーから就労目的で来日した。

　初期に来日し一定期間働いてお金を稼いだ日系一世は、帰国してから、日本とブラジルを結ぶデカセギ斡旋の事業を立ち上げ、やがてネットワークを形成していった。そして、1990 年の入管法改正以降、多くの日系ブラジル人が斡旋業者を介して日本に送り込まれた。当初は工場で働く日系人が多く、彼らを雇用する産業集積地には外国人集住地域、つまり移民コミュニティーが形成された（梶田・丹野・樋口, 2005）。

　リタさんの来日の当初の目的は、夏休みを利用して、デカセギ家族である友人のもとへ弟を送り届け、そのついでに日本旅行を楽しむというものであった。日系人ではないリタさんが日本に来たのは偶然の結果であるが、来日後の経験は日系南米人の移民コミュニティと当時の日本社会の関係を抜きにしては語れない。

(2) 社会変化のなかのユキさん・ケンジさんの選択

1) 感染症パンデミック下での孤独な授業

　ユキさんの修士課程への社会人入学の契機は、赴任先のミャンマーで遭遇した二つの社会変化である。一つは感染症パンデミックであり、もう一つは軍事クーデターである。あの時あの場でなければという特異な経験をした。そのため、若い頃の「学び直し」とは、彼女のスタンスは変化した。

　任期最終年度に、新型コロナウイルスの感染拡大のために日本への帰国を余儀なくされたのは、海外での教育実践の集大成をしようと準備を重ねていた彼女にとって痛恨の思いであった。しかし、日本人学校全体のオンライン授業システムを軌道に乗せるまでは、主任のユキさんは気持ちが張り詰めていた。低学年の子どもたちは、具体物を実際に操作する経験を通して、思考力を育んでいく。実際の具体物や子ども同士の関わり合いを提供できないオンライン授業で、どのように子どもたちの学びを深めるのか、試行錯誤が続いた。それだけに全国に散った教員仲間とオンライン上で協力し合い、1年の教育課程を滞りなく進められたのは成就感があった。

　たとえ画面上であっても、子ども達の表情を見るのは喜びだ。子ども達もお互いの顔を見ながら、身振り手振りや表情を総動員して嬉しさを表現する。不自由な中でも、精一杯学ぼうとする姿が伝わる。しかし、教室の日常が消え、オンライン授業のみで子どもたちと繋がる日々は、一人で考える時間が増えた。全校のオンライン授業が軌道に乗ったころ、そしてコロナの終息が見えず、ヤンゴンへ戻れそうもないことが分かってきたころ、ふと気持ちが沈むことが増えた。Zoom の画面をオフにすれば、子どもたちの顔は瞬時に消える。子どもたちの声も消える。教師も子どもも、孤独の中で授業を提供し、授業を受けていることの理不尽さや寂寥を感じた。何かを求めてウェブ検索で情報を探し、研究会に参加し、大学院の先生と出会うといった一連の行動は、大学院修士課程入学へと繋がった。

2) 激動の経験から新たな視点を求めて

　在外教育施設派遣教員は各県教育委員会が推薦し、さらに文部科学省で選

考試験や研修を受け、在外教育施設の人員構成とのすり合わせで派遣先が決定される。ユキさんはミャンマーへの派遣を知らされたときには、赴任先のイメージができずに不安を感じた。しかし、いざ着任して仕事と生活を始めると、すっかりミャンマーの人々に魅了された。温和で目上の人を敬う姿や、現世で徳を積む敬虔さに心打たれたからである。

　ミャンマーは人口約 5,000 万人、平均年齢 28 歳と人口構成の若い国である。2011 年の民政移管後、「アジア最後のフロンティア」として多くの外資を引き寄せ、日本からも政府援助として JICA 事業の拡大や大手日系企業の進出、さらに新規起業で進出してくる人たちが増加し、ヤンゴン日本人学校も児童生徒数が急増していた。

　ミャンマー第一の都市ヤンゴンは人口 500 万人。ユキさん一家が暮らした2018 ～ 2019 年は、黄金のパゴダを取り巻く市内道路に日本車があふれ、民族衣装ロンジーの人々がスマートフォンを手に行き交い、活気にあふれていた。社会インフラも公共交通も商品の流通も前近代的で、固定電話の基盤さえ整っていなかったが、2014 年に通信市場が自由化してからインターネット回線とスマホが一気に普及し、配車アプリ Grab のタクシーが人々の主要な交通手段となっていた。日本人学校の先生が「日本でいえば幕末のようです」と語ってくれたが、前近代的な暮らしのなかに最新のシステムが一気に浸透するアンバランスはその一つかもしれない。

　町は活気があり、とくに若い人々の学ぶ意欲が際立っていた。筆者がユキさんに最初のインタビューをしたのは 2019 年、軍事クーデター前のヤンゴン市内であった。筆者の滞在はわずか数日であり、その短い滞在期間に言葉を交わすことができたミャンマーの現地の人々はごく少数である。しかし、ガイドをしてくれた若い女性、ドライバー、給仕をしてくれたカフェの少女らが、一様にもっと勉強したいという意欲を話してくれたことが印象的であった。

　国が成長するエネルギーの中でさまざまなビジネスが広がっていくという期待、勉強することで将来の自分の人生を開こうとする熱意が伝わった。ミャンマーはかつてイギリスの植民地で英語が公用語であった経緯から、現在も

第二言語として英語教育が必修で、大学の授業はほぼ全て英語で行われている。多くの人が英語ができるので、インターネットを使って海外の知識を直接吸収できるのは、若い人々にとって、何よりの学びの好機である。電力供給が不安定で回線が弱いので、比較的アクセスが安定する夜中に起きて必死に知識を吸収しているという話を聞いた。

　一方で、政治については、例えば「民主政権になってよかったですか？」といった筆者の軽い質問に、ごく普通の市民が一様に口を閉ざしたことに違和感を感じた。楽しいはずの会話で、聞いてはいけないことを聞いてしまったのだろうか。軍部との関係の難しさを筆者に教えてくれたのは現地の日本の方である。

　ユキさんは、世界的な感染症パンデミック、そしてドメスティックな政変と、想定外の大きなでき事に巻き込まれる中で、人の命に係わる情報を見聞きし、理解し難い状況に立ち竦み、考えざるを得ないことが多かった。しかし、理解を超えるほどのコントロールしえない状況の淵を垣間見る経験は、自分の存在や立ち位置を相対化し、新しく歩みを進める分岐点ともなった。ユキさんの人生の軌跡は、ここからまた新たな方向へと繋がるのも当然かもしれない。大学院での具体的な研究テーマはまだ定まっていないという。彼女が求めているのは、新しい視点や考え方、それを触発してくれる人との相互作用、そして高度な知への漠とした期待なのであろう。

3）困難を極めた経験をアカデミックに昇華

　ケンジさんが携わった国際空港や超高層のビル建造は、グローバルな規模で限界に挑戦する大事業であった。ケンジさんは笑いながら語るが、知力、気力、体力を張り巡らせ、渾身のエネルギーを注入したことは想像に難くない。空港が完成した後で気分が落ち込む経験をし、一時期現場を離れていた。また、台湾で発生した大地震で、工事の継続が危ぶまれるほどの危機的状況を乗り越えて帰国した直後にも大病を経験している。世界トップレベルの建造物を造るという挑戦的な仕事は、予期せぬ課題や困難の連続である。地震に見舞われた時など、「なぜこんな大変なことをやるのかとは思いませんで

したか」という筆者の問いかけに、ケンジさんは大きく笑って頷いた。

〈ケンジさん〉「いやあ、それはないですね。やっぱり物を作るというのは大変なことで、できなかったらどうしようもないですよね。常に問題を解決して実行していかないといけない。ただ、物を作ることは面白いというか、自分が作ったものが残るというか、そこはやっぱり大きかったと思いますね。」(2021/3/12)

「今の仕事は途上国に対する技術協力で、地球温暖化防止というやりがいのある仕事ですが、私の役割は講演や現場指導で、その仕事の具体的な成果が見えにくいというか、物理的なものとして残らないですよね。物足りなくて。だから自分の能力や努力を自分のために使えばという理由で、ドクターコースにチャレンジしたというのはあるかもしれません。」(2021/3/12)

ケンジさんは、専門性の高い高度な仕事に打ち込む30年間を過ごしたが、仕事に一区切りがついた66歳で博士課程に進学した。台湾で乗り越えた経験を事例に、学生時代から関心のあった情報工学と地震工学の視点から、スパコンを使ったコンピュータシミュレーションで、地震発生時のタワークレーンの最終挙動と安全性についての論文を書き、博士号を取得した。海外の学術誌に投稿し、英語で査読を受け、博士論文は英語で執筆した。若い頃から志向してきた自らの関心と、実務から得た知見と、現場で遭遇した象徴的な重大事故を関連づけた研究は、まさにケンジさんが人生で注力してきたすべての集大成であろう。博士論文は実践から学んだことを形にする、ケンジさんのもう一つの知の構造物であった。

5. 三つの物語からの示唆

(1) リタさんの物語から──移民一世・二世の学ぶ意欲

リタさんが来日した1990年代は、日本のバブル経済による賃金格差がプル要因だったが、それから30年を経た現在では賃金格差という魅力は急速に低下している。では今後はどのような外国人が日本に定住していくのだろ

か。

　移民送り出し側であった国や地域が移民の受け入れ側に転換する現象のことを「国際人口移動転換」という。日本は 1990 年代以降の外国人人口の急増により国際人口移動転換を経験した。国立社会保障・人口問題研究所の是川(2018) によると、日本における移民的背景をもつ人々、つまり外国籍、帰化、国際児を合わせた人口は 2015 年時点で約 333 万人、総人口に占める割合は2.6% であるが、中長期的な将来人口推計によると、2040 年には 6.5%、2065年には 12% になるという。日本は現在の欧米の水準と同程度のエスニック構成の多様化を経験することは避けられない。

　移民の受け入れが社会にどのような影響をもたらすかは、移民第二世代が成人してのち、ネイティブと同様に社会経済的地位が順調に達成されるか否かにかかっている。移民背景をもつ人は総じて意欲が高く、移民受け入れ先進国の例では、これまで移民第二世代が社会的上昇を果たす割合が高いことを示しており、移民第二世代の社会的成功は教育が重要な鍵となっている。

　国連や OECD の定義に従えば、リタさんは移民第一世代であり、子どもたちは移民第二世代にあたる。移民第一世代であるリタさんは定住国の言語である日本語をマスターし、文化や習慣を身につけた。もともと自分自身が生活を改善するために国境を越える選択をした人だ。そして選択を実現するだけのスキルや心身の健康、意志の力を持っている。実際には移動先でさまざまな苦労があり、スキルに見合った仕事に就いたり、経済的に成功することは容易ではない。しかし移民第一世代は自分の子どもの将来に楽観的な見通しを持ち、子どもたちが高い学歴を得て親の世代より良い仕事に就くことを期待している (ポルテス・ルンバウト, 2014)。リタさんもまた子どもの教育に対して高い期待を持っている。

　日本政府は一貫して「移民政策はとらない」という立場を示しており、移民統合のあり方についての方針を示していない。しかし、実質的な移民受け入れの長期的影響は、移民第二世代が移民としての背景を持たないネイティブと同じように地位達成を遂げられるかどうかにかかっている。移民の統合政策、特に移民第二世代の教育と社会統合は、移民第二世代自身にとってだ

けでなく、受け入れ社会にとっての課題でもある。

(2) ユキさんの物語から──女性と若い世代の学ぶ意欲

　ユキさんは、ミャンマーに着任以来、民主化が進展するものと思い、その発展を願っていた。それが感染症パンデミックで中断され、軍事クーデターで蹂躙される姿を目の当たりにし、心を傷める日々を過ごした。それを契機に、彼女は新しいビジョンを求めて大学院で「学び直す」選択をした。しかし、大人だけではない。子どもたちも多くの事を感じ、考えていた。

　日本人学校の教え子の中には、JICA職員の子として、世界の紛争地で過ごした経験をもつ生徒もいて、彼は日本で育つ子どもとは異なる視点を持っていた。紛争地や低開発国に生まれたというだけで、教育を受けられない子どもがいる理不尽さを解決したい、その力をつけるため海外の大学で勉強し、エストニアに留学してデジタルテクノロジーの先端を学びたいと、授業で発表したそうだ。

　同じく教え子で、日本に帰国した高校生は、ミャンマーの軍事クーデターに心を痛め、自分が愛したミャンマーの本当の姿を多くの人に伝えたいと、仲間の高校生、大学生と力を合わせ、クラウドファンディングでプロジェクトを立ち上げた。「私たちは学ぶことで未来を変えられる」がプロジェクトのメッセージである。

　ユキさんの長男も中学生になった。多感な年ごろに異郷での生活を経験し、さまざまなできごとを家族で乗り越えながら、彼らしく考えている。世界の理不尽な格差を、ぼくはODAではない、別の方法で解決する大人になると話したという。オンライン授業で慣れているし、彼はネットで世界と繋がるSNSネイティブだ。学校の枠を軽々と超えて、オンラインで大学生等とセミナーを開催したりしているという。日本に帰国後の彼は、地元の公立中学校へ入学したが、2年目は国際バカロレア認定校へ転学した。教育方法が日本の公立中学校とは大きく異なり、その視野は海外の高等教育機関に開かれている。新しい価値を求めて広い世界へ漕ぎだそうとする彼のマインドは、確実にヤンゴンでの経験が分岐点となっている。ユキさんは目を見張る思いで、

母として息子の成長を受け止め、見守っている。

　帰国後のインタビューで、ユキさんは「クーデター前のヤンゴンは未来に夢をいだく若者であふれ、人々は教育の大切さを実感して、子どもたちに質の高い教育を受けさせることに熱狂していた。全てが光り輝いていた」と語った。そして、言葉を選びつつ「日本人である自分に何ができるのか分からないけれど、世界を知り、自分の頭で考える子どもをたくさん育てたい。未来につながる人材を育てたい」と続けた。

　地理的に国境を越える経験が、その人の価値観や思考の枠組みや、人生そのものを変えるインパクトはきわめて大きい。とりわけ現代の世界は複雑で変動が激しく、地球環境から政治・社会面にまで不確実性が増している。2017年に15歳のグレタ・トゥーンベリが一人で始めた「気候のための学校ストライキ」は、子どもが学校で勉強し、大人が無駄な議論を続けている間にも、気候危機は進んでいると、Z世代の不安と恐怖と怒りを突き付けた (エルンマン, 2019)。気候科学者の江守 (2021) は、声を上げるグレタのような「子ども」の登場は歴史の必然で、人類の存続のメカニズムの一部ではないかとさえ語っている。若い世代が世界を感受する視点や直観する課題を、年長の世代が真摯に受け止めなければならない一例であろう。成人世代や長老世代が権威的な思考に留まるリスクは、視野と展望の狭さとして社会に反映される。

　日本の全人口の平均年齢は、1960年は約29歳、1980年は約34歳であったが、2021年時点では48歳であり、2050年には50歳になると推計されている (国立社会保障・人口問題研究所, 2021)。つまり、この数値の変化は、若年層人口割合が減少し、高年齢層人口割合が増えていくことを示している。そこで、二つの層の知的特徴に目を向けて、互いの関係を考えてみたい。

　ホーンとキャッテル (1967) は知能を「結晶性知能 crystallized intelligence」と「流動性知能 fluid intelligence」の二つに分類した。結晶性知能とは、個人が長年にわたる経験や学習などから獲得していく知能であり、言語能力、理解力、洞察力などを含む。経験と知識の豊かさや正確さと結びついた結晶性知能は60歳代くらいで頂点を迎え、その後80歳代前半まで緩やかに低下する。

　一方で流動性知能とは新しい環境に適応するために、新しい情報を獲得し、それを処理し、操作していく知能であり、処理のスピード、直感力、法則を発見する能力などである。流動性知能は 25 歳ごろにピークとなり、65 歳前後で低下する。日本のように世界に先駆けて社会の年齢構成が高齢化していく国で、若い世代の直観力や推論といった流動性知能が少数派として希少化し、社会全体が硬直化していくのは健全性を欠く。若い世代の直感や感性や発想と、成人世代の理解力や判断力といった結晶性知能との対等な相互作用が、今後の日本の社会では特に必要となる。若年か高年齢かにとらわれずに、一人ひとりが学び、互いの声、多声を相互に聴き合う世界へと開いていかなければならない。年齢や性別やその他さまざまな属性で分断して、それぞれが孤立するのではなく、フラットに学び合い触発し合う社会へと開いていかなければならない。

(3) ケンジさんの物語から——職業人の修士・博士学位の必要性

　国際協力の仕事でケンジさんが講演や発表をするのは主にアジアが舞台である。ケンジさんはドクターの学位の効能を語ってくれた。ケンジさんの語りから、日本国内での博士学位に対する感触と、国際会議やグローバルな現場での感触の違いを知ることができる。

　〈ケンジさん〉「国際会議ではドクターというとね、結構ステイタスがありますしね。高級ホテルに行くと名刺くださいというんですね。で、名刺を見て扱いが変わるんですよね（笑）。」「やっぱり一番大きいのは、ドクターをもつことによって、自分の価値が高まるということですね。例えば、私も講演することが結構あり、技術的な指導や最新の制度・基準や技術などを発表することが多いんですよ。それでね、肩書にドクターがついてると、国際会議での扱いが全然ちがう。発表順位が優先されて質問も明らかに多い。聞いている人もドクターの価値を見てくれる気がする。」(2021/3/12)

　　「ASEAN 諸国と日本の政府局長クラスの会議に専門家として出席する機会があったのですが、ASEAN 側の代表は結構ドクターの方がお

　　ら れ、その方たちはよく発言されます。やはりドクターであることで、
　　発言に説得力があるように感じるんですよね。」(2021/3/12)
　企業人としての高度な専門性を生かして博士論文をまとめたケンジさんの
ことばからは以下の示唆が受けとれる。
　まず第1に、海外と日本での博士号に対する認識の差である。日本の企業
は博士学位の価値と実務的な有効性を認識して活用することが必要であるし、
日本政府の政策立案者も博士学位を積極的に取得し、国際会議の場で説得力
のある存在感を示すことが必要である。第2に、若い世代に博士学位を奨励
し、世界に通用する実力を発揮できる人材を育成することが必要である。
　〈ケンジさん〉「共同研究などで、グローバルな取り組みで物事を作ってい
　　く時代ですよね。特に中国が巨大な国になっていく中で日本が生きて
　　いく道というのは、多国間協力が欠かせない。日本の技術と他の国の
　　技術を融合させながら、シナジー効果といいますか、よりハイレベル
　　なものを作っていくという。」(2021/3/12)
　そのためには留学経験も必要である。共同研究の場を経験し世界を鳥瞰す
る意識を持つ人材が増えて欲しい、博士学位取得の過程で身につける説得的
な論の構成力、英文で査読を通過する力、世界に通用するプレゼン力や語学
力、研究スキルを活かした高度な実践力を若い人こそ身に着けて欲しい、と
ケンジさんは語っている。

6.　日本の「学歴社会」を問い直す

(1) 大学院での「学び（直し）」

　以上の諸事例を検討してくると、「定型的」教育の「学び直し」にとっては、
やはり上級学校への進学が手っ取り早いことがよく分かる。そこで上級学校
で学んだ証明としての「学歴」を問い直すことが必要であろう。これまで気
軽に使われてきた「日本＝学歴社会」という発想は正しいかという疑問であ
る。これまでの発想の「学歴」では、「大学あるいはせいぜい大学院修士課程」
しか対象にしてこなかったし、「大学院なかでも博士課程」は「学歴社会」と

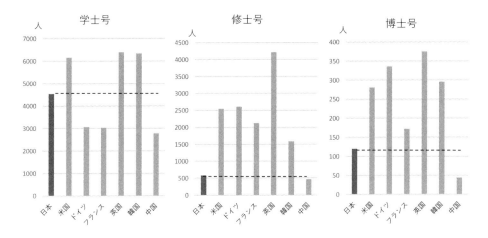

図 7-1　人口 100 万人当たりの学士号・修士号・博士号取得者数 (2017 年)
出典：科学技術・学術政策研究所「科学技術指標 2021, 調査資料 -311, 2021 年 8 月」より作成。

しては念頭に置かれてこなかった。

　図 7-1 は 2017 年の人口 100 万人当たりの学士号・修士号・博士号取得者
数の国際比較を示している。日本の学士号取得者の割合は諸外国と比較して
さほど遜色はないが、修士号と博士号取得者の少なさが際立っている。

　日本の大学院修士課程への入学者数は 1990 年代の大学院重点化政策、
2003 年の専門職大学院制度の創設により、1990 ～ 2000 年代前半にかけてあ
る程度増加したが、2010 年をピークに減少に転じ、その後伸び悩んでいる。
特に博士号は主要各国が増加傾向であるのに、日本だけ減少傾向が続いてい
るのだ (科学技術・学術政策研究所, 2019)。例えば米国では社会人の大学院進
学者数が多数派であるが、それは実業の世界に反映されている。「企業の経
営者における大学院卒の割合」(経済産業省, 2021) は、米国企業の経営者の最
終学歴が大学院卒が 67 % であるのに対し、日本は学士卒が 83.7% で、大学
院卒が僅か 15.3% である。これは、人材の素質の優劣ではなく、人材育成の
システムの遅れであると言わざるを得ない。

　日本の社会で一般に流通している「学歴」とは、未だに難関大学の大学名

であり、修士号、博士号という上級学位は、実業の世界には浸透していないのが現状である。しかし、世界では大学も大学院も進学率が上昇しており、国際社会では先進諸国も新興国も今後、高等教育の鍵は大学院になるだろう。元文部官僚の佐藤貞一 (2013) は「日本の社会で必ずしも十分評価されてこなかった学位は、世界の社会では必須の『入場券』だ。このことは研究者の世界だけでなく専門職業人養成の社会でも全く同様である」と警鐘を鳴らしている。社会人が、大学院でアカデミックな理論知を「学び直し」、その視野を拡げ、知の方法論を拡張することで、社会の拡張に貢献するダイナミクスを社会の中に生み出すことが日本の課題である。

(2) 生涯にわたって学び続ける

　個人の人生が長くなり「人生 100 年時代」が強調される一方で、社会構造や働き方、人生設計の変化のサイクルが加速していることを考え合わせると、長い人生をより良く生き抜くためには学びの形、仕事の形、家族の形は新しい多様な展開が求められている。また、人口が縮小しながら高齢化が進む日本社会で、年齢における役割構造が硬直したままでは、社会機能の柔軟性が失われ、その閉塞感が若い世代に広がってる。年齢や性別や国籍などの固定観念を棚卸し、よりしなやかでフラットな方向に展望が開けることが、個人の人生の充実と社会の安定につながるだろう。

　2021 年 12 月、岸田新内閣は「教育再生実行会議」の後継として「教育未来創造会議」を発足させた。第 1 回開催にあたり「誰もが生涯にわたって学び続け学び直しができるよう、教育と社会との接続の多様化・柔軟化を推進する」(内閣官房, 2021) ことを冒頭にあげている。設立後の展開を期待したい。

　本章ではフォーマルな教育機関にアクセスした「学び直し」の事例を検討したが、学びの愉しみはノンフォーマルにも広い裾野をもっている。老いも若きも、女性も男性もセクシャルマイノリティも、移民背景を持つ多様な人々も、人生の好きな時期に誰でもアクセス可能な「学びの愉しみ」の裾野が広がる社会が、真に豊かでウェルビーイングを実現できる社会ではないだろうか。

参考文献

江原武一（2008）「アメリカの大学院教育改革—改革の先行モデル」『立命館高等教育研究』8, pp.109-121。

江守正多（2021）「歴史の必然としてのグレタ・トゥーンベリ」『I Am Greta』アンプラグド。

エルンマン, M. 他（2019）『グレタ たったひとりのストライキ』羽根由訳、海と月社。

グロービス経営大学院（2022）「VUCA（ブーカ）とは？予測不可能な時代に必須な 3 つのスキル」https://mba.globis.ac.jp/careernote/1046.html#:~:text 2022.1.11 最終閲覧

林竹二・小野成視（1978）『学ぶこと変わること—写真集・教育の再生をもとめて』筑摩書房。

Horn, J. L. & Cattell, R. B.（1967）"Age differences in fluid and crystallized intelligence" *Acta Psychologica*, 26, pp.107-129.

法務省（2020）「在留外国人統計（旧登録外国人統計）統計表」https://www.moj.go.jp/isa/policies/statistics/toukei_ichiran_touroku.html 2021.5.9 最終閲覧

市川伸一（1995）「学習意欲の基礎」『学習と教育の心理学』岩波書店。

科学技術・学術政策研究所（2019）「学位取得者の国際比較」『科学技術指標 2019』https://www.nistep.go.jp/sti_indicator/2019/RM283_35.html 2022.1.11 最終閲覧。

科学技術・学術政策研究所（2021）「高等教育と科学技術人材」『科学技術指標 2021 統計集』https://www.nistep.go.jp/sti_indicator/2021/RM311_table.html　2022.1.11 最終閲覧

梶田孝道・丹野清人・樋口直人（2005）『顔の見えない定住化』名古屋大学出版会。

経済産業省（2020）「国境を越える人の移動と都市への集積」『経済産業省通商白書 2020』https://www.meti.go.jp/report/tsuhaku2020/whitepaper_2020.html 2021.5.9 最終閲覧

経済産業省（2021）「令和 2 年度 産業技術調査事業（産業界と大学におけるイノベーション人材の循環育成に向けた方策に関する調査）」『産学イノベーション人材循環育成研究会』（報告書）https://www.meti.go.jp/meti_lib/report/2020FY/000374.pdf 2022.2.15 最終閲覧

国立社会保障・人口問題研究所（2021）「人口統計資料集」http://www.ipss.go.jp/syoushika/tohkei/Popular/Popular2021.asp?chap=2 2021.5.9 最終閲覧

国際連合（2019）"World Population Prospects 2019 Highlights" https://population.un.org/wpp/publications/files/wpp2019_highlights.pdf　2021.5.9 最終閲覧

是川夕（2018）「日本における国際人口移動転換とその中長期的展望—日本特殊論を超えて」『移民政策研究』10, pp.13-28。

厚生労働省（2022）「『外国人雇用状況』の届出状況まとめ（令和 3 年 10 月末現在）」

https://www.mhlw.go.jp/stf/newpage_23495.html 2022.7.10 最終閲覧

文部科学省 (2016)「外国人の子供の就学促進，進学・就職に関する参考資料」『外国人集住都市会 東京 2012 長野・岐阜・愛知ブロック資料』https://www.mext.go.jp/b_menu/shingi/chousa/shotou/121/shiryo/__icsFiles/afieldfile/2016/04/14/1369164_01.pdf 2021.5.9 最終閲覧

永吉希久子 (2020)『移民と日本社会―データで読み解く実態と将来像』中公新書。

内閣官房 (2021)「教育未来創造会議」https://www.cas.go.jp/jp/seisaku/kyouikumirai/kaisai.html 2022.2.15 最終閲覧

ポルテス，A.・ルンバウト，R. (2014)『現代アメリカ移民第二世代の研究―移民排斥と同化主義に代わる「第三の道」』村井忠政訳、明石書店。

佐藤禎一 (2013)「大学院と専門職養成」『IDE 現代の高等教育』552，pp.17-22。

シャイン，E. H. (2003)『キャリア・アンカー―自分のほんとうの価値を発見しよう』金井壽宏訳、白桃書房。

あとがき

加藤　潤

　江戸時代、熊本藩と吉田藩（現在の愛知県豊橋市）の藩校には、同じ「時習館」という名前が使われていた。いうまでもなく、論語の「学びて時にこれを習う、またよろこばしからずや」に由来する。学問の喜びは、後になって再び学ぶことによってより大きくなるという、いわば、「学び直し」のすすめともいえる。

　今、「学び直し」という言葉は、文教政策、経済政策、企業経営等、様々な分野で溢れかえっていて、誰もが否定、批判できないほどの聖性さえ帯びている。つまり、「学び直し言説」となっているのである。問題は、何を、何のために、どのように学ぶのかという実質的内容が曖昧なまま、「学び直し言説」が膨張し続けている点である。論語の言う、学び直すことによる純粋な喜びという価値が、実は現代社会の中で見落とされてはいないだろうか。「学び直し言説」と政策について検討するなかで、我々はそんな疑問を持った。

　たしかに、一つの言葉に権力や利害が潜在するのは言説の運命である。時には、ある主体が意図的に言葉を作り出し、他者をコントロールしようとすることさえある。その意味で言えば、本書のキーワードである「学び直し」という言葉が、「よろこばし」という自足的効用ではなく、かなり道具的な機能を注入されているのは当然かもしれない。

　そのことに気付き始め、「学び直し」について、今一度、論理的、実証的に問い直したいと考えたのには、我々の研究会の小さな歴史がある。「まえがき」でも紹介したとおり、教育社会学の学徒である我々6人は、2013年の夏に東海リカレント教育研究会を発足させた。最初は、高等教育の生き残り戦略として、大学を学び直しの場とする潜在的ニーズはあるのかどうか、そ

のニーズの内容は何か、そんなテーマで出発した。その後、議論はさらに広がり、社会人（もっと言えば国民全体）の学び直し意識構造に興味を抱き、それを実証的に分析するために、様々な調査を実施してきた。

　現職教員の学び直し意識調査、イギリス教員養成の現地事例調査、地方中小企業従業員の学び直し意識調査、多くのライフストーリー聞き取り調査等を重ね、気がつけば8年の歳月が過ぎた。その間、2〜3か月に一度の研究会を続け、常に新しいアイデアを出し合ってきた。土曜の午後に始まる研究会は日が暮れるまで続いた。それは、談論風発という表現がふさわしい時間だったと感じる。時には我々が身を置く大学を取り巻く状況への慨嘆や文教政策への義憤も混じり、会は夕食の席まで続くことが常であった。研究会は途中からコロナ禍に見舞われ、2020年夏からはオンライン会となったが、基本的な雰囲気は対面と変わらず、誰もが時の経つのが早いと感じた。本書の対象テーマである「社会人の学び直し」について分析し始めたころからは、より広く現代社会論にも及ぶ問題意識を深めながら現在に至っている。

　この8年間を振り返ってみれば、2つの科学研究費助成金（基盤研究C）を獲得し、4つのアンケート調査、国内外におけるライフストーリー聞き取り調査、5回の学会発表を行い、それらの成果を6本の学術論文として発表した。これらの研究からは、様々な知見や示唆が生まれてきた。それは、研究会発足当初予想した以上に、多くの重要な論点や課題を含んでいた。研究者なら誰しもが経験するように、想定された結論を裏付ける分析ではなく、分析する途上でまた新たな疑問が生まれ、その連鎖が止まることなく続いていく、それこそが研究である。我々の研究もまさにその通りだった。

　加えて、この8年という歳月のなかにも、少なからず社会の変化があった。第4次安倍内閣による学び直し推進政策がどんどん拡大していき、それと連動する形で「人生100年時代の戦略」という標語も生まれてきた。我々の研究は同時代の社会変化と研究結果を照合しながら、新しい議論を模索していったといえる。そして、先に述べた様々な調査分析をもとに、いくつかの分析結果を学会発表してきた。とりわけ我々の調査対象者が、これまで政府から打ち出されてきた、都市高学歴者とは異なり、地方の中小企業で働くご

く一般の人々であるという点は、新しい視点をもたらしてくれた。これらの分析から得られた知見については、すでに本書で詳説したが、今後、いっそう議論を拡大したい要点を今一度振り返って、箇条書きしておきたい。

1) 学び直しが実質的に進んでいない背景には、経済的、時間的制約、さらには、文化的に卒業後再び学ぶことへの抵抗感など、様々な抑制要因が存在する。

2) 抑制要因にもかかわらず、学び直したいという意欲は総じて高いが、属性による分析では、学歴、ジェンダー等で格差が見られる。

3) 学び直しの目的は、政府政策のような専門資格、スキルアップといった道具的機能だけでなく、「人生を豊かにしたい」という表出的学びに対するニーズが高い割合で存在している。

　実のところ、我々がたどり着いた視座は、今から半世紀もさかのぼる1973年にOECDが発表したリカレント教育に関する報告書の中ですでに警鐘を鳴らしている点と重なる。それは、リカレント教育政策が社会格差拡大につながる恐れを念頭に置かなければならないという点である。市場原理型の学び直し政策が、学びのハビトゥスの拡大再生産につながりつつあることは、すでに本書の分析からも見えているのである。

　こうした分析視点を、より幅広く議論の俎上にのせ、政策面が先走りしている学び直し言説を再検討してみたい、そんな気持ちが我々の中で盛り上りつつあった。おりしもコロナ禍の真っ最中だったが、オンライン研究会を開き続けるなかで、どうしたものかと思案した。いくつかの論文、学会発表、基礎資料は積み上がっている。「やはり、一冊の本にして世に問うてみたらどうか」、と誰からともなく提案された。では、刊行する社会的意義はどこにあるのだろう、と自問してみた。ひとつには、多くの大学が、高度専門資格、スキルアップ型のリカレント教育プログラムばかりを提供し、社会目標を提示する主体性を失っている現状に対し、一度、立ち止まって俯瞰する必要性を喚起する役割があるだろう。

　さらに、もうひとつには、学び直し政策を推進する省庁の議論が経済財政効率を最優先にしている現状に対して、より多様な実証的データを基に批判

220

検討する端緒を作る必要がある。すなわち、学び直し政策は、高度情報社会実現のためのみではなく、各地域で働く人々の幸福や平等な社会実現といった価値軸に、今一度照らし合わせて進める必要がある。この問題提起の基礎検証として、本書は意義を持つのではないだろうか。

　その意味では、本研究は学術的実証分析であると同時に、かなり政策批判を含む発言になる。教育社会学を志す我々はあくまで客観的分析だけに徹すべきだ、そんな躊躇がないわけでもなかった。マックス・ウェーバーの言葉を借りれば、「どうだ俺はただの『専門家』じゃないだろうとか、どうだ俺の言ったことはまだ誰も言はないだろうとか、そういうことばかり考えている人、こうした人々は学問の上では間違いなく何ら『個性』ある人ではない」という箴言が聞こえる（マックス・ウェーバー『職業としての学問』尾高邦雄訳, 岩波文庫、p.30）。そんな煩悩からは解脱していると開き直るほど、我々は厚顔ではない。ただ、ウェーバーは、こうも言う。「学問上の『達成』は常に新しき『問題提起』を意味する」、そして時代の中で過去へと消えていく、と（同書, p.32）。

　その言葉に慰められながら、本書を企画した。もちろん、学術出版を取り巻く市場環境が厳しいことは百も承知である。にもかかわらず、東信堂の下田勝司社長は、企画案と完成原稿を見てすぐに賛同して、出版に向けた作業に取りかかっていただくことになった。東信堂には紙幅に尽くせない感謝の念でいっぱいである。

　さらに、我々を出版に導いてくれた多くの「恩人」への謝辞を忘れてはならない。それは、とりもなおさず、本研究の基礎となったいくつかのアンケート調査、インタビュー調査に、快く協力していただいた、愛知県内の現職教員の方々、愛知県、岐阜県、新潟県の6つの中小企業の従業員の方々、様々なキャリアを持つ一般の方々である。企業調査においては、各社の社長、会長に音頭を取っていただき、総務・人事課の方々に実施していただいた経緯がある。大学人による企業現場での調査を受け入れていただいただけでも感謝に耐えないのに、質問紙配布と回収まで担当していただいた。事前の打ち合わせでは、地方企業の方々も、学び直しが、従業員の幸福度向上と企業のレジリエンスを高めるため不可欠であるという、我々と同じ「時代観」をお

持ちであると確信した。また、インタビュー調査に応じてくださった方々に
も、心より感謝申し上げたい。時には内面の襞にまで触れていただき、それ
ぞれの人生探求の節目で、学び直しへのチャレンジがダイナミックに絡まっ
ていることを、リアリティを持って教えていただいた。

　こうして完成した本書を眺めると、なんとなく清々しい気持ちを覚える。
「よい朝に、よいごはんが炊けた」とは、俳人、山頭火の句だが、この単純
な心情は、同じかもしれない。よい議論をして、よき人々に協力いただき、
よい調査・分析を重ねた結果、一冊の本が炊きあがったということかもしれ
ない。

　最後に、少し走り気味の筆勢にまかせて気取らせてもらえば、本書での様々
な議論が、早々に「他によって『打ち破られ』時代遅れのものなることをむし
ろみずから欲する」ものである（ウェーバー『職業としての学問』, p.32）。

※「東海リカレント教育研究会」の6名は、名古屋大学大学院教育発達科学研究科の
教育社会学研究室に席を置いていた関係で集い、8年間に及ぶ共同調査研究を続けた。

索　引

224

執筆者紹介（執筆順、※共編著者）

今津 孝次郎※ 「まえがき」「第 1 章」
　奥付参照

加藤　潤※ 「序章」「第 2 章」「あとがき」
　奥付参照

田川 隆博 「第 3 章」
　中部大学人間力創成教育院教授
　「ローカルアイドルのアスピレーション―東海地区のアイドルを事例として―」
　『コンテンツ文化史研究』13，2022 年，「ネットいじめ言説の布置と共起関係の変
　化―新聞記事の計量テキスト分析から―」『中部大学リベラルアーツ論集』1，2019
　年，「アイドル『解散』で可視化される論理と感情―ネットニュースの計量テキス
　ト分析―」『女子学研究』8，2018 年

長谷川 哲也 「第 4 章」
　岐阜大学教育学部准教授
　「公共図書館の利用者における来館目的に関する研究―A 市図書館の利用者アン
　ケート調査をもとに」『岐阜大学教育学部研究年報（人文科学）』70-1，2021 年（内
　田良・上地香杜と共同），「研究者教員と実務家教員の大学における役割と教師発
　達観」『教師学研究』22-1，2019 年（姫野完治・益子典文と共同），「教員養成にお
　ける『体験的な学び』の原理に関する研究―デューイとショーンの教育思想を手
　掛かりに」『静岡大学教育実践総合センター紀要』28，2018 年

林　雅代 「第 5 章」
　南山大学人文学部准教授
　「ヒルシュマイヤーの教育論の背景」『アルケイア』10，2016 年，「アメリカ高等
　教育のユニバーサル化の過程―軍人教育プログラムを中心に―」『社会と倫理』30，
　2015 年，「ヒルシュマイヤーの教育論」『南山学園史料集』10，2015 年

白山 真澄 「第 6 章」「第 7 章」
　東海学院大学人間関係学部客員教授
　「成人の学びとパースペクティブの変容―教職経験者のリカレントな進学の事例
　から―」『日本生涯教育学会論集』38，日本生涯教育学会，2017 年，「社会人学生
　の進学の動機とリカレントな学びの諸相 ―保育士・教員養成課程の場合―」『東
　海学院大学短期大学部紀要』42，2016 年，「生涯学習と成人の学びに関する一考察」
　『東海学院大学短期大学部紀要』42，2016 年

編著者紹介

今津 孝次郎（いまづ こうじろう）
星槎大学大学院教育学研究科教授・名古屋大学名誉教授・愛知東邦大学名誉教授
『新版　変動社会の教師教育』名古屋大学出版会，2017年，『教師が育つ条件』岩
波新書，2012年，『人生時間割の社会学』世界思想社，2008年

加藤　潤（かとうじゅん）
愛知大学文学部教授
「教職課程を対象とした『当為（何を成すべきか）を深めるための手法―Derek
Parfit のトリプル理論 Triple Theory を援用したダイアローグ』『愛知大学教職課程
研究年報』11，2022年，「教育課程（カリキュラム）の実践をめぐる議論―英国の
ナショナル・カリキュラムとサマー・スクールの葛藤―」『愛知大学教職課程研
究年報』9，2020年，「教育改革を取り巻くスケープ概念（scapes）―ニュージーラ
ンドにおける 1988 年教育改革（Tomorrow's Schools）をめぐる比較教育分析―」『文
學論叢』154，愛知大学文学会，2017年

人生100年時代に「学び直し」を問う

2023年1月15日　　初　版第1刷発行　　　　　　　　　　〔検印省略〕
　　　　　　　　　　　　　　　　　　　　　　　定価はカバーに表示してあります。

編著者ⓒ今津孝次郎・加藤潤／発行者 下田勝司　　　　印刷・製本／中央精版印刷

東京都文京区向丘 1-20-6　　郵便振替 00110-6-37828　　　　　　発　行　所
〒 113-0023　TEL（03）3818-5521　FAX（03）3818-5514　　　㍿ 東信堂
　　　　　　Published by TOSHINDO PUBLISHING CO., LTD.
　　　　　1-20-6, Mukougaoka, Bunkyo-ku, Tokyo, 113-0023, Japan
　　　　　E-mail : tk203444@fsinet.or.jp http://www.toshindo-pub.com

ISBN978-4-7989-1812-9 C3037　ⓒ IMAZU Kojiro, KATO Jun

東信堂

※定価：表示価格（本体）＋税　　〒113-0023　東京都文京区向丘1-20-6　　TEL 03-3818-5521　FAX03-3818-5514
Email tk203444@fsinet.or.jp　URL:http://www.toshindo-pub.com/

東信堂

地域子ども学をつくる
——災害、持続可能性、北欧の視点 責任編集 天童睦子 足立智昭 一八〇〇円

応答する〈生〉のために——〈力の開発〉から〈生きる歓び〉へ 高橋勝 一八〇〇円

子どもが生きられる空間——生・経験・意味生成 高橋勝 二四〇〇円

流動する生の自己生成——教育人間学の視界 高橋勝 二四〇〇円

子ども・若者の自己形成空間——教育人間学の視線から 高橋勝 編著 二七〇〇円

温暖化に挑む海洋教育——呼応的かつ活動的に 田中智志 編著 三二〇〇円

人格形成概念の誕生——近代アメリカの教育概念史 田中智志 三六〇〇円

社会性概念の構築——アメリカ進歩主義教育の概念史 田中智志 三八〇〇円

教育哲学のデューイ——連環する二つの経験 田中智志 編著 三五〇〇円

学びを支える活動へ——存在論の深みから 田中智志 編著 二〇〇〇円

グローバルな学びへ——協同と刷新の教育 田中智志 編著 二四〇〇円

大正新教育の思想——生命の躍動 橋本美保 編著 四八〇〇円

大正新教育の受容史 橋本美保 編著 三七〇〇円

大正新教育の実践——交響する自由へ 橋本美保 田中智保 編著 四二〇〇円

いま、教育と教育学を問い直す 森田尚人 松浦良充 編著 三三〇〇円

——教育哲学は何を究明し、何を展望するか

教員養成を哲学する——教育哲学に何ができるか 下司晶・古屋恵太 編著 四二〇〇円

大学教育の臨床的研究——臨床的人間形成論第I部 田中毎実 二八〇〇円

臨床的人間形成論の構築——臨床的人間形成論第2部 田中毎実 二八〇〇円

※定価：表示価格（本体）＋税　　〒113-0023　東京都文京区向丘 1-20-6　TEL 03-3818-5521　FAX03-3818-5514
Email tk203444@fsinet.or.jp　URL:http://www.toshindo-pub.com/

東信堂

女性学長はどうすれば増えるか ——国内外の現状分析と女性学長からのメッセージ	河野銀子 髙橋裕子 編著	一八〇〇円
2040年 大学よ甦れ ——カギは自律的改革と創造的連帯にある	田中弘允 佐藤博明 田原博人 著	二四〇〇円
検証 国立大学法人化と大学の責任 ——その制定過程と大学自立への構想	田中弘允 佐藤博明 田原博人 著	三七〇〇円
2040年 大学教育の展望 ——21世紀型学習成果をベースに	山田礼子	二八〇〇円
高等教育の質とその評価——日本と世界	山田礼子 編著	二八〇〇円
女性の大学進学拡大と機会格差	日下田岳史	三六〇〇円
教育機会均等への挑戦 ——授業料と奨学金の8カ国比較	小林雅之 編著	六八〇〇円
高等教育機会の地域格差 ——地方における高校生の大学進学行動	朴澤泰男	五六〇〇円
大学進学にともなう地域移動 ——マクロ・ミクロデータによる実証的検証	遠藤健	三六〇〇円
日本の大学経営 ——自律的・協働的改革をめざして	両角亜希子	三九〇〇円
国立大学・法人化の行方——自立と格差のはざまで	天野郁夫	三六〇〇円
国立大学法人の形成	大崎仁	二六〇〇円
国立大学職員の人事システム——管理職への昇進と能力開発	渡辺恵子	四二〇〇円
私立大学の経営と拡大・再編 ——一九八〇年代後半以降の動態	両角亜希子	四二〇〇円
学長リーダーシップの条件	両角亜希子 編著	二六〇〇円
大学経営・政策入門	東京大学 大学経営・政策コース編	二四〇〇円
カレッジ(アン)バウンド ——米国高等教育の現状と近未来のパノラマ	J・J・セリンゴ著 船守美穂訳	三四〇〇円
米国高等教育の拡大する個人寄付	福井文威	三六〇〇円
アメリカ大学史における女性大学教員支援政策	坂本辰朗	三二〇〇円
アメリカ大学史とジェンダー	坂本辰朗	五四〇〇円
アメリカ教育史の中の女性たち ——ジェンダー・高等教育・フェミニズム	坂本辰朗	三八〇〇円
アメリカの女性大学：危機の構造	坂本辰朗	二四〇〇円

※定価：表示価格（本体）＋税　　〒113-0023　東京都文京区向丘1-20-6　TEL 03-3818-5521　FAX03-3818-5514
Email tk203444@fsinet.or.jp　URL:http://www.toshindo-pub.com/

東信堂

教師教育におけるスタンダード政策の再検討
—社会の公正、多様性、自主性の視点から　K・M・ジャクソン著　牛渡淳訳　　牛渡亮　三四〇〇円

アメリカ映画における子どものイメージ—社会文化的分析　　牛渡亮　二六〇〇円

スチュアート・ホール—イギリス新自由主義への文化論的批判　　牛渡亮　二六〇〇円

才能教育・2E教育概論
—ギフテッドの発達多様性を活かす　　松村暢隆　三六〇〇円

アメリカの才能教育
—多様な学習ニーズに応える特別支援　　松村暢隆　二五〇〇円

アメリカ教育例外主義の終焉
—変貌する教育改革政治　　青木栄一監訳　三六〇〇円

米国における協働的な学習の理論的・実践的系譜　　福嶋祐貴　三六〇〇円

現代アメリカ貧困地域の市民性教育改革
—教室・学校・地域の連関の創造　　古田雄一　四二〇〇円

現代アメリカの教育アセスメント行政の展開
—マサチューセッツ州（MCASテスト）を中心に　　北野秋男編　四八〇〇円

アメリカにおける学校認証評価の現代的展開　　浜田博文編著　二八〇〇円

現代アメリカ貧困地域の市民性教育改革
—教室・学校・地域の連関の創造　　古田雄一　四二〇〇円

アメリカ公民教育におけるサービス・ラーニング　　唐木清志　四六〇〇円

【再増補版】現代アメリカにおける学力形成論の展開
—スタンダードに基づくカリキュラムの設計　　石井英真　四八〇〇円

ハーバード・プロジェクト・ゼロの芸術認知理論とその実践
—内なる知性とクリエティビティを育むハワード・ガードナーの教育戦略　　池内慈朗　六五〇〇円

アメリカにおける学校認証評価の現代的展開　　浜田博文編著　二八〇〇円

アメリカにおける多文化的な歴史カリキュラム　　桐谷正信　三六〇〇円

現代アメリカ教育ハンドブック　第2版　　アメリカ教育学会編　三六〇〇円

現代アメリカ教育研究28～32　　アメリカ教育学会編　各二〇〇〇円

※定価：表示価格（本体）＋税
〒113-0023　東京都文京区向丘1-20-6　TEL 03-3818-5521　FAX03-3818-5514
Email tk203444@fsinet.or.jp　URL:http://www.toshindo-pub.com/

東信堂

テオドール・リット：人と作品 ―時代と格闘する哲学者・教育者	小笠原道雄	二四〇〇円
原子力と倫理―原子力時代の自己理解	小笠原道雄編	一八〇〇円
科学の公的責任―科学者と私たちに問われていること	小Th・リット／小笠原・野平編訳	一八〇〇円
歴史と責任―科学者は歴史にどう責任をとるか	小Th・リット／小笠原・野平編訳	一八〇〇円
責任という原理 ―科学技術文明のための倫理学の試み〈新装版〉	H・ヨナス／加藤尚武監訳	四八〇〇円
主観性の復権―『心身』問題から『責任という原理』へ	H・ヨナス／宇佐美・滝口訳	二〇〇〇円
ハンス・ヨナス「回想記」	H・ヨナス／盛永・木下・馬渕・山本訳	四八〇〇円
生命の神聖性説批判	H・クーゼ／飯田・小野谷・片桐・水野訳	四六〇〇円
生命科学とバイオセキュリティ ―デュアルユース・ジレンマとその対応	四ノ宮成祥・河原直人編著	二四〇〇円
医学の歴史	石渡隆司監訳	四六〇〇円
安楽死法：ベネルクス3国の比較と資料	盛永審一郎監修	二七〇〇円
死の質―エンド・オブ・ライフケア世界ランキング	丸祐一・小野谷・片桐・飯田亘之訳	二〇〇〇円
バイオエシックスの展望	加奈恵・飯田昭宏訳	二〇〇〇円
死生学入門―小さな死・性・ユマニチュード	松坂浦悦子編著	三三〇〇円
生命の問い―生命倫理学と死生学の間で	大林雅之	一二〇〇円
生命の淵―バイオシックスの歴史・哲学・課題	大林雅之	二〇〇〇円
今問い直す脳死と臓器移植【第2版】	大林雅之	二〇〇〇円
キリスト教から見た生命と死の医療倫理	澤田愛子	二三八一円
動物実験の生命倫理―個体倫理から分子倫理へ	浜口吉隆	二〇〇〇円
医療・看護倫理の要点	大上泰弘	四〇〇〇円
テクノシステム時代の人間の責任と良心	水野俊誠	二〇〇〇円
（ジョルダーノ・ブルーノ著作集）より	山本・盛永訳	三五〇〇円
カンデライオ	加藤守通訳	三三〇〇円
聖灰日の晩餐	加藤守通訳	三三〇〇円
原因・原理・一者について	加藤守通訳	三三〇〇円
傲れる野獣の追放	加藤守通訳	四八〇〇円
英雄的狂気	加藤守通訳	三六〇〇円

※定価：表示価格（本体）＋税　〒113-0023　東京都文京区向丘1-20-6　TEL 03-3818-5521　FAX03-3818-5514
Email tk203444@fsinet.or.jp　URL:http://www.toshindo-pub.jp/